KB053296

학교의 발견 교실의 발명

학습 공간 모델과 학교 유형

김성원 지음

소동

곳곳에서 영역 단위 혁신 사업, 그린 스마트 미래 학교 사업을 통해 학교의 학습 공간을 혁신하는 개축과 리모델링이 추진되고 있다. 40년 이상 노후한 학교들이 많아 보수하거나 개축할 필요가 있기도 하지만 학교 공간 재구조화의 이유는 그뿐 아니다. 21세기 기술의 발달과 급변하는 사회 속에서 학교 교육 역시 변화를 요구받고 있고 이를 지원하기 위해 학습 공간의 변화가 불가피하기 때문이다. 그러나 교사는 물론, 건축가들까지 기존의 획일적인 편복도 교실과 일자형 학교에 익숙한 까닭에 공간적 상상은 빈약하고, 21세기 교육을 위한 학습 공간에 대한 이해 부족으로 미래 학교 사업은 혼란 속에 놓여 있다. 이 혼란을 해결하기 위해 기초적이지만 충실한 자료가 필요했다.

나는 꽤 오랫동안 그린 스마트 미래 학교 사업과 관련 연구 프로젝트에 직간접으로 참여하면서 근대 학교의 등장과 교육 건축학의 발전 속에서 발명된 다양한 교실 모델과 학교 유형, 미래 학교 모델과 교육학의 변화가 어떻게 학습 공간의 변화와 연결되는지 파악하게 되었다. 나는 이 책을 통해 조사한 사례와 자료, 필수적인 학습 공간 모델을 소개해 학교 현장에 있는 다양한 관계자들에게 유용한 지식과 정보를 제공하고자 했다.

이 책은 익숙한 상자곽 같은 획일적 편복도 교실 외에 열린 교실, 확장형 교실, 소그룹 공유 교실, 학습 전경, 학습 카페, 커튼 교실, 학습 복도, 학습 클러스터, 학습 스튜디오, 보조 교실형 모델 등 교육 건축학의 변화에 따라 발명된 다양한 교실 모델을 사례와 함께 소개한다. 이뿐 아니라 미래 교육을 위해 요구되는 학습 아틀리에, 다목적 공간, 능동 학습 공간, 다빈치 스튜디오, STEAM 스튜디오 등 특별 교실 모델과 활성 복도, 공용 공간과 비공식 공간 등 다양한 2차 학습 공간들을 소개하고 있다. 나아가 주택형 학교에서 중정형, 학습 거리형, 포크형, 농장형, 아트리움형, 공장형, 농장형, 패치워크형, 정원형, 타운형, 광장형은 물론 리버풀 모델까지 주요 국가의 다양한 학교 유형들을 소개한다. 특히 미래 학교 모델과 특색 교육, 새로운 학습 유형이 어떻게 공간과 연결되는지 풍부하고 다양한 사례를 다루고 있다.

나는 이 책을 나의 자료집이자 독자들을 위한 자료집이라고 생각한다. 학교 공간 사업에 참여하는 교사들과 건축가, 학부모들, 학생들에게 유용한 참조 자료집으로 사용되길 바란다. 또한 이 책이 미래 학교와 학습 공간에 대한 상상을 자극해 기성세대의 경험을 뛰어넘는 모델이 나오기를 바란다.

이 책을 내는 동안 정성껏 도와준 내 아내 김정옥과 이 책을 내도록 허락해 준 소동출판사 관계자들, 함께 학교 공간 혁신을 위해 노력해 오고, 다양한 강의와 참여의 기회를 제공해 준 경기도교육청 그린 스마트 미래 학교 사업단 장학사와 주무관들, 그린 스마트 미래 학교 사업의 사전기획가로 오랫동안 함께 한 임현준 건축가에게 감사드린다. 한 사람의 지식이 오로지 한 사람의 지적 산물이었던 적은 없다. 그가 만나고 접하고 함께 일한 동료들과 그가 읽고 참조한 수많은 필자와 연구자들의 영향이다. 이 책은 그 모두의 결과물이다. 그들에게 감사한다.

2023. 11
파주에서

차례

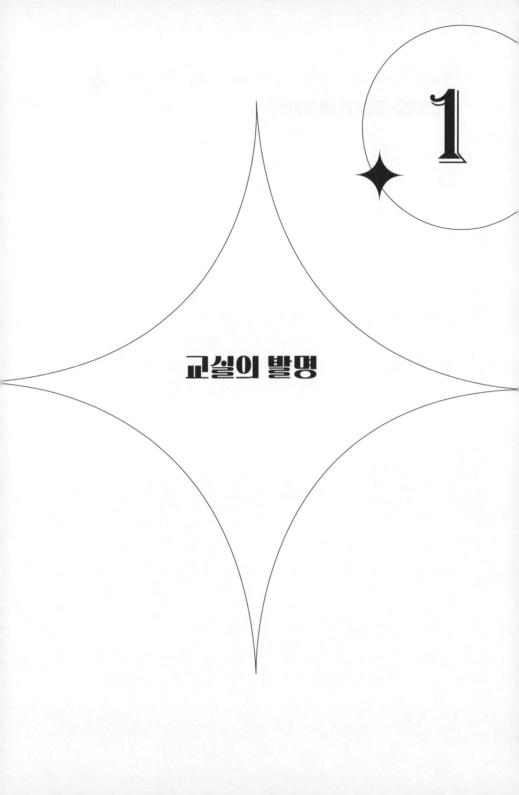

1

교실의 발명

1장

편복도 교실과 리모델링

편복도 교실은 긴 일자형 복도를 따라 동일한 규모의 교실이 배치된 유형을 일컫는다. 보통 북반구에서 북쪽에 복도를 배치하고, 운동장을 바라볼 수 있는 남향으로 교실들을 배치한다. '공장 모델 교실' 또는 '산업주의 학교 교실' '포드식 학교 교실' '세포형cellular 교실'이라고도 부른다. 편복도 교실 학교는 유럽에서는 18세기 후반, 북미에서는 19세기 중반에 등장했다. 그러다 제2차 세계대전 이후 급격히 증가한 베이비부머의 교육 필요와 다수 인원을 수용하기에 적합해 크게 확산되었다.

근대 교육의 필요성으로 탄생

일본은 1872년 "학제" 반포 후 근대 학교를 설립하기 시작하고 1890년

"학교 시실 준칙"을 통해 학교 건축을 표준화했다. 이어 1895년 "학교 건축도면 설명 및 설계대요"를 통해 통풍과 채광에 유리한 편복도 교실을 정형화했다. 조선의 경우 1910년 일본의 지배하에 들어가면서 일본의 학제가 그대로 이식되었고, 통감부는 목구조식 편복도 교실 학교를 한반도에도 짓기 시작했다. 이때부터 우리의 근대 교육 현장에 도입된 편복도 교실은 100년이 넘는 동안 학교의 전형이 되었다. 정작 일본은 1960년대부터 해외 사례를 본격적으로 연구하였으며 그 이후 다양한 교실 유형을 도입하기 시작했다.

한국의 베이비붐 세대는 전쟁 직후인 1955년부터 1974년까지의 출생자 1,758만여 명을 가리킨다. 1960년대 중반 한해 최대 100만 명 전후의 아이들이 태어났다. 2022년 출생 인구 약 26만 명과 비교하면 당시에 얼마나 많은 아이들이 태어났는지 알 수 있다. 베이비붐 세대가 학령인구로 유입되면서 급격히 증가한 학생들을 수용하기 위해 그 어떤 시기보다 많은 학교들을 신속하게 지어야 했다.

1970년대 내가 다니던 초등학교는 2부제로 운영되고 있었고, 학생 수가 5천 명에 이르렀다. 지금 생각하면 엄청난 수다. 이 베이비붐 세대 학생들을 효율적으로 수용하고 관리할 수 있을 뿐 아니라 경제적으로 빠르게 지을 수 있는 편복도 교실 학교는 당대의 사회적 조건을 반영한 피치 못할 선택이라 할 수 있다. 이러한 사정은 비단 한국뿐 아니라 제2차 세계대전을 겪은 다수 유럽 국가들도 비슷했다.

19세기부터 시대정신으로 부각된 효율성이 전후 학교 모델에 그대로 반영되었다. 전후 학교는 공간적 효율성, 다수 인원의 효율적 통제와 관리, 경제적 건축이라는 조건에 부합해야 했다. 이뿐 아니다. 전후 복구 기간 동안 전반적으로 열악해진 환경에서 각국의 교육 당국은 학교에서라도 학생들에게 최선의 환경을 제공하고자 했다. 충분한 자연 채광과 자연 환기는 최우선의 고려 사항이었다. 불과 30~40년 전까지만 해도 우리나라는 교실마다 갈탄 난로를 사용해 난방을 했다. 단열과 중앙냉난방이 도입되지 않았던 시기, 일광의 이점을 최대한 활용할 수 있고 교실 창과 복도 창을 개방할 때 환기에 유리한 편복도 모델은 급속하게 확산될 수밖에 없었다.

학교 건축과 교실의 유형은 당대 주류 교육 개념을 반영한다. 편복도 교실 학교에 대해 '공장 모델 학교'나 '산업주의 학교 모델'이라는 은유적 비판은 근대 교육 비판론자들이 주로 사용했다. 그들은 국가 주도적 공교육이 관철되던 당시 공장 모델 학교를 "순응적인 산업 노동인력을 양산하기 위한 학습 공간 설계"라고 비판했다.

편복도 교실은 개개 학생들의 학업 성취나 기질과 개성, 관심, 학습 동기의 차이를 무시하고 표준화된 하나의 교육 과정을 전제로 삼고 있다. 나이가 같으면 동일하게 발달하고 유사한 학업 능력을 갖추었을 것이라는 가정에 따른 동일 연령 학년제에 기반을 둔다. 교사의 일방적인 지식 전달 위주의 집체 교육 방식에 적합한 구조이기도 하다. 일정한 규모의 학생들을 반별로 배정하고 모든 학생들이 동일한 속도와 방식으로 학습할 수 있다는 가정에 바탕을 두고 있다. 또한 동질적인 학습 스타일을 전제한다. 한 반의 모든 학생은 동일한 수업을 받고 동일한 학습 활동을 완료해야 한다.

이러한 균질한 학습 환경은 학생 개개인의 기질, 기술, 능력 및 개인적 관심의 차이를 무시한다. 반면 미래 교육은 개성 발현을 위한 맞춤형 교육, 창조성과 문제 해결 능력의 함양, 학생 주도 학습과 자율적 학습 관리 능력의 개발, 상호 소통과 이해, 사회관계 기술의 발달 등을 중요시한다. 이제 편복도 교실은 미래 교육에 더 이상 적합지 않게 되었다.

변화를 요구하는 인구사회학적 상황

전후 베이비부머가 등장했던 다수의 국가들에서 편복도 교실은 다양한 비판에 직면해 있음에도 여전히 주요한 교실 유형으로 남아 있다. 한국의 경우 건축된 지 70년이 넘는 학교도 여전히 남아 있고, 40년 이상 경과한 학교들은 부지기수다. 학령인구의 급격한 감소와 사회와 교육의 변화에 맞춰 학교 공간을 바꾸어야 하지만 경제적인 이유로 전면적인 개축보다는 구조 보강과 수리, 리모델링을 통해 사용 연한을 연장하고 있다. 이러한 사정은 유럽의 여러 국가들과 일본도 마찬가지다.

한국의 교육부는 2020년부터 학교를 미래 교육을 지원할 수 있는 학습 공간으로 바꾸는 사업을 대대적으로 추진해오고 있다. 사업 대상 다수가 편복도 교실의 학교들인데 낡은 건물을 철거하고 완전히 새로 짓기보다는 리모델링하는 경우도 적지 않다. 편복도 교실은 리모델링을 한다 해도 공간 변화에 상당한 한계와 제약이 있어 곳곳에서 답답함을 호소하고 혼란스러워한다. 편복도 교실의 리모델링 방안에 대한 연구와 관련 정책이 추진될 필요가 있다.

일본의 사례를 살펴보자. 일본은 근대 교육 초창기부터 편복도 교실을 학교의 표준 모델로 적용했다. 제2차 세계대전 후에는 베이비부머들의 학령기에 맞춰 편복도 교실 학교를 전국에 건축했다. 현재까지도 공립 소학교, 중학교의 60퍼센트에 이를 정도다. 이러한 상황에서 편복도 학교의 개보수와 증축이 일본 교육계와 건축계에 주요한 이슈가 되었다. (사)일본철강연맹日本鉄鋼連盟은 산하에 차세대 학교 시설 위원회를 구성했다. 이 위원회는 1~3기에 거쳐 기존 강화콘크리트RC조 노후 학교 건물을 내진 보강하고 리모델링하는 동시에 다목적 공용 공간의 증축을 검토하는 "학교 시설의 리모델링 연구学校施設の改造研究"를 실시했다. 이 연구는 편복도 교실인 기존 학교 건물에 부분 철골조 증축을 통해 다목적 공간을 가진 교실군을 구축하는 것을 목표로 삼았다. 학령인구 감소와 학교의 통폐합을 염두에 두고 연면적 증가를 원칙적으로 허용하지 않는 우리 정부가 추진하는 그린 스마트 미래 학교 사업의 리모델링과 다른 점이다.

또 다른 사례로 스위스 북서응용과학대학교Fachhochschule

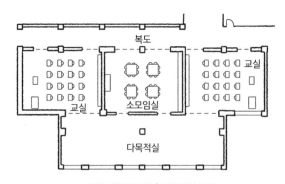

교실 남쪽 부분 증축 다목적실 조성

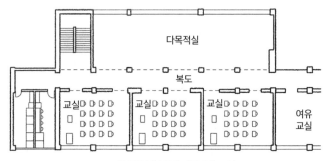

교실 북쪽 부분 증축 다목적실 조성

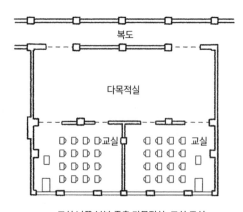

교실 남쪽 부분 증축 다목적실-교실 조성

일본철강연맹이 제시한 편복도 교실의 리모델링 방안 ⓒ日本鉄鋼連盟 次世代学校施設委員会

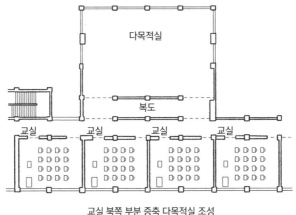

교실 북쪽 부분 증축 다목적실 조성

Nordwestschweiz에서 발간한 학교 개선에 대한 논의 자료 "학교 리모델 링 논의SchulUmbau diskutieren"가 있다. 증축 없이 기존 편복도 교실 학교 에서 늘어가는 유휴 공간을 21세기 교육 의제에 따라 새로운 학습 공 간으로 재구조화하는 방안을 담고 있다. 유휴 교실의 발생 정도에 따 라 단계적으로 편복도 교실을 해체하고 변형한다.

이 연구 자료에서 제시하는 편복도 교실의 변형 방안으로는 유휴 교실이 하나 발생할 때 개방형 또는 반개방형 다목적 공용 공간으로 활용하거나 교실에 딸린 작은 보조 교실이나 소그룹실로 분리해 활 용하는 경우, 둘 이상의 교실을 부분 확장 복도와 중규모 다목적 공 용 공간으로 만들거나 복도와 유휴 교실을 통합해 소위 학습 장터라 불리는 넓은 개방형 공용 학습 공간을 만드는 경우, 또는 모든 교실들 을 완전히 해체해 개방적인 학습 전경으로 만드는 방안 등이 있다.

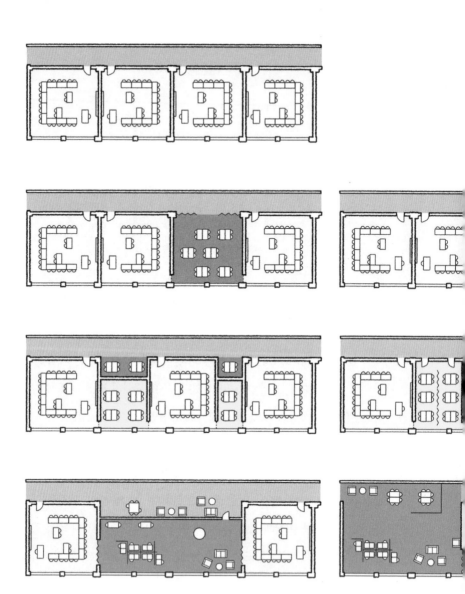

교실

▦ 복도

▓ 비공식공간|틈새 공간

  소그룹 공간

▨ 학습전경형 공간(개방형 공간)

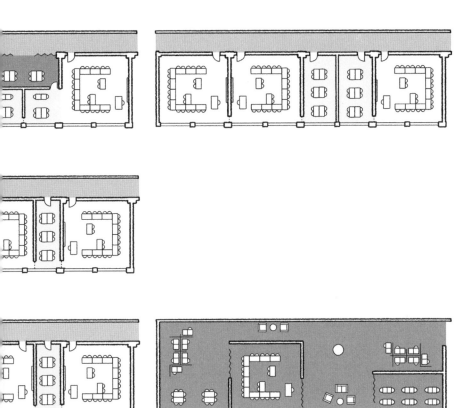

"학교 리모델링 논의SchulUmbau diskutieren"에 포함된 편복도 교실의 리모델링 방안들
ⓒFachhochschule Nordwestschweiz

2장

중복도 교실과 현대적 변형

중복도 교실은 중앙에 긴 복도를 사이에 두고 양쪽에 동일한 규모의 교실들을 배치한 유형이다. 중복도 교실은 유럽과 북미의 주택형 학교의 영향을 받은 것으로 보이는데 그 등장과 확산은 편복도 교실 학교와 비슷한 시기에 이루어졌다. 중복도 교실의 교육학적 전제 역시 편복도 교실과 같으며, 기본적으로 근대 교육 개념을 반영한다.

확장 복도가 특징인 중복도 교실

중복도 교실 학교는 편복도 교실 학교에 비해 외기에 접한 건물의 외벽면이 줄어들기 때문에 전체적으로 난방에 유리하다. 반면 복도를 가운데 두고 남향과 북향으로 교실을 배치하기 때문에 북측 교실의 채광이 나쁘다. 편복도 교실에 비해 환기가 잘 되지 않을 수 있다. 이러한 단점을 해결하기 위해 최근 중복도 교실 유형을 선택한 학교는 학생들이 주로 생활하는 일반 교실은 남향에 배치하고, 상대적으로 이용 시간이 적은 특별 교실이나 보조 학습 공간들을 북향에 배치한다. 복도에 접한 교실 창의 크기를 키우거나 통창을 사용해 실내외 자연의 빛이 충분히 흘러들게 한다. 다층 학교인 경우 맨 위층 복도 지붕에 천창이나 고측창(지붕 밑에 한 층 높게 창을 내어서 채광하도록 된 창)을 설치하고, 1층을 제외한 각층 복도 바닥 일부에 빛과 공기가 흐를 수 있는 채광구를 뚫어 밖과 환기가 잘 되도록 만든다.

중복도 교실은 복도가 좁을 경우 통행하는 데 혼잡할 수 있기 때문에 일반적으로 폭을 넓게 만든다. 현대 학교에서는 교실 폭 만큼 넓게 키운 확장 복도가 적지 않다. 이러한 확장 복도에 이동 가능한 좌석이나 테이블과 수납함 등을 배치해 적극 활용한다. 유연하게 사용할 수 있는 공용 생활공간의 필요성을 강조하는 미래 학교의 요구에 맞춘 것이다. 이러한 복도를 활성 복도라 부른다.

최근 신축되는 국내 학교들 가운데 중복도 교실을 채택하고 확장 복도를 적용한 학교들이 적지 않지만 아쉽게도 복도 쪽 창들을 작게 낸 경우가 많아 환기와 채광이 나쁘다. 복도 조명을 켜지 않으면 어두워 전기 사용량도 늘어난다. 확장된 중앙 복도 역시 인식 부족으로 충분히 사용되지 않는 곳도 있다.

다양하게 활용 가능한 중앙 복도

중앙 복도가 좁은 오래된 학교를 어떻게 리모델링할 수 있을까? 스위스 북서응용과학대학교FHNW에서 발간한 "학교 리모델링 논의"는 중복도 교실 학교에 대해서도 다양한 재구조화 방안을 제시한다. 이 자료는 중복도 교실 학교를 21세기 교육 필요에 맞춰 부분적으로 복도를 확장하거나 기존 교실들을 변형해 일반 교실과 다목적 공용 공간, 소그룹실, 교사실, 프로젝트실, 보조 교실이 혼합된 학습 공간으로 재구성하는 방안을 제시한다.

독일 다름슈타트-디부르크Darmstadt-Dieburg 지구의 2013년 "학교 건축 지침Schulbauleitlinien Landkreis" 역시 중복도 교실 학교를 위한 다양한 학습 공간 디자인 모델을 제시한다. 이 지침은 대략 10개 교실을 배치할 수 있는 675제곱미터 기준 면적을 각 학교 상황에 맞게 변형할 수 있는 방안을 제시한다. 여기엔 일반 교실, 다목적 공용 공간, 교사실, 소그룹 공간, 복도 또는 부분 확장 복도를 포함한 2차 학습 공간이나 학습 전경 등이 포함된다. 여기서 더 나아가 기준 면적(675제곱미터) 둘을 통합해 도서관 또는 공용 휴게 공간 조합 디자인까지 제시한다.

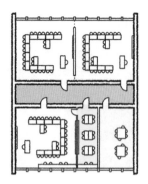
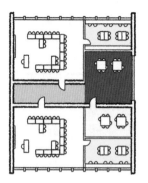
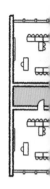

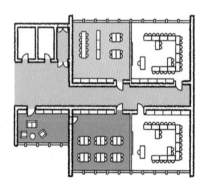
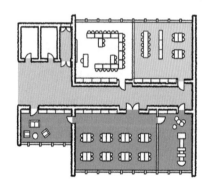

교실	▨ 교사팀실	소그룹 공간 B
▨ 소그룹 공간 A	▨ 복도	▨ 틈새공간
▨ 다목적 공용공간	보조교실	

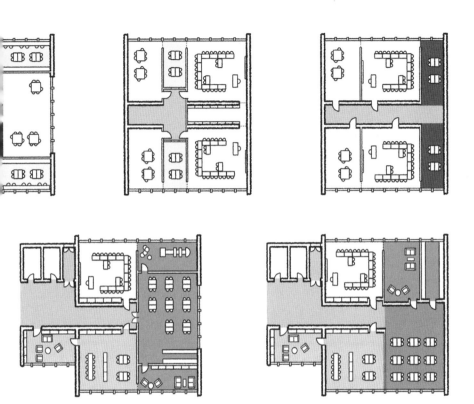

유휴 공간이 있는 중복도 교실을 다양한 용도와 규모로 재구성
"학교 리모델링 논의"에서 제시한 중복도 교실의 리모델링 방안들
ⓒFachhochschule Nordwestschweiz

도서관 | 휴게공간　　　　소그룹화 공간　　　········ 투명 (가시성)

다용도 공용공간　　　　교실　　　　　　　　숫자: 평방미터

팀 스테이션　　　　　　2차공간(비공식공간)

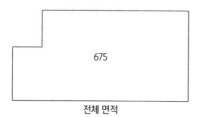

675

전체 면적

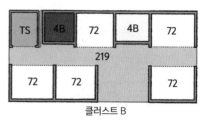

| TS | 4B | 72 | 4B | 72 |

219

| 72 | 72 | | | 72 |

클러스트 B

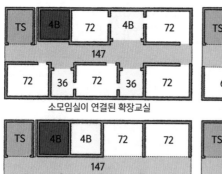

| TS | 4B | 72 | 4B | 72 |

147

| 72 | 36 | 72 | 36 | 72 |

소모임실이 연결된 확장교실

| TS | 4B | 4B | 72 | 72 |

147

| 36 | 36 | 72 | 72 | 72 |

클러스트 A형

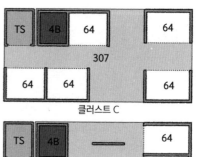

| TS | 4B | 64 | | 64 |

307

| 64 | 64 | | | 64 |

클러스트 C

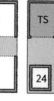

| TS | 4B | | | 64 |

411

| | | | | 64 |

| 24 | | | | 64 |

개방 학습전경 포함

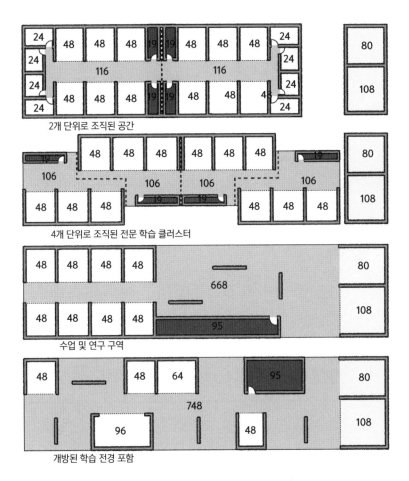

2개 단위로 조직된 공간

4개 단위로 조직된 전문 학습 클러스터

수업 및 연구 구역

개방된 학습 전경 포함

독일 다름슈타트-디부르크 학교 건축 지침에서 제시한 중복도 교실의 변형 또는 리모델링 방안들 ©bueroschneidermeyer/Inst. fur Schulentwicklung Stuttgart/Uberlingen

3장

가변 확장형 교실

가변 확장형 교실은 두 개 이상의 교실 사이를 벽 대신 폭이 넓은 문으로 분리하거나 연결할 수 있는 학습 공간이다. 기본 규모의 보통 교실에 개방감을 주고 쉽게 옆 교실로 이동할 수 있도록 넓은 문을 설치해 물리적 연결성을 높인다. 이때 사용하는 문은 접이식 문folding door, 광폭의 미닫이문sliding door이나 벽체삽입형 문(미서기 문)pocket door, 이동식 벽체moving wall, 다중 회전 문 등 다양한 방식을 선택할 수 있다.

공간 유연성이 중요해졌다

가변 확장형 교실이 주목받는 이유는 미래 교육에서 공간 사용의 유연성이 중요해졌기 때문이다. 미래 학교에서 주요한 수업 방식은 지금처럼 25~30명 내외의 반 학생 전체가 동시에 수업을 받는 집체 교육 방식이 아니다. 개별 활동을 하거나 4~5명씩 모둠을 지어 토론이나 공동 프로젝트를 수행하거나, 몇 개 학급 학생들이 함께 통합 수업을 하는 등 학습 규모의 변화가 필요하다. 교사의 강의를 일방적으로 청취하는 수업보다는 토론, 작업, 발표, 제작 등 다양한 수업 활동을 요구한다.

일렬 강의 청취형 좌석이 아니라 필요에 따라 간격을 띄우고 넓게 토론식 좌석을 배치하거나 학생 상호간 발표와 소통, 질문이 가능하게 좌석의 배치를 달리하려면 지금의 교실보다 더 넓은 공간이 필요하다. 이러한 변화를 지원하기 위해서는 필요에 따라 근접한 교실을 연결해 넓히거나 분리할 수 있어야 한다.

분리할 경우 각 교실은 독립적인 통로나 출입구를 두어야 하고, 확장형 교실은 교실과 복도는 물론 교실과 교실 사이로 여러 개의 통로나 출입구가 필요하다. 확장형 교실 중에는 물리적 연결을 넘어 두 교실 사이를 시각적으로 투명하게 연결하는 경우도 있다. 시각적 투명성이란 서로 들여다 볼 수 있도록 투명한 유리벽이 있거나 창을 설치한다는 의미다. 이때 필요에 따라 커튼을 쳐서 시선을 차단하기도 한다.

동일한 크기의 교실만 있는 학교를 증축 없이 리모델링할 때 대개 기둥과 보를 제외하고 하중을 받지 않는 교실과 교실, 교실과 복도 사이의 비내력벽이나 층간 바닥을 뚫는 변화를 줄 수 있다. 근접한 교실 사이의 벽을 철거하여 개방한 후 개폐가 가능한 다양한 형식의 문과 벽체를 설치하면 가변 확장형 교실을 만들 수 있다. 학습 공간의 유연성과 가변성을 만들어내기 위해 자주 사용되는 방법 중 하나다.

확장할 때 주의할 점

가변 확장형 교실에 단점이 없는 것은 아니다. 차음 성능이 나쁜 문을 설치하면 근접한 교실의 소음 때문에 학습의 질이 떨어질 수 있다. 여닫는 데 불편할 정도로 기동성이 낮은 문을 사용하면 자주 사용하지 않게 된다. 차음이 되고 기동성이 높은 접이식 문은 설치비가 높다. 물론 조금 저렴하게 설치 가능한 광폭 미닫이문이나 광폭 벽체삽입형 문도 대안이 될 수 있다.

무엇보다 근접한 두 교실을 연결하여 가변 확장형 교실로 만들면 게시판이나 칠판, 수납 가구를 설치할 벽면이 줄어든다. 부족해진 수납공간에 대한 대안을 마련해야 한다. 연결된 교실의 칠판 위치나 강의용 모니터 위치도 바꾸어야 한다. 이 때문에 가변 확장형 교실을 설치할 때 종종 이동문이나 접이식 문의 표면을 화이트보드나 마그네틱 칠판으로 만드는 경우가 있다.

모든 교실을 가변 확장형 교실로 만들 필요는 없다. 비용 문제도 있고 바람직하지도 않다. 완전히 분리된 일반 교실도 필요하고 유연하게 확장할 수 있는 공간도 필요하다. 필요에 따라 일반 교실군 사이에 적절하게 가변 확장형 교실을 끼워 넣는 것으로 학습 공간의 유연성을 만들어 낼 수 있다. 스위스의 폴케츠빌Volketswil의 인데어훼 종합 학교 Gesamtschule In der Höh는 적절하게 일반 교실과 가변 확장형 교실을 혼합한 사례 중 한 곳이다. 이 학교는 2003년 8월 취리히 주 최초의 종합 학교로 개교했다. 현재 유치원부터 중학교까지 약 420명의 학생들이 이곳에서 배운다. 초등 과정은 학년별 수업 방식이고, 중등 과정은 학년 혼합 수업으로 진행한다.

전체적으로 공간의 유연성과 가변성, 다목적 이용 등 미래 학교의 공간 구성 경향을 충실히 따른다. 학교는 중앙의 안뜰과 세 곳의 중정을 중심으로 교실들을 배치했고 다목적 공용 공간이 따로 있다. 복도는 단순 이동뿐 아니라 활동과 수업도 가능한 공간으로 조성했다. 층별로 일반 교실과 보조 교실, 가변 확장형 교실들을 다른 비율로 혼합하고 있다. 교실은 중정이나 복도 쪽으로 가능한 넓은 통창을 설치해서 채광이 좋고 안팎을 들여다볼 수 있어 답답한 느낌이 없다. 필요에 따라 커튼을 사용해 빛을 조절하거나 시선을 차단할 수 있다. 대다수의 내장은 목재를 사용했고, 단단하고 견고한 콘크리트 벽과 어울려 전체적으로 부드러운 느낌을 준다. 이 학교의 공간 기획에서 주목할 점은 교육 활동의 특성을 반영한 적절하고 균형 있는 일반 교실과 가변 확장형 교실의 혼합 구성이다.

4장

가변 열린 교실

열린 교실은 복도와 교실 사이에 벽이 없다. 이때 교실 밖 복도는 폭을 넓게 만든 확장 복도나 다양한 용도로 사용할 수 있는 학습 거실로 조성한다. 가변 열린 교실은 교실과 복도 사이에 접이식 문이나 광폭의 미닫이문, 벽체형 문 등을 설치해 필요에 따라 교실과 교실 밖 공간을 분리하거나 개방해 연결할 수 있다.

교육 철학의 변화에 따라 생겨난 열린 교실

1960년대 후반부터 영국과 미국에서 '열린 교실 운동'이 일어났다. 모든 교육 활동은 교실만이 아닌 어떤 장소에서도 일어날 수 있다는 교육 철학에 따라 학교 건축에 변화가 일어났다. 1976년 한국도 야심차게 7개 시범학교에 열린 교실을 도입했다. 예전 방문했던 전북 완주의

한 시범학교는 교실 폭 만큼이나 넓은 확장 복도가 인상적이었지만 교육 제도나 교육 과정, 교육 문화의 변화 없이 교실만 바꾼 결과 실패했다. 교육 당국은 열린 교실 시범 사업을 중단해야 했다. 교실과 복도 사이 사라졌던 벽이 다시 세워졌다. 열린 교실에서 닫힌 전통 교실로 회귀한 사례는 미국이나 유럽에서도 흔하다.

일본은 1960년대부터 오랜 논란과 논쟁, 전통 교실 회귀도 일부 있었지만 전반적으로 열린 교실을 확대해왔다. 최근에는 소학교를 확장 복도와 열린 교실을 결합해 개보수한 사례가 늘고 있다. 유럽에서도 열린 교실은 우여곡절을 겪었지만 지속적으로 발전하며 열린 학습 전경 또는 가변 열린 교실로 변형해왔다. 가변 열린 교실은 일종의 타협이었다. 21세기형 열린 교실은 교실과 복도 사이 벽이 없는 1960년대 열린 교실과 달라졌다. 난방이나 지나친 개방성을 보완하기 위해, 때로는 소음을 차단하기 위해 언제든지 여닫을 수 있는 광폭의 접이식 문이나 미닫이문을 설치한 것이다. 낮은 칸막이나 수납장, 책장을 이용해서 반 개방 열린 교실도 등장했다. 교사들은 필요에 따라 복도까지 확장해서 다양한 유형의 수업을 유연하게 전개할 수 있고 어린이들은 닫힌 교실과 달리 압박감을 느끼지 않고 자유롭게 이동할 수 있다.

열린 교실이나 가변 열린 교실의 가장 큰 장점은 공간의 개방성과 공간 사용의 유연성이다. 막상 열린 교실이나 가변 열린 교실의 도입에 대해 교사들의 의견을 물으면 부정적인 견해가 적지 않다. 소음에 대한 걱정이 가장 앞서고, 겨울철 실내 온도 유지에 대한 우려도 많다. 완전히 열린 교실을 적용한 학교들은 비교적 온난 지역인 경우가 많다. 우리나라처럼 계절별 기온 차이가 심한 나라에서 열린 교실을 채택하려면 건물 단열과 복도에 구역별로 방풍문을 설치하는 등 철저한 조치가 필요하다. 이 때문에 난방이 필요한 지역은 완전히 열린 교실보다는 여닫을 수 있는 가변 열린 교실을 택하는 것이 적절하다. 학교의 모든 교실을 가변 열린 교실로 만들 필요는 없다. 가변 확장형 교실과 마찬가지로 일반 교실과 가변 열린 교실을 적절하게 혼합하는 것이 현재 우리나라 학교 건축 상황을 고려할 때 적절하다.

일본의 열린 교실 사례

일본 가나가와 현의 남동쪽, 미우라 반도의 가마쿠라 시 하야마 마을은 피서지로 유명하다. 이곳에 자리 잡은 시립 즈시 소학교逗子市立逗子小学校는 1872년 설립된 유서 깊은 학교다. 2007년 5월 30일 도서관·문화회관·시민 교류 센터·학교를 포함하는 교육 문화 지구로 이전하면서 학교 건물을 신축했다. 즈시 소학교는 신축하면서 교실 폭 만큼 넓은 확장형 복도와 완전 열린 교실을 도입했다. 교실과 복도 사이에 벽이나 문이 없고 그대로 개방했다. 교실마다 바퀴가 달린 그리 높지 않은 수납장이 있다. 필요에 따라 이 수납장을 교실과 복도 사이에 두어 부분적으로 복도와 교실을 분리할 수 있다. 넓은 복도에 테이블과 의자를 배치해서 휴식, 독서, 학습, 놀이, 생활공간으로 사용한다. 복도가 곧 학습 거실이자 공용 공간이다. 교실 간 소음이 문제로 지적되었지만 카페의 백색 소음처럼 이내 교사와 학생들은 적응하기 시작했다. 교사들은 이 당혹스런 열린 교실 조건에서 수업을 진행하는 노하우를 축적하기 시작했다.

이렇게 과감한 개보수와 수업의 변화를 지역 주민과 학부모, 교육 당국과 학교가 수용할 수 있었던 이유는 무엇일까? 미래 학교는 학생들에게 수업 내내 교사의 말에만 귀기울이기를 요구하지 않는다. 오히려 다수 소란스러운 학생들의 대화와 토론, 활동을 촉진한다. 우리 나라는 물론 일본도 아동 교육에서 놀이 중심 교육 과정, 프로젝트 수업, 제작 또는 실행 수업을 강조하고 있다. 교사는 모둠별로 모인 아이들에게 다가가 말을 건넬 수밖에 없다. 이러한 수업에서 소음은 오히려 자연스럽다.

일본 이바라키 현 스쿠바 미라이 시의 요코대 소학교つくば みらい市立 陽光台小学校는 학교를 신축하면서 반 열린 교실과 부속실을 채택했다. 요코대 소학교는 규모가 제법 큰 학교로, 교실 30실, 수영장, 체육관, 미디어실을 겸하는 개방형 도서 미디어 센터, 광폭 다목적 계단, 대형 운동장, 두 개의 중정을 두었다. 목조와 철근콘크리트 혼합 구조로 건축했는데, 중앙 복도를 중심으로 교실들을 나란히 배치했다.

특징은 교실들이 반만 개방된 점이다. 교실과 복도는 선반을 겸하는 삼각형 벽채로 반쯤 분리된 채 열려 있다. 넓은 탁자와 학생들의 옷과 교재를 보관할 수 있는 수납함이 있는 다목적 부속실이 각 교실에 딸려 있다. 부속실과 교실 사이도 삼각형 벽으로 반쯤 열려 있고 문은 따로 없다. 나무 벽은 흡음판으로 되어 있어 빛과 바람, 활동은 연결하고 소리와 시선은 가려준다. 이 학교는 복도와 교실이 닫힌 보통 교실도 섞여 있다. 교실 사이사이 곳곳에 크고 작은 소그룹 교실, 특별 교실이 배치되어 활동과 수업, 학습, 생활을 풍부하게 지원한다. 건물 중앙의 광폭 계단도 학습, 휴식, 행사, 공연용으로 사용할 수 있다.

요코대 소학교는 실내외 공간을 다양하게 연결한다. 두 교실마다 외부로 향한 발코니가 베란다형 통로와 연결되어 자연과 접촉 기회를 늘리고 개방감을 더해준다. 넓은 학교 운동장 외에 두 개의 중정이 건물 가운데 있다. 한 곳은 저학년 활동을 위한 전용 안뜰로 사용하고, 다른 곳은 연못과 정원을 조성한 자연관찰 공간으로 사용한다. 중정을 향해 캐노피형 통로가 있어 이동이 편리하다. 복도 양끝 출입구나 중앙 로비 외에도 건물 곳곳에 출입구가 있어 중정과 운동장으로 쉽게 나갈 수 있다. 대신 학교 건물에 바로 붙여서 조성되던 화단은 보행로 뒤로 물렀다.

1부 교실의 발명

미국 실험학교 현장

온라인 학습 플랫폼으로 유명한 칸 아카데미Khan Academy의 설립자 살칸Sal Khan은 미래 교육을 위한 새로운 실험장을 설립했다. 미국 캘리포니아 마운틴 뷰의 칸 랩 스쿨Khan Lab School이다. 교사들이 미래 지향적 교과 과정과 교육학을 실험하고 전 세계의 교육자들과 그 결과를 공유하는 캠퍼스이다. 칸 랩 스쿨은 고등 과정의 실험학교인데, 학교와 연구실이 혼합된 최초의 캠퍼스다. 이 학교는 인도와 파키스탄 혈통의 덴마크 이민자 출신 건축가 쿠라니Kurani가 설계했다.

쿠라니는 학습 환경의 물리적 구성을 바꾸어 교사에게 권한을 부여하고 학생들의 학업 성취도를 높이고, 사회적 불평등을 해소하고자 했다. 1:1 교육과 모둠 학습과 활동에 맞춰 학습 가구들을 배치할 수 있도록 학습 공간을 디자인했다. 각 교실은 독특한 디자인으로 되어 있고, 교사와 학생이 다양한 활동과 학습 방식을 시도할 수 있다. 실험적인 교실들 중에는 통로이자 학습 거실로 꾸며진 넓은 공용 공간과 교실 사이에 폭 넓은 접이식 유리문을 설치한 가변 열린 교실이 있다. 평상시에는 개방하고 집중이 필요한 수업이나 소음을 차단할 필요가 있을 때 문을 닫아 분리할 수 있다.

구석 공간과 교실 밖 공용 공간에서는 조용한 개인 작업도 활기찬 그룹 토론도 가능하고 독서, 휴식을 위해 이용할 수 있다. 큰 창문을 통해 인접한 교실에서 일어나는 일들을 호기심을 가지고 바라볼 수

미국 쿠라니 칸 랩 학교의 가변 열린 교실. 교실 밖에는 학습 거실이 있다.

도 있다. 소회의실, 공용 공간, 카페테리아로 사람들이 모이고 토론할 수 있다.

우리나라에도 가변 열린 교실을 적용한 사례가 속속 늘어나고 있다. 전주교대 부설 초등학교의 6학년 교실과 서울 마포 원효초등학교도 1학년 교실에 가변 열린 교실을 채택한 학교다.

5장

L형 교실

1940년대 미국 시카고 위네토카에 등장한 크로우 아일랜드 초등학교 Crow Island Elementary School는 교실 형태 연구에서 놓치면 안 될 사례다. 미국 건축 잡지 《아키텍처 레코드Architecture Record》가 과거 100년간 가장 중요한 건축 작품으로 선정한 미국 최초의 현대적 학교로, 미국 건축가 협회America Institute of Architects, AIA 역시 1990년에 이 학교를 "미국의 역사적 건축물National Historic Landmark"로 인정했다.

기념비적 교실 유형

이처럼 이 학교를 주목하는 이유는 획일적으로 복도를 따라 교실을 배치한 이전의 전통 학교들과 달랐기 때문이다. 교실은 L자형으로 구부러졌고, 교실이 복도를 따라 배치되어 있긴 하지만 L자 형태로 인해 서로 분리되어 마치 톱니처럼 돌출된 형태다. 자연스럽게 교실과 교실 사이에 빈 야외 공간이 만들어졌고, 이곳은 교실에 배정된 안뜰이자 야외 교실이 되었다.

각 교실에는 이 안뜰로 바로 나갈 수 있는 뒷문이 있다. 교실은 밖을 향한 2면에 넓은 창문이 있다. 자연스럽게 볕이 흘러들어와 밝고 환하다. 창을 열면 신선한 공기를 끌어들일 수 있다. L자형 교실 내부는 충분한 넓이의 학습 공간과 상대적으로 좁은 구부러진 공간이 결합되어 있다. 교실 내 이 작은 공간은 작업, 준비, 물건 보관, 개별 학습을 위해 사용하는 데 이곳에 개수대를 배치했다. 이런 교실 구조 때문에 교사는 자유롭게 집체 수업, 모둠 활동, 역동적인 활동, 개별 학습 등 다양한 학습을 한 교실 내에서 시도하고, 보다 유연하게 학생들의 좌석을 변경할 수 있다.

학교는 건축 초기에 중앙 건물에 하나의 날개동만 있었다. 시간이 지나며 날개 교사校舍를 추가했다. 처음 지어진 날개동은 복도 한측으로만 교실이 배열되어 있었고 증축한 날개동 중 한곳이 중앙 복도형 배치로 복도 양쪽에 교실들을 배치했다. 날개동들은 강당, 도서관, 사무실이 배치된 중앙의 넓은 공용 공간을 중심으로 연결되어 있다.

L형 교실과 야외 교실을 포함한 혁신적인 이 학교의 등장 이후 세계의 학교들도 바뀌기 시작했다. 교실들을 중심 건물에 연결해 날개를 달듯 방사형으로 분동하는 방식이 세계적으로 확산되었다. 건축가들과 교육자들은 학교의 자연 채광과 환기, 실내외 공간의 연결, 야외

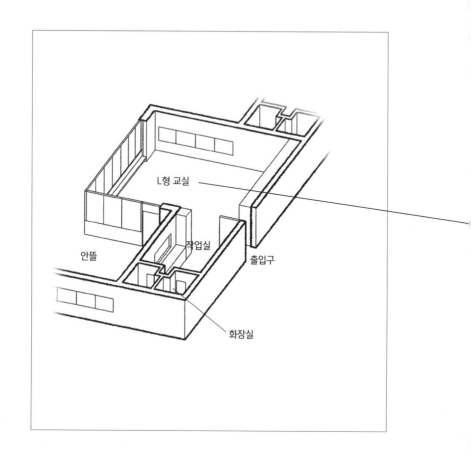

교실에 관심을 돌리기 시작했다. 이처럼 크로우 아일랜드 초등학교는 교실 구성에 커다란 변화를 일으키며 미국은 물론 세계의 학교 건축

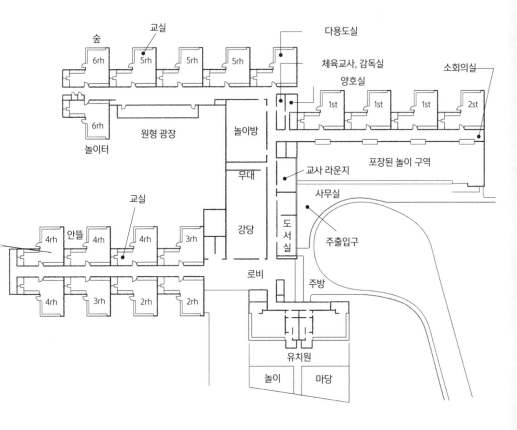

크로우 아일랜드 초등학교의 L형 교실과 공간 배치
ⓒMaureen C.Miller/Tanner & Lackney

을 선도했다. 80년 전부터 미국의 학교 건축과 교실은 혁신을 시작한
것이다.

제임스 딕이 개발한 교실 디자인 기준

L형 교실과 수업의 연관성에 대해 좀 더 살펴보자. L형 교실에 대한 심도 깊은 교육학적 해석과 발전은 제임스 딕James A. Dyck에게서 발견할 수 있다. 1994년 11월, 제임스 딕은 《프린시플 매거진Principle Magazine》에 "L형 교실의 사례 : 교실의 모양이 학습의 질에 영향을 미치는가?"라는 기사에서 교실의 형태가 학습과 발달에 분명하게 영향을 끼친다고 주장했다. "학습은 학생들 사이에 그리고 학생과 학습 환경 사이의 지속적인 협상의 결과"(Greeno, 1998, 9쪽)라며 학생들의 발달을 촉진하기 위해 교실을 구성하는 방법의 하나로 '뚱뚱한 L Fat L 형 교실'을 제안했다. 그는 학습 공간이 학생의 자율적인 지식 습득과 동료 간 협력, 수업 참여에 영향을 끼친다는 점을 충분히 이해했다. 이러한 이해를 기초로 제임스 딕은 교실 디자인에 대해 다음과 같은 기준을 개발했다.

· 학생들이 협력할 때는 산만해지고, 소통은 비생산적일 수 있다. 따라서 분리된 느낌을 줄 수 있고, 소규모 학습을 지원하는 공간을 따로 마련해야 한다.
· 전체 수업을 소그룹을 포함한 다양한 규모로 변화시키고 재구성할 수 있도록 공간은 충분히 유연해야 한다. 따라서 학습 공간에 고정 구조물이나 움직이기 어려운 장애물이 없어야 한다.
· 전체 공간을 한 명의 교사가 관장할 수 있어야 한다. 이를 위해 공간은 작고 단

순하지만 (시각적으로) 개방적이어야 한다.

위와 같은 교실 디자인 기준에 따라 제임스 딕은 분리된 느낌은 있지만 고정 벽체가 없는 뚱뚱한 L형 교실로 기존의 사각형 교실을 대체해서 다양한 학생 그룹과 활동을 지원하고자 했다(Dyck, 1994, 44쪽). 그가 제안한 뚱뚱한 L형 교실은 사각형의 전통 교실과 달리 여러 활동이 한 교실에서 벌어져도 서로 간섭하지 않도록 배려한다. 동일한 공간에서 협력적 상호 작용과 개별 작업, 보조 활동을 지원할 수 있다.

L자형 교실에서 교사는 학습 능력에 차이가 있는 학생들의 문제 해결을 지원하면서 서로 배움을 공유할 수 있는 소그룹의 프로젝트가 가능하다. 전체 학생들을 대상으로 집체 수업을 할 수도 있지만 소그룹으로 나누고 영역을 설정해서 동시에 수업을 진행할 수도 있다. L형 교실의 구석 공간은 뛰어난 학생들이 소란을 피해 약간 분리된 채 과제에 집중할 수 있는 공간으로 사용할 수도 있다. 구석 공간은 학생들이 도구와 재료를 사용해서 작업하거나 실험하는 데 이용하거나, 도구나 재료를 보관하는 공간으로도 사용할 수 있다. 때로는 다수 아이들로부터 잠시 후퇴할 수 있는 공간으로도 사용할 수 있다.

이처럼 구석 공간은 고정되지 않고 유연하게 용도를 달리해 사용할 수 있다. L형 교실은 더 큰 집단, 평균 집단, 소수 우수 집단, 또는 개인, 1:1, 소그룹, 대규모 그룹 활동 영역을 설정해서 한 교실에서 공간적 분리감을 갖고 과제를 수행하거나 학습할 수 있도록 배려할 수 있는 교실이다.

L형 교실은 많은 현대 학교에서 반복적으로 등장하거나 보통 교실에 덧붙여 내부를 들여다볼 수 있고, 개방할 수 있는 형태의 작은 보조 교실이 딸린 형태로 변화했다.

호주의 L형 교실 도입 사례

호주 서부 퍼스 엘렌브룩Ellenbrook의 가톨릭 남녀공학인 성십자가 학교Holy Cross College 역시 L형 교실을 도입한 또 하나의 주목할 사례다. 이 학교는 제임스 딕의 뚱뚱한 L형 교실을 현대적으로 충실하게 되살려 공간 디자인에 반영했다. 성십자가 학교는 미래 교육의 요청에 맞게 2014년 학교를 증개축했는데, 이때 아동을 위한 조기 학습 센터, 초등·중고등 교실, 디자인 기술 센터와 미술 교실, 음악 교실, 디자인실이 포함된 공연 예술 교육동, 제작 교실, 과학 실험실, 탈의실, 다목적실 등이 포함된 새로운 학습 공간을 증축했다. 학교는 증축을 하며 21세기 미래 교육의 이상에 따라 학습 공간의 특성을 명확하게 정리했다.

이 학교가 설정한 21세기 교육의 이상은 학생들의 '비판적 사고', '협업과 소통', '창의력 개발과 성숙'이다. 미래 학교는 학생들의 참여와 선택 기회를 제공하고 학생 책임을 강조한다. 안전보다는 학생의 작업과 활동에 집중하고, 학생들에게 장소에 대한 통제력을 부여하는 동시에 공동체 감각을 느낄 수 있도록 조성해야 한다. 이러한 공간 디자인 철학에 따라 L형 교실 디자인을 증축에 적용했고 근접한 교실과 가변 연결도 가능하다. 규모나 크기가 다른 교실들이 섞여 있고, 복도는 물론 휴식과 사교를 위한 비공식 공용 공간 어느 곳이나 시각적으로 분리된 구부러진 구석 공간을 포함하고 있다. 꼭 칸막이나 벽체가 아니더라도 공간 형태의 변형을 통해 시각적으로 분리하고, 각기 다른 활동을 지원할 수 있는 구석진 내부 구역들을 설정한 결과였다.

이 책을 쓰던 중 인천 서홍초등학교를 방문한 일이 있다. 서홍초등학교는 학생이 늘어나면서 교실이 부족해져 본관의 일부 공간을 개조해서 의도치 않게 L형 교실을 만들었다. 처음 발견한 국내 L형 교실이었다. L형 교실에서 수업하던 선생님과 동료 선생님들의 경험은 우리가 교실을 디자인하는 데 소중한 경험이 될 것이다. 그 교실을 사용하는 선생님은 교실 내부에 타공 칸막이들을 사용하고, 창가 검색 구역을 설정해 수업에 활용하고 있다. 서홍초등학교도 그린 스마트 미래학교로 선정되었다. 앞으로 어떤 형태로 바뀌게 될까? L형 교실의 경험이 확산되기를 기대해본다.

6장

보조 공간 결합 교실

보조 공간 결합 교실은 주 학습 공간으로 사용하는 교실에 소규모 보조 공간이 딸린 교실 구성이다. 보조 공간은 학생들의 차이를 인정하는 최소한의 공간적 예의다. 보조 공간 결합 교실은 교실 내부에 구석 활동 구역을 만들기 위해 등장한 L형 교실의 변형이라 할 수 있다.

필수 공간이 되어가는 보조 공간

이 교실에서 보조 공간은 대개 주 학습 공간인 교실과 물리적으로 시각적으로도 투명하게 연결된다. 교실과 보조 공간 사이에 큰 유리창이나 유리벽, 유리문을 설치해 서로 들여다볼 수 있다. 학생을 보조 공간에 분리할 경우 교사가 보안과 관리를 위해 그 안을 들여다볼 수 있고, 보조 공간 내의 학생도 분리되어 갇혀 있다는 느낌보다는 시각적으로 연결되고 개방된 느낌을 주기 위해서다. 시각적 차단을 위해서는 유리창에 블라인드나 커튼을 사용할 수 있다. 이러한 보조 공간은 개개 교실마다 보조 교실을 결합한 1+1 형태도 있지만, 두 개 이상의 교실 사이에 두어 공동으로 이용하는 경우가 많다.

교실에 소규모 보조 공간을 추가하면 개별 상담, 소수 지도, 1:1 지도, 학업 성취가 빠르거나 뒤처지는 학생들에 대한 지도, 수업 준비나 교구재 보관이 편리해진다.

미래 교육의 핵심은 개인 차이를 인정하는 데 있다. 전체 학생들에게 동일한 정보와 지식을 전달하는 집체 교육도 하지만 개별 또는 그룹 활동과 학습을 장려한다. 동일한 학습 진도에 대한 동일 기간 학업 성취도에 따라 학생들을 억지로 줄 세우지 않고 학생 하나하나의 관심, 학업 성취 정도에 수업과 학습 지도를 맞춘다. 이러한 변화된 미래 교육을 지원하기 위해서 별도의 보조 공간은 점점 필수 요소가 되고 있다.

보조 공간은 학습 목적 외에도 학생들의 휴대품을 보관하거나 휴식과 상담 장소를 겸할 수 있다. 그렇다고 교실마다 보조 공간을 두려면 필요한 공간만큼 건축 비용도 증가한다.

스페인 비토리아 가스테이즈Vitoria-Gasteiz의 마리투리Mariturri 학교는 유초등 통합 학교다. 비토리아 시 주택가의 늘어나는 학령 아동을 수용하기 위해 2016년 신축했다. 'ㄱ'자형 건물 배치인데, 햇볕이 가장 잘 드는 방향으로 열려 있고, 운동장으로 부는 바람을 막아주기에 유리한 위치에 건물을 배치했다. 약 700여 명의 학생을 수용할 수 있도록 복도 양쪽에 교실들을 일렬로 배치한 중앙 복도형 교실 학교이다. 이 학교의 교실은 다양한 학습 유형을 지원하면서 수업 중에 일부 학생을 분리해서 지도하거나 소그룹 활동을 위해 두 개 교실마다 보조 공간을 두어 공유하는 2+1 보조 공간 결합형 교실로 조성되었다. 규모가 다른 다용도 공용 공간도 보통 교실들과 함께 구성하고 있다.

다문화 시대 다양한 학생들

미국 서부 시애틀의 사우스 비콘 힐South Beacon Hill에 자리 잡은 윙 루크 초등학교Wing Luke Elementary School는 시애틀에서 가장 다양한 민족적 배경을 가진 다문화 학생들이 다니는 학교다. 사우스 비콘 힐 지역은 영어 가능자, 영어 학습자, 이중 언어 사용자, 아메리카 원주민, 알래스카 원주민 등 영어 수준이 제각각인 다문화 가정 아동 비율이 높다. 학생들이 소말리아어, 베트남어, 중국어, 스페인어, 캄보디아어 등 다양한 언어를 사용한다.

　이 학교는 다문화 인구 비율이 높은 지역에서 기존 교실에 더해 왜 보조 공간이 필요한지 분명하게 보여준다. 학교는 다섯 명 이상의 이중 언어 교사를 채용한 이중 언어 센터 학교이다. 미국의 모든 공립학교 학생의 약 10퍼센트가 이민자 출신의 영어 학습자들이다. 즉 영어를 새롭게 배우는 학생들이다. 교육 당국이 교과 과정과 시설, 공간을 설계할 때 반드시 고려해야 할 정도로 높은 비율이다. 일부 학교는 보충 학습이나 특별 지원 없이 다양한 조건과 수준의 학생들을 몰아서 영어로 진행되는 수업에 참여시킨다. 이 경우 적지 않은 다문화 가정의 학생들이 수업 진도를 따라가는 데 어려움을 겪는다. 일부 학교는 동일한 조건의 학생들을 소규모로 모아 별도의 작은 보조 공간이나 소그룹 공간에서 보충 영어 수업을 받게 한다.

윙 루크 초등학교는 다문화 지역 사회의 특수성을 고려해 학습 진도를 따라가기 어려운 영어 학습자 집단에 주목한다. 지역 교육 당국은 점차 영어 학습자와 교육자, 관련 프로그램 등 다양한 수업 방식을 개발하기 시작했고, 이에 맞춘 적절한 유형의 학습 공간을 마련하는 데까지 신경 쓰고 있다.

윙 루크 초등학교가 선택한 교실 모델은 보조 공간 결합형 교실이다. 여러 인접한 교실이 함께 공유하는 보조 공간을 보충 수업이나 개별 지도에 유용하게 활용한다. 영어 학습자들을 위한 보조 공간 외에도 유치원과 1학년 담당 교사와 이중 언어 지원 교사가 하루 중 일부를 함께 가르치는 공동 교실도 마련하고 있다. 다른 학년의 경우는 읽기와 수학 시간에 보조 공간에서 소그룹으로 별도 수업을 진행한다.

이처럼 이중 언어 교육 교사들은 학생들을 별도로 지도하고 필요에 따라 통역을 지원한다. 가끔 추가로 1:1 지도도 한다. 숙제 지도가 필요한 학생들을 위해 방과 후 이중 언어 지원 숙제 클럽도 운영한다.

이중 언어 교육 지원 수업은 교실에 붙은 보조 공간이나, 학교 곳곳에 있는 다목적 공용 공간, 소그룹 공간에서도 진행하고 있다. 공용 공간은 학년별 복도의 교차 영역, 계단 밑 좌석 등 건물 곳곳 틈새에 조성되어 있다. 이곳에서 학습, 친교, 휴식 등 다양한 활동이 가능하다.

우리 사회도 점점 다문화 가정과 이주민 가정 학생들이 늘고 있다. 대도시 외곽 학교들 중에는 외국인 노동자 자녀나 이중 문화 가정 학생들 비중이 점점 높아지고 있어 상호 문화 이해 중점 학교로 지정된 곳들도 있다. 그러나 윙 루크처럼 보조 공간 결합형 교실이 있는 학교들은 아직 등장하고 있지 않다. 다문화 비율이 높은 지역에서 왜 보조 공간이 필요한지 더 적극적으로 고민할 때이다.

방과 후에도 머무는 학교

독일 헤르포트Herford 랜츠버거 스트라세 학교Grundschule landsberger Straße는 학교 건축사에서 유명하다. 초기에 지은 건물은 프랙털 구조 학교 건축의 기본 원리에 따라 반복된 기하학적 패턴으로 공간을 조성했다. 학생 수가 늘어나면서 10년 만에 학교를 리모델링했다. 기존 학교는 넓은 육각형 소광장 형태의 공용 공간을 학교의 중심으로 삼고, 이 소광장 주변에 네 개의 다각형 교실을 나누어 오른쪽에 두 개, 왼쪽에 두 개를 배치했다. 학생 수가 늘면서 새로운 건물을 증축했다.

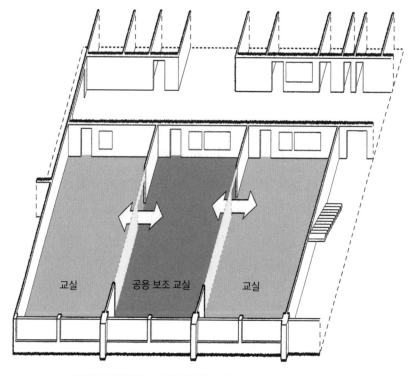

두 개의 교실이 보조 교실을 공유하는 랜츠버거 스트라세 학교
©Montag-Stiftungen

새 건물은 전형적인 사각형 건축물이지만 내부 구조는 "공간이 교육 방향을 촉발한다."라는 이 학교의 교육 건축학적 개념을 반영했다. 새 건물은 두 개의 일반 교실과 그 사이 공용 보조 교실이 2+1로 세트를 이루고 있다. 교실과 공용 보조 교실 사이는 직접 들여다볼 수 있

도록 투명창이 설치되어 있다. 두 학급은 필요에 따라 보조 교실을 개별로 사용할 수 있다.

이렇게 보조 공간 결합형 교실을 만든 이유는 종일 학교로서 오랜 시간 학교에 머무는 아이들에게 쾌적하고 안락한 활동과 생활공간을 제공하는 동시에 유연하게 학습을 지원하기 위해서다. 어떤 아이들은 방과 후 꽤 늦은 시간까지 교실에서 시간을 보낸다. 학교가 학생들의 집만큼 중요해졌다. 이 점을 고려해서 교실은 기존 교실보다 더 크게 만들고, 공용 보조 교실은 방과 후에도 오래 학교에 머물 수밖에 없는 학생들을 위한 대안적 생활공간이자 학습, 활동 공간으로 활용한다.

교실들은 개방감이 크다. 개조한 옛 건물에도 시각적으로 답답한 공간은 거의 없다. 벽의 절반은 유리로 되어 있다. 건물의 한쪽 끝에서 다른 쪽 끝까지 바라볼 수 있다. 아이들은 항상 자신이 관찰되고 있다는 걸 알고 있고, 이 때문에 교사가 학생들을 보다 안전하게 관리하며 돌볼 수 있다. 너무 많은 유리창 때문에 학생들의 주의가 쉽게 산만해지지 않느냐는 우려가 있었다. 막상 시각적 투명성이 지배하는 공간으로 리모델링하자 그런 걱정은 사라졌다.

아이들은 창이 많은 집에서 행동하듯 창밖만 바라보지 않고, 혹시 창밖에 무슨 일이 일어나더라도 곧 다시 자신이 하던 일에 집중하기 시작했다. 학습 공간의 변화는 일상적인 학교 운영에도 변화를 주었다. 결론적으로 교사들의 협력이 늘어났다. 초기에는 공간 운영에 대해 관점이 다른 교사들 사이에 갈등이 있었다. 모든 공간 운영과 관리에 대해 교사들이 완전히 합의하는 데 1년이나 걸렸지만 공용 공간을 사용하게 되면서 교사 간 협력은 더욱 증가했다.

교육적 요구와 건축적 지원

프리데릭스베르크 학교Frederiksbjerg Skole는 덴마크 오르후스Aarhus에 2016년 지어진 최첨단 학교로 920명의 초중등 학생이 다니는 통합 학교다. 현대 교육학의 실험장으로서, 학교 공간은 놀이와 학습, 몰입과 의사소통, 다양한 역량의 발달과 도전을 지원할 뿐 아니라 지역 주민들의 만남의 장소이자 지역의 공공 장소여야 한다는 생각을 바탕으로 건물을 디자인했다. 학교 건물은 우수한 실내 온도와 공기질, 에너지 저소비를 결합해 덴마크의 엄격한 2020 건물 등급을 충족했다. 2016년에는 오르후스 올해의 건축으로, 2017년에도 올해의 학교 건축물로 각각 선정되었다. 수상의 이유가 여러 가지지만 신박한 이 학교의 교실 패턴이 이유 중 하나다.

이 학교에는 우리가 익숙한 교실이 없다. 교실 내부는 주 학습 공간, 칸막이로 나뉜 계단형 좌석, 작은 보조 교실이 통합된 '3 in 1' 교실이다. 이러한 교실 여러 개가 큰 공용 공간을 중심으로 집합적 학습 공간을 구성한다. 다시 이러한 집합적 학습 공간들이 서로 연결되어 전체 학교를 구성한다. '3 in 1' 교실 내부의 주 학습 공간에서는 공지

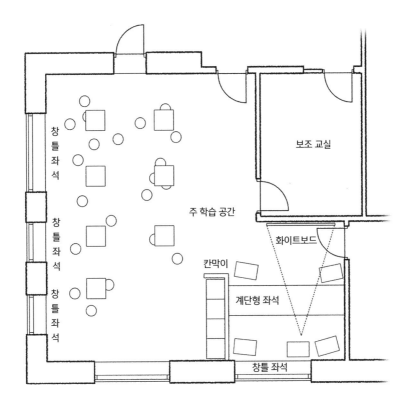

프리데릭스베르크 학교의 교실 내부 구성. 주 학습 공간, 계단형 좌석, 보조 교실을 포함한다.
©Henning Larsen Architets

사항 전달, 몰입 학습, 프로젝트 활동이 이뤄지고 집체 강의식 수업을 할 때는 계단형 좌석 공간을 사용한다. 계단형 좌석은 휴식 공간으로도 사용한다. 교실 내 보조 공간은 수업 준비와 상담, 분리 수업 등 다양한 용도로 사용한다. 교실 내에는 크고 낮은 테이블과 좌석이 있고, 앉을 수 있는 창틀 좌석도 곳곳에 있다. 아이들은 다양한 위치와 자리를 자율적으로 선택하며 수업에 참여할 수 있다.

다양한 보조 공간 결합형 교실 학교 사례들을 살펴보았다. 최근 국내에도 드물게 보조 공간을 조성한 학교들이 등장하고 있다. 내가 만난 학교 공간 혁신 담당 선생님은 "보조 공간 하나 추가하는 데 너무 많은 장애가 있었고, 건축 담당자들을 설득하는 데 너무 힘들었다."며 한숨을 쉬었다. 교육적 요구를 공간적으로 지원하기보다는 경제성과 공간 효율성이 여전히 우선이다. 우리나라에서 기존의 화석화된 학교 모델과 건축 관행은 좀처럼 바뀌지 않고 있다. 학교 건축의 역사와 현대 교육 공간 모델에 대한 이해 없는 학교 건축 행정은 교육의 변화를 가로막는 장애가 될 수 있다.

7장

학습 전경, 학습 스튜디오

한눈에 펼쳐진 경치를 전경全景이라 한다. 학습 전경은 시각적 물리적으로 열린 학습 공간이다. 고정된 벽이나 학급별 교실 구분이 없어 학급이나 학년 전체 학생들의 활동을 한눈에 볼 수 있다. 활동 특성에 따른 공간 구분은 있지만 어느 곳이나 학습과 활동 공간으로 사용한다. 고정 벽체로 분리된 교실이 없는 대신 위치를 바꿀 수 있는 책걸상, 선반, 이동 칸막이, 인테리어 조형물, 바닥이나 벽면 색상, 쪽벽 등으로 중소 그룹별 학습 구역, 발표 및 토론 구역, 휴식 또는 놀이 구역을 설정한다. 특정 수업이나 활동 구역은 고정된 경우도 있고, 수시로 위치를 바꿀 수도 있다. 대규모 행사를 위해 학습 가구나 칸막이를 옮겨서 전체가 열리는 대공간을 만들 수도 있다.

저학년 학생들에게 특히 유익하다

학습 전경은 저학년 아동이 좁고 닫힌 일반 교실에서 느낄 수 있는 공간적 압박감을 제거하고 개방감을 느끼게 한다. 공간이 시각적으로 투명하게 열려 있기 때문에 학생들은 서로 연결되었다는 느낌과 소속감을 잘 느낄 수 있다. 학생들은 수업에 집중할 것을 강요받지 않고 자율적 선택권이 주어진다. 다소 산만한 환경이지만 점차 카페에서 백색 소음에 익숙해지며 독서를 하는 사람들처럼 집중하는 경향을 보인다. 그렇다 해도 종종 소음이 문제가 될 수 있어 흡음판이나 카펫 등 소음을 줄일 수 있는 내장재를 최대한 사용한다.

전체가 열린 공간이라도 분리된 공간이 전혀 없는 것은 아니다. 필요에 따라 차별화된 기능과 용도를 지닌 소그룹실이나 기능실, 특별실을 포함한다. 호주나 뉴질랜드의 상당수 유치원이나 초등학교가 다양한 형태로 구성한 열린 학습 전경 모델을 적극적으로 수용하고 있다.

호주 포인트 쿡에 2013년 지어진 세인트 메리 크로스 초등학교St Marry of Cross School는 21세기형 어린이 학교로 학생들이 매일 방문하고 싶어 하는 재미있고 매력적인 학습 전경 학교다. 이 학교에는 일반 교실이 따로 없다. 커다란 공간 그 자체가 교실이자 학교다. 주 학습 공간이나 공용 활동 공간, 시청각실, 발표 공간은 벽으로 구분되지 않았다. 각 활동 영역은 큰 공간 안에 개방적으로 설정되어 있다. 250명이나 되는 학생들이 다니기 때문에 열린 공간으로 학교 전체를 구성하기란 쉽지 않다. 도시의 큰 광장처럼 넓기만 하다면 아이들은 어디에 있어야 할지 난감할 수 있다. 아이들에겐 숨을 수 있는 공간도 필요하고, 공간의 다채로움도 필요하다. 이런 필요를 해결하기 위해 이 학교의 건축가는 의도적으로 불규칙하게 변형된 공간으로 학습 전경을 구성했다. 두 개의 주 학습 공간 가장자리를 구불하게 꺾거나 오목하게 들어가게 해 곳곳에 구석 공간을 만들었다. 덕분에 열려 있지만 여러 구역으로 나뉘면서 아늑함과 개방감을 동시에 느낄 수 있는 공간이 완성되었고 아이들은 친밀감을 느끼고 공간에 대한 재미를 잃지 않는다.

학교 내 공간의 경계는 모호하다. 두 구역으로 분리된 주 학습 공간은 공유 활동 공간을 사이에 두고 서로 이어져 있다. 모든 방향에서 내부로 오목하게 들어와 있는 곳곳의 야외 학습 공간과도 연결되어 있다. 주 학습 공간에는 빔 프로젝트와 스크린을 사용할 수 있는 영상 공간이 있다. 두 곳의 주 학습 구역 중앙에는 특별한 구조물이 있다. 벌집bee hives이라 부르는 돔 구조물이다. 빙 둘러 의자를 배치하고 이곳에서 보통 수학이나 글쓰기 수업을 한다. 이곳에 아이들을 위해 노트북을 설치하는 경우도 있다.

교사들이 벌집 안이나 밖에서 가르치고, 학생들을 그룹 또는 개별로 지도할 수 있다. 종종 벌집 안에 한두 명이 들어가 대화를 나누기도 한다. 이 안에 의자를 놓고 아이들이 토론을 하거나 게임을 한다.

무엇인가 작업할 수 있는 '한적하게 분리된 공간'으로도 사용한다. 벌집 위에는 둥근 형광등이 있어 밝고 환하다. 다른 색상의 카펫을 이용해서 이 벌집 공간이 '특별한' 영역이라는 것을 표시한다. 벌집은 보조 보관 장소로도 사용한다. 벌집 구조물이 선반처럼 생겼기 때문에 읽기 및 쓰기 교구재나 자주 사용하는 재료들을 보관하는 것이다. 이처럼 이곳의 각 공간과 구조물은 다목적이다.

호주에는 세인트 메리 크로스 학교 외에도 학습 전경을 도입한 학교들을 자주 발견할 수 있다. 대개 이러한 학습 전경은 중고등 과정보다는 개방감, 재미, 생활 공간감이 중요한 유치원이나 초등학교에서 자주 적용한다.

전통 교실 리모델링 지침

뉴질랜드 오클랜드의 홉슨빌 포인트 초등학교Hobsonville Point Primary School는 설계와 시공 모두 다섯 개의 녹색 별 등급을 받은 그린 학교다. 이 학교의 지속 가능한 요소들을 살펴보면 중수 재사용, 빗물 사용, 토착 조류를 위한 토착 수목 식재, 야외 학습 공간이다. 외부 공간은 야외 학습을 위한 공간과 놀이터, 스포츠 공간을 포함하고 있다. 이 학교를 주목하는 이유는 또 있다. 이 학교에는 고대 그리스의 학자와 제자들이 여기저기 모여 토론하던 지식의 거리 같은 학습 거리가 있기 때문이다.

'학습 거리'는 사실 복도와 유사한데 곳곳에는 사물함이 배치되어 있어 통로로만 그치지 않는다. 학습 거리 양쪽으로 학습 스튜디오가 조성되어 있다. 복도 좌우 공간들을 교실이라 부르지 않고 학습 스튜디오라 부르는 이유는 문이나 벽체 구분 없이 모호하게 열린 공간으로 조성했기 때문이다. 게다가 단일 공간도 아니다. 각 학습 스튜디오는 학습 거실과 그 주변에 유리벽으로 구분된 소그룹실과 조용히 수업에 집중할 수 있는 전문 학습 공간, 화장실, 부속 공간, 개별 테라스를 포함한다. 각 학습 거실은 별도의 개별 테라스와 야외 학습 공간과 연결되어 있고, 곧바로 야외로 나갈 수 있다. 각 스튜디오는 최대 60명을 수용할 수 있다. 담당 교사도 여러 명이다. 이 학교에는 총 8세트의 학습 스튜디오가 있고 별도의 과목들을 위한 특별실과 강당 등 대규모 공간은 학습 거리 복도 끝에 배치되어 있다.

편복도 교실 학교도 학습 전경으로 바꿀 수 있을까? 이 질문에 대한 답은 뉴질랜드 교육부가 배포한 "Reference Designs for Standard Classroom Upgrade NELSON TWO STOREY BLOCK 2016"과 "Reference Designs for Standard Classroom Upgrade FORMULA BLOCK"에서 찾을 수 있다. 뉴질랜드 교육부는 전통적인 상자형 교실의 리모델링 방안으로 학습 스튜디오(또는 학습 블럭)를 자세하게 소개하고 있다. 뉴질랜드가 배포한 리모델링 참조 디자인은 기존의 상자 같은 표준 교실을 어떻게 유연한 공간으로 바꿀 수 있는지 보여주면서 교육적, 사회적 변화의 필요성을 강조한다. 즉 교사들의 수업 방식과 교사-학생, 교사-교사, 학생-학생의 관계가 변화할 수 있도록 물리적 학습 환경 개선을 목표로 삼는다.

- 기존 교실 사이 벽을 철거해 연결성을 최대로 높여 교사동 내 모든 교사의 강력한 협업이 가능하도록 한다.
- 연결성을 높이기 위해 기존 교실과 교실 사이에 문을 설치하고 최소 너비 4미터 높이 2.7미터로 만든다.
- 사각지대를 최소화하면서도 소그룹 학습을 위한 학습 공간을 만든다. 따라서 공간과 공간 사이에 유리창을 최대한 사용한다.
- 필요한 경우 소그룹 활동을 위해 소음 분리(차음, 방음)를 한다.
- 이동형 게시판을 제공하고 학습 공간을 가변적으로 재구성하기 위해 이동 가능한 모니터나 파티션을 사용한다.
- 최소 두 개의 사용 목적을 특정하지 않는 비공식 소규모 공간을 마련하고, 음향을 분리할 수 있도록 통유리 벽 등으로 공간을 구분한다.
- 대형 유리 미닫이문을 설치해 나머지 학습 영역과 약간의 음향 분리가 있는 대형 휴게실 또는 대형 강의장 또는 발표 장소를 마련해 학습 유형에 따라 선택할 수 있도록 한다.
- 학습을 위해서도 활용할 수 있는 교사 업무 영역과 교구재 공간을 선택적으로 제공한다.
- 전체 학습 공간 내에 습식 활동이 가능한 개수 공간을 한쪽 끝에 배치한다.

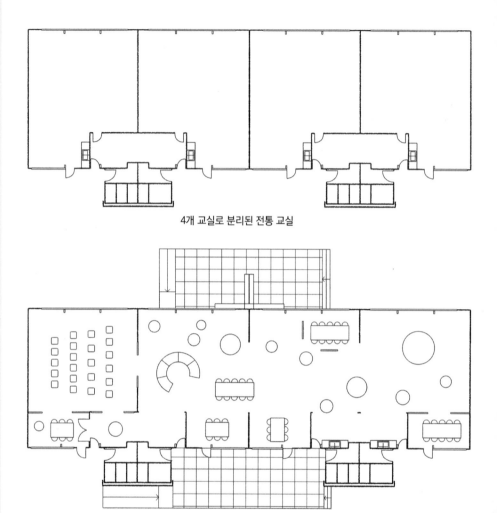

4개 교실로 분리된 전통 교실

뉴질랜드 교육부에서 제시한 전통 교실의 리모델링 방안 중 하나
ⓒThe Newzealand Ministry of Education, Education Infrastructure Service

- 소음이 발생할 수 있는 메이커스페이스 등 창작 공간은 건물동의 한쪽 끝에 배치해 소음을 줄인다.
- 화장실은 건물 내부 및 외부에서 모두 접근할 수 있도록 한다.
- 흡음성 높은 천장 타일과 벽에 흡음 핀보드를 사용해 배경 소음을 감소시킨다.
- 가능하면 이동식 화이트보드, 단초점 프로젝터 및 LCD TV 패널을 사용한다.
- 가방 보관을 위한 수납공간이나 보관함은 그 방법, 장소를 선택할 수 있다.

이러한 리모델링 지침에 따른 결과로 과거 학급별로 분리되었던 학생들은 한 세트의 학습 스튜디오로 구성된 건물에서 학급별 구분 없이 공간을 공유하며 함께 수업하며 생활하고, 여러 명의 교사가 각층 중앙의 공용 공간, 소규모 교실과 휴게 공간(비공식 공간), 특별실, 발표실 등을 활용해 협력 수업과 학습을 진행한다. 건물 양끝 공간에서도 여러 교사들의 협력 수업이 가능하다. 동시에 한층 내에서 전문 강사가 특별 수업을 위해 내부 공간을 사용할 수 있게 되었다.

넘어야 할 산

우리나라 학교를 학습 전경형 공간으로 바꾸려면 우선 학교에 허용하는 연면적 기준을 완화해야 한다. 칸막이 교실에 너무 익숙한 나머지 변화를 주저하는 교사들의 인식도 바뀌어야 하고 새로운 공간 경험을 제공해야 한다. 유치원, 초등학교 저학년 교실들은 마음만 먹으면 현재 연면적 기준에서도 변화는 가능하다. 학습 전경과 같은 밀도가 낮은 열린 공간에서 아이들이 받는 스트레스와 갈등이 줄어든다. 열린 공간의 수많은 시선 속에서 아이들은 자신이 사회적인 존재라는 점을 인식하게 되고 스스로 주의하게 된다. 교사들은 학생들의 관리자로서 부담보다는 언제든지 동료 교사들의 도움을 받을 수 있고 협력은 자연스러워지고 수업의 형태가 바뀔 수 있다. 이제 우리 주변에도 이와 같은 학습 전경형 유치원이나 저학년을 위한 열린 학습 공간 모델이 도입되기를 기대해본다.

1부 교실의 발명

8장

학습 주택, 학습 커뮤니티

학습 주택(또는 학습 클러스터)은 일종의 학교 안의 작은 학교로, 협력 수업과 융합 교육을 중시하는 현대적인 학습과 교육을 공간적으로 지원한다. 더불어 학습 주택은 교육 방식과 학습 조직, 관리를 포함하는 종합적인 학교·교실 운영 모델로, 학습 주택에 배속된 교사와 학생, 학부모 사이의 긴밀한 협력을 촉진시키려 한다.

내부 공간 구성은 각 학교의 상황에 따라 달라지지만 보통 3~6개의 교실, 학습 주택 내 모든 학생들이 함께 이용하는 학습 거실, 교사들의 업무 공간인 교사실, 소그룹실, 화장실, 개인 물품 보관함, 휴식을 위한 비공식 공간, 공용 테라스, 내부 계단과 출입구 등을 포함한다.

학습 주택에서 가장 중요한 공간은 교실들로 둘러싸인 중앙의 학습 거실이다. 학습 주택 내의 모든 공간들을 연결하는 순환 공간이자 다목적 공간이다. 이곳에서 분리 수업, 개별 학습, 그룹 작업, 발표, 통합 수업, 회의, 휴식, 놀이, 독서 등이 가능하다.

집 같은 학교

기본 아이디어는 별도 건물이나 층별로 배치해 상대적으로 자율성을 갖는 학습 주택들을 상호 연결해서 전체 학교를 구성한다. 각 학습 주택에는 보통 학년별, 계열별, 학습 주제별로 80~120여 명의 학생들을 배정한다. 학습 주택 하나하나가 작은 학교인 셈이다. 작은 학교로서 학습 주택 내의 교사 팀은 학생들에 대한 교육과 관리에 대해 비교적 독립된 책임과 권한을 갖는다.

80~120여 명이 배속되는 중규모 학습 주택에서 학생들은 대규모의 학생들 속에서 느끼기 어려운 친밀감과 소속감을 가질 수 있다. 여기서 학생들은 반별 귀속감보다는 학습 주택별 귀속감을 갖는다. 작은 학습 주택 내에서 학생과 학생, 교사와 학생의 관계가 강화된다. 교사 팀원들은 개개 학생을 파악하며 돌볼 수 있다. 학습 주택에서 수업은 학생들에게 열려 있다. 교사 중심의 전통적인 집체 교육의 비중은 줄고, 학생들의 개별 또는 그룹 학습과 활동 비중이 높아진다.

2015년 뮌헨 시의회는 학교 신축 및 증개축 시 학습 주택Lernhaus을 공식 학습 공간 디자인 모델로 채택했다. 학습 주택 모델은 뮌헨 시 외에도 독일의 주요 도시가 채택하는 독일 학교 건축의 중요한 표준이 되고 있다.

독일 쾰른 시의 학습 주택 구성 지침

독일 쾰른 시 학교들의 학습 주택 규정 중 일부를 소개한다. 쾰른 시의 규정에 따르면 학습 주택 내에는 명확한 영역 구분이 필요하며, 각 공간은 상호 연결될 수 있어야 한다. 내부에 포함해야 할 공간 요소와 지침 사항들은 다음과 같다.

- 학생 1인당 면적 : 3~3.5제곱미터(위생 구역 및 탈출통로 구역 없음)
- 학생 1인당 면적 : 4~4.5제곱미터(위생 구역은 없지만 탈출통로 구역이 있음)
- 학습 거실 : 학습 주택의 중심 공간으로 소통, 학습, 작업, 놀이 등 다양한 목적으로 사용한다.
- 보통 교실 : 보통 교실은 학습 거실에서 볼 수 있어야 하며 학습 거실과 교실의 시각적 투명성(유리창)을 유지한다. 시각적 투명성에도 불구하고 교실은 다른 공간과 음향적으로 분리될 수 있어야 한다. 또한 각 교실은 (가능한 경우) 문으로 연결되어야 한다. 교실 내 학습 가구는 자유롭게 이동하고 배치할 수 있어야 한다. 화이트보드 역시 다양한 위치에 배치하거나 이동할 수 있어야 한다.
- 소그룹실 또는 차별화 영역 : 소그룹실 및 차별화 영역의 수는 교과 과정에 포함되는 프로젝트에 따라 조정될 수 있어야 한다. 소그룹실은 학습 거실과 접해 있어야 하고, 인접한 교실에서 적절하게 시각적으로 관찰할 수 있어야 한다. (벽체나 통창으로 구분되지 않은 경우) 가구와 수납함을 설치해 공간을 적절히 구분할 수 있어야 한다.

- 교사실 : 교사실은 학습 주택에 속한 교사들의 휴식, 미팅, 작업 장소이다. 교사실에서 학습 거실을 관찰할 수 있어야 한다. 또한 음향 분리가 보장되어야 한다. 교사실 내에는 교구재 등 물품 보관 장소나 수납장소가 필요하다.
- 간이 탕비실 : 각 학습 주택에는 최소 세 개의 전기조리판, 냉수, 식료품 저장실이 포함된 간이 취사 시설을 포함한다.
- 위생실(화장실, 샤워장) : 위생 구역은 학습 주택 내부나 인근에 배치해야 한다.
- 탈출 통로 : 통행만을 위한 복도로만 두지 않고 학습 복도나 생활 복도, 생활 거실화해 다기능 사용을 권장한다. 사용 가능한 탈출 경로를 표시해야 한다.
- 옷장 또는 휴대품 보관 : 학습 주택 입구에 휴대품 보관함 또는 옷장을 설치한다.

학습 주택 모델에 대한 학생과 교사들의 평가는 어떨까? 뮌헨 시의 조사에 따르면 학습 주택 모델을 적용한 학교에 대해 모든 응답자의 만족도는 평균 이상이다. 학생의 75.6퍼센트, 교사의 73.9퍼센트, 학부모의 82.9퍼센트가 학습 주택 모델에 대해 다소 또는 매우 만족했다. 78.7퍼센트의 학생들이 학교에 있는 것을 즐겼고, 74.6퍼센트의 학생들이 잘 보살핌을 받는 느낌이라고 대답했다. 교사의 86.7퍼센트는 학습 주택 내에서 교사 협력을 편안하게 느끼고 있고, 응답 교사의 82.1퍼센트는 신뢰감을 느낀다고 답했다. 부모의 86.7퍼센트는 자녀가 학교에 가는 것을 좋아한다고 답했다. 부모의 83.1퍼센트는 자녀가 학교에서 잘 보살핌을 받고 있다고 답했다. 무엇보다 부모의 85.1퍼센트는 자녀의 교사를 신뢰한다고 응답했다. 물론 이러한 설문 조사 결과는 오로지 학습 주택 모델이라는 물리적 공간 때문만은 아니다. 학습 주택에서 이뤄지는 교육 과정과 교사의 지도와 수업 방식 등에 따른 결과다.

학습 주택의 장점

· 학생과 교사의 더 많은 개인적 책임

· 수업 구성에 관한 더 많은 자유

· 교사와 학생 간의 긴밀하고 장기적인 접촉

· 학생들과 교사의 공유 시간 증가

· 학년 수준의 협력 증대

· 과목 교사 간의 더 나은 협력과 조정

· 교사와 학부모의 긴밀한 접촉

· 교사 팀 내 정기적인 교류

· 저학년 학생과 고학년 학생의 파트너십

· 가족적 분위기

· 많은 지원과 도전의 기회 제공

　학습 주택 모델은 공간 디자인을 위한 모델 그 이상이다. 학습 주택 모델과 결합한 학습 조직 방식을 살펴보면 분명해진다. 우리나라 학교들은 대개 동일 연령대 학생들로 학년별 학급을 조직하고 동일 학년 교실들을 근접 배치한다. 반면 뮌헨 시의 학습 주택형 학교에서 학습 조직은 다양하다. 동일 학년을 수평적으로 그룹화하거나, 하나의 학습 주택에 여러 학년을 수직적으로 그룹화하는 경우도 있다.

수업은 학년별 수업, 개별 수업, 집체 수업의 형태로 진행하고 일정한 학습 과정을 거친 학생들은 무학년제 수업을 부분 또는 전면적으로 듣는다. 무학년제를 전면 도입하거나 학생들의 과목 선택 폭이 넓은 중등 과정 학교, 우리와 같지는 않지만 예술계, 인문, 이과 계열별 또는 융합 학습을 강조하는 학교에서 중심 학습 주제나 활동 내용을 선택한 학생들을 학습 주택별로 배정한다. 이때 교육 과정과 내용은 각 학습 주택 소속 교사 팀이 책임을 갖는다.

독일 다름슈타트 인근 바이터슈타트Weiterstadt 지역의 헤센발트 학교Hessenwaldschule는 국제적인 건축가 상을 수상한 학교다. 정원 650명으로 제법 규모가 있다. 학교는 천창이 있는 밝은 중앙 아트리움 홀 주변으로 세 동이 풍차처럼 돌아가며 연결되었다. 중앙 홀 주변으로 1층에 식당, 행정실, 휴게실, 갤러리, 극장실, 음악실, 도서관 등 공동 이용 공간들이 배치되어 있다. 중앙 홀은 대형 강당이자 공연장, 회합 장소이다. 때로는 체육관이자 실내 놀이터로 사용한다. 우리의 경우 대다수 학교에서 체육관이나 강당이 별도 건물이나 건물 한쪽에 치우쳐 있는 것과 달리 학교의 중심 생활공간이자 전체 구성원이 모이

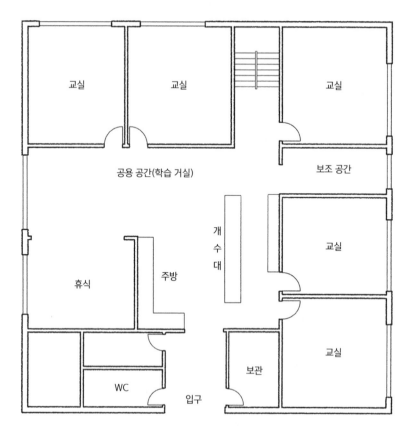

교실　　　　　교실　　　　　　　　　교실

공용 공간(학습 거실)　　　　　　　보조 공간

휴식　　　주방　　개수대　　교실

WC　　　입구　　보관　　교실

학습 주택 모델을 도입한 헤센발트 학교의 공간 구성
ⓒwulf architekten

는 중심 공간으로 사용한다.

　교실은 세 개동 2~3층에 학습 주택형으로 배치되어 있다. 학습 주택마다 중앙 홀에서 학습 주택으로 들어가는 입구, 옷장, 교실, 거실, 교사실, 화장실, 내부 계단이 있다. 학습 주택은 말 그대로 가정집처럼 아늑하다. 각 학습 주택에는 공용 테라스도 조성되어 있다. 학습 주택의 가운데는 학습 거실로서 다목적 공간이다. 이곳에서 학생들은 쉬거나 수다를 떨거나 독서를 한다. 긴 식탁이 있는 열린 주방이 있고, 휴대폰 보관함도 있다. 학습이나 수업에도 사용할 수 있다. 학습 주택 내부의 여러 반 학생들이 서로 유대감과 소속감을 갖게 하고 안락하고 안정된 느낌을 주는 장소다. 각 학습 주택의 교사들은 서로 협력하며 유기적으로 수업을 전개해 나갈 수 있다. 학교 건물과 주변 숲 사이의 공간은 정원 실험실, 나무 묘목장, 학교 정원, 녹색 교실 등 다양한 목적의 외부 학습장으로 사용한다.

북미형 학습 주택

'학습 커뮤니티'는 북미 학교들에서 자주 적용하는 학습 조직 모델이자 학습 공간 모델이다. 독일에서 적용하는 학습 주택 모델과 유사하게 학습 공간들을 집적하여 클러스터화한다. 학습 주택 모델이 중앙의 공용 공간을 중심으로 동일한 규모와 형태의 일반 교실들을 몇몇 부속 공간들과 함께 배치한 데 비해, 학습 커뮤니티 모델은 학습 거실을 중심으로 가변 확장형 교실, 일반 교실, 소그룹실 등 형태와 기능이 다른 학습 공간들과 부속 공간들을 혼합 구성한다. 사실 학습 주

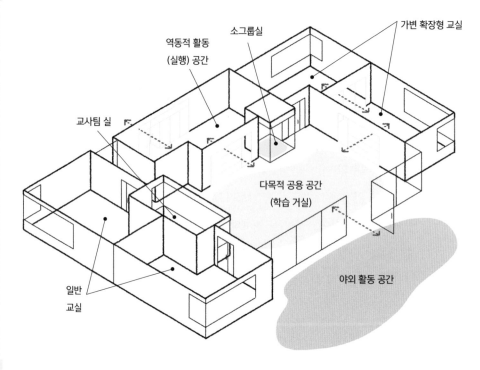

역동적 활동
(실행) 공간

소그룹실

가변 확장형 교실

교사팀 실

다목적 공용 공간
(학습 거실)

일반
교실

야외 활동 공간

학습 커뮤니티 모델의 학습 공간 조합 ⓒFielding International

택 모델과 학습 커뮤니티 모델의 차이는 명확치 않다. 학습 커뮤니티
방식으로 조성된 경우에도 공용 공간 주위로 일반 교실들을 배치한
경우가 많기 때문이다. 다만 부지가 넓은 북미 학교들은 단층 학교인
경우가 많고, 이 경우 중앙의 학습 거실에서 곧 바로 야외로 나갈 수
있도록 연결하는 경우가 많다.

미국 일리노이의 락포드 공립학교Rockford Public School는 학교 공동

1부 교실의 발명

체의 중심인 '마을 광장'과 '학습 커뮤니티'가 특징이다. 마을 광장은 중앙의 공용 공간이자 다목적 홀이다. 학생과 교사들이 아늑한 환경에서 편하게 참여하는 '아침 조회' 장소로도 사용한다. 교실과 교실, 공간을 이어주는 이동 통로이자 공동 작업 영역이다. 지붕에 창이 있어 개방적이고 통풍이 잘되고 밝다. 모든 학생들은 마을 광장에서 진행하는 '아침 조회'를 시작으로 하루를 시작한다. 마을 광장 주변에는 체육관, 카페테리아, 미술실 및 도서관과 같은 사교 공간이 배치되어 있다. 마을 광장은 각 연령대 수준에 맞게 특별히 고안된 유치원, 1~2학년, 3~4학년, 5학년 학습 커뮤니티들로 둘러싸여 있다. 학습 커뮤니티는 학년별로 조금씩 차이가 있지만 보통 4개의 교실과 보조 교실, 학습 거실, 화장실이 한 묶음으로 구성되어 있다. 마을 광장에 접한 교실들은 접이식 문을 사용해 유연하게 공간들을 개방하고 연결할 수 있다.

우리나라 학교에서 획일적인 편복도 교실을 나열하는 모델은 100년 동안 크게 변하지 않았다. 학교의 공간 리모델링도 구조를 바꾸기보다는 인테리어 수준에 머물렀다. 반면 북미나 유럽 학교들은 다양한 규모와 기능을 갖는 학습 공간들을 혼합 구성하는 학습 주택과 학습 커뮤니티 모델로 바꾸고 있다. 만약 개축하거나 신축하는 학교라면 적극적으로 검토해볼 중요한 학습 공간 모델이다. 이제 현대 학교의 학습 공간 디자인은 개별 교실을 어떻게 디자인할 것이냐가 아니라 다양한 학습 공간들을 어떻게 혼합 구성할 것인가로 주안점이 옮겨가고 있다.

사무실형 학습 공간

사무실형 학습 공간은 학생 개개인에게 고정 좌석을 할당한다. 사무실 같은 공간에서 학생들은 각자에게 배정된 책상에 개인 물품을 두고 개별화된 학습과 프로젝트를 수행한다. 사무실형 학습 공간은 일반 교실에 비해 공간이 넓고 개방적이다. 학생 자신이 선택한 과목이나 학습 프로젝트를 혼자 또는 여럿이서 모둠을 이루어 수행할 수 있는 그룹 공간과 대규모 강의나 활동이 가능한 공간은 따로 둔다. 별도 대공간이 없는 경우 좌석들을 이동해서 대규모 학습을 위한 공간으로 변경한다. 사무실형 학습 공간 모델을 택한 학교에 우리가 익숙한 학급별 교실은 없다. 당연히 이 학교의 교육 철학도 배움의 방식도 다르다.

학생별 맞춤 학습을 위한 공간

파주 출판 도시에 있는 파주타이포그라피 학교에서 학생들에게 공예와 놀이터 디자인을 가르친 적이 있다. 교내 곳곳에 자리한 교수들의 스튜디오나 공방이 강의실로 사용된다. 나도 내게 할당된 전용 공방에서 작업을 하거나 수업과 실습을 진행했다. 학교 내 스튜디오나 공방이 없는 외부 강사의 수업은 각층 중앙의 공용 강의실을 사용한다. 이 공용 강의실은 학생들에게 개별로 할당된 좌석들로 둘러싸여 있다. 고학년 학생들은 회사원들이 사무실 좌석을 배정받듯 각자의 고정 테이블이 있는 작업 공간을 가질 수 있다.

학생들은 각자 취향에 따라 배정된 작업 공간을 다양한 의자와 테이블, 선반 등으로 꾸몄다. 이곳에서 학생들은 각종 디자인 프로젝트를 수행하거나 개별 과제를 수행한다. 나로선 학창 시절 편복도 교실이나 대학의 일반적인 강의실에만 익숙했던 터라 적응하는 데 약간 시간이 걸렸다. 이러한 사무실형 학습 공간은 많은 예술계 대학에서 드물지 않게 채택하고 있는데, 이제 유럽에서는 중고등학교에서도 도입하기 시작했다.

네덜란드 네이케르크Nijkerk의 교육 단지 내 콜러칼리지Corlaer-College는 사무실형 모델을 부분적으로 도입하고 있다. 16~19세 학생 800명이 다니는 13학급 규모의 학교로, 중등 과정과 예비 대학 과정을 포함한다. 이 교육 단지는 대규모 신규 주거지 한가운데 자리했으며 일반 대학과 직업 대학, 특수학교도 모여 있다. 주거지 중앙에 있지만 건물 밀도가 낮고 주변 자연 환경이 뛰어나다. 콜러칼리지는 정규 수업과 학생별 맞춤형 학습의 균형을 지향한다. 맞춤형 학습을 위해 학생별로 작업 공간을 할당했고 그 주변으로 강의실과 부속 공간을 혼합한 세련되고 독창적인 학교다. 학생들은 IT 인프라와 기기를 적극적으로 활용해서 개별화된 학습 과제를 독립적으로 수행할 수 있다.

학교 건물은 스킵 플로어 형태로, 중앙의 넓은 계단을 중심으로 각 층이 엇갈리며 단차를 두고 연결되어 있다. 120여 명이 활용 가능한 건물 중앙의 계단 좌석은 단차를 부드럽게 연결한다. 이곳은 카페테리아 겸 휴게실로도 활용한다. 이 주변으로 각층마다 열린 사무실형 학습 공간과 소그룹 공간, IT실, 강의실, 교사실, 창고 등 부속 공간들이 배치되어 있다. 단차가 있는 1층은 밖으로 캐노피가 있고, 안으로 무대가 있는 강당이 자리 잡고 있다. 그 밖에 열린 사무실형 학습 공간과 소그룹 공간, 기타 부속실들이 있다. 2층에는 다목적 홀 겸 둥근 강당이 있다. 2층에도 열린 사무실형 학습 공간과 소그룹 공간, 기타 부속실, 넓은 테라스가 있다. 맨 위층 역시 열린 사무실형 학습 공간과 작업실. 소그룹 공간이 배치되어 있다. 무엇보다 이 학교의 특징은 복도가 따로 없다는 점이다. 그저 공간과 공간이 서로 연결되어 있을 뿐이다.

직업이 아닌 삶을 준비하는 학습

2013년에 네덜란드 교육의 대안으로 아고라 협회Agora Roermond가 설립되었다. 협회에 소속된 10개 학교에도 익숙한 교실이 없다. 학교 전체가 다목적의 비공식 공간들로 채워져 있다. 카페나 사무실 같은 열린 학습 공간이 교실이고 작업장이다. 이러한 혁신적인 공간에도 불구하고 아고라 협회의 학교들은 네덜란드 교육 당국으로부터 인가를 받았다.

그 중 한 곳인 니케이 학교Niekee College의 학습 공간은 교실이 아니라 공동 작업 공간에 더 가깝다. 특별한 규칙 없이 여기저기에 학생에게 할당된 공간과 테이블, 좌석이나 카페테리아의 소파와 테이블이 있다. 곳곳에서 다양한 연령대의 아이들이 뒤섞여 자신의 크롬북을 사용한다. 곳곳에 발표용 대형 모니터들이 있다. 다소 어수선한 동아리실이나 정돈되지 않은 사무실, 휴게실 분위기다. 또 어떤 곳은 작업장 같다.

어떻게 이런 학교가 만들어질 수 있었을까? 학교 설립자들은 교사가 아니라 학생들의 아이디어에 따라 학교를 만들었다. 그들은 그때의 판단이 옳았다고 자평한다. 기존 학교 건축 관행에 맞지 않지만 학생들에겐 편안하고 재미있는 학교다. 이것이 이 학교의 핵심이다.

니케이 학교에서는 어떻게 수업이 이루어질까? 아고라 학교를 한마디로 말하면 자신의 호기심을 따라가는 자율적인 개별 학습 학교다. 전통 의미의 개별 학습과 다르다. 모든 학생은 자신의 학습 경로를 따라 도전하고, 호기심을 갖고 질문하는 과정에서 배움을 쌓는다. 아고라 학교가 자율을 강조하지만 여전히 학습 과정이 있고, 필수 교육 과정에 초점을 맞추고 있다. 모든 학생들의 발달과 성장을 위한 기초로 5개의 세계(과학계, 예술 세계, 사회 세계, 사회적이며 윤리적인 세계, 영적 세계로 나뉜 일종의 중심 학습 주제 영역)를 조사하고, 질문하고, 탐색하는 학습 과정이 있다. 이 과정을 통해 아고라 학교에서 학생들은 직업이 아닌 삶을 준비한다. 아고라 학교에서 모든 어린이는 자신만의 방식으로 배운다.

아고라 교육은 학생들이 교류하고, 지식이 성장하며 개인의 힘, 열정과 가능성을 발견하는 학습 커뮤니티를 지향한다. 수업의 주도권은 교사가 아니라 학생이 갖는다. 학생들이 수행하는 '학습 과정'은 아고리안 마스터라 불리는 학습 코치의 안내와 도움으로 진행한다. 학생들은 각자의 학습 계획을 아고리안 마스터에게 제시하고 각자 또는 동료들과 알아서 학습을 시작한다. 서로 다른 연령대의 동료와 함께하는 프로젝트 수업에 참여한다.

아고리안 마스터는 학생이 스스로 선택한 여행과 학습 목표를 달성할 수 있도록 돕는다. 아고리안 마스터는 지시하고, 자극하고, 영감을 주고, 분석하고, 조언하고, 응답한다. 특히 학습 계획에 대해 계속 질문하며 학생이 적정한 학습 목표와 계획을 세우도록 안내한다. 아고리안 마스터들은 자신들을 교사가 아닌 코치라고 부른다. 학생들에게 '가르치지' 않고, 가능하면 전통적인 교사들처럼 말하지 않으려고 노력한다. 학생들은 자신이 할 수 있는 모든 방법으로 스스로 배워야 한다. 학습 코치인 마스터는 올바른 질문을 하고, 학생들의 연구를 올바른 방향으로 이끌고, 아이디어와 기회, 필요한 인물을 소개할 뿐이다. 사무실형 교실은 이러한 교육 방식을 지원하는 주요한 물리적 인프라인 셈이다. 이처럼 학교의 교육 공간은 그 학교의 교육 철학과 교육 개념을 반영하고 교육 과정을 지원한다.

10장

야외 교실

"지붕 대신 하늘이, 바닥 대신 땅이 있는 교실을 상상해보세요. 벽이 없는 이 교실에서 벌레와 잎의 세계를 탐색하느라 분주하게 활동하는 어린 과학자들과 강우량을 조사하고 씨앗을 세고, 정원의 성장을 그래프로 그리는 수학자들, 바람 부는 무대에서 연습을 하는 공연자들, 빛과 그림자를 스케치하는 예술가들, 수천 가지의 언어로 풍경에 이름 붙이는 언어학자들을 상상해보세요."

-커크 마이어Kirk Meyer, 보스턴 학교 운동장 운동 창립 이사

전염병 예방책이었던 야외 교실

학교 건축의 역사에서 야외 교실과 실내외 학습 공간의 연결은 중요한 주제였다. 산업화 초기 가난한 가정의 아동들은 열악한 환경에서

힘든 노동을 해야 했고, 일을 끝내고 집으로 돌아가도 주거 환경은 비위생적이었다. 사회 개혁가들과 모성애 가득한 여성들, 진보적인 정치인들의 노력으로 아동 노동이 금지되었지만 여전히 많은 아동들은 처참한 환경에 놓여 있었다. 20세기 초반 유럽과 북미에 유행했던 결핵과 스페인 독감 등 전염병의 확산도 학교의 위생과 채광, 환기를 중요시 하는 데 영향을 끼쳤다. 박애주의자들과 부모들, 교육자들은 학교에서라도 아이들이 맑은 공기와 충분한 햇볕을 만끽할 수 있는 학습 환경을 구현하고자 했다.

1904년 독일 샤를로텐부르크Charlottenburg에 세워진 숲 학교 Waldeschule를 시작으로 물리적 건물 없이 숲에서 수업을 하는 숲 학교가 유럽 전역에서 유행했다. 영국의 경우 1937년까지 숲이 아니더라도 야외에서 수업을 하는 야외 학교 96곳이 개교했다.

20세기 초 미국 도시에 결핵이 창궐했다. 가난한 사람들과 아이들의 피해가 컸다. 1907년 독일의 숲 학교로부터 영향을 받은 로드아일랜드 지역의 의사 매리 패커드Mary Packard와 엘렌 스톤Ellen Stone이 어린이들 사이의 전염을 줄이기 위한 아이디어를 냈다. 이들이 제안한 방안은 야외 교실이었다. 1908년 로드아일랜드 프로비던스에 미국 최초로 지붕이 열리는 야외 학교가 등장했다. 뉴잉글랜드 지역은 겨울이 매우 추웠다. 하지만 이 실험적인 야외 교실에서 아이들은 '에스키모 좌석 가방'으로 알려진 입을 수 있는 담요와 따뜻하게 달군 동석을 발아래에 깔고 수업을 받을 수 있었다. 야외 교실 실험은 거의 모든 면에서 성공적이었다. 야외 교실 어린이 중 누구도 전염병에 걸리지 않았다. 2년 만에 야외 교실이 미 전역으로 확산되어 65개의 야외 학교가 생겨났다.

20세기 초 프랑스 파리의 쉬렌Suresnes에도 야외 학교가 등장했다. 1922년에 조직된 '열린 공기 교육 연맹League for Open Air Education'이 첫 번째로 야외 학교 국제 대회를 개최했다. 이후 숲 학교나 야외 학교까지는 아니어도 야외 학습과 활동을 위해 야외 학습 공간을 마련하는 학교들이 늘었다. 1930년대 교실 중에는 미닫이문과 개폐식 차양을 설치하거나, 지붕을 열어 야외 테라스로 바꿀 수 있는 교실이 등장했고, 쉽게 이동할 수 있는 가벼운 학습 가구를 설치했다. 이처럼 실내외를 오가며 활동과 학습을 진행하는 독특한 교육 스타일은 1970년대까지 인기를 끌었다.

네덜란드에서는 1957년부터 야외 학교가 유행했다. 학교의 학습 환경 디자인에서 신선한 공기의 유입, 자연 환기 및 자연과 접촉, 충분한 채광과 햇볕 노출은 중요한 고려 사항이었다. 기존 학교 건물의 일부에 야외 교실을 마련하거나 교실과 외부 공간의 직접 연결이 점차 중요한 학교 건축의 관심사가 되었다. 그러나 효과 좋은 항생제의 개발과 일반 가정의 주거 환경이 개선되면서 점차 야외 학교나 야외 수업의 필요성이 줄어들었고 야외 학교는 폐지되었다.

2020년 전 세계적으로 코로나가 유행하면서, 공기를 통한 전염 방지를 위해 학교들이 문을 닫거나 인터넷과 디지털 기술을 활용한 비대면 교육으로 전환했다. 인터넷 환경이나 디지털 기기의 보급이 여의치 않은 나라들은 다른 대안을 찾아야 했다. 온라인 툴을 이용한 비대면 교육이 가능한 국가라도 비대면 교육 상황에서 학습 지체와 격차가 문제가 되었다. 교육 당국은 조금만 확진자 발생이 줄어들면 다시 학생들을 전면 등교시키거나 분산 등교시켰지만 코로나는 새로운 변이를 일으키며 재차 대 확산을 일으켰다. 전면 등교와 실내 교실에서의 학습은 곧 중단되었다.

많은 나라가 야외 교실에 다시 주목했다. 바람이 부는 야외 교실은 실내보다 열악한 조건일 수 있지만 적어도 감염 예방 측면에서는 훨씬 더 유리했다. 더 넓게 책걸상 간격을 띄우고 앉을 수 있었고, 자연 환기 때문에 감염의 가능성은 크게 줄었다. 다만 충분한 그늘과 좌석을 제공하고 교육에 필요한 최소한의 장비들을 야외에서도 사용할 수 있도록 지원해야 했다. 코로나 이전에 이미 야외 학습과 활동을 중시하며 충분한 자연 그늘이나 차양이 있는 후퇴 지역, 야외 학습 좌석을 마련했던 북미와 유럽의 몇몇 학교들은 빠르게 야외 교실을 활용하기 시작했다. 20세기 초와 제2차 세계대전 이후 폐렴 전염에 대응하기 위해 확산되었던 야외 교실과, 교실과 야외 공간의 연결은 21세기 들어 3년에 걸쳐 장기간 세계적으로 지속되는 코로나 상황 속에서 다시 주목받는 학교의 중요 인프라가 되고 있다.

야외 교실의 효과

야외 교실은 비단 전염병에 대한 대책만으로 가치가 있는 것은 아니다. 21세기 야외 활동과 수업이 갖는 교육의 이점을 증명하는 조사와 연구 결과들이 속속 나왔다. 영국에서 실시한 연구에 따르면 조사에 참여한 어린이의 95퍼센트가 야외 학습이 더 즐겁고, 90퍼센트는 더 행복하고 건강해지는 느낌을 받으며, 72퍼센트는 친구들과 야외에서 더 친밀해졌다고 답했다.

학교의 93퍼센트는 야외 학습이 학생들의 사회적 기술을 향상시키고, 92퍼센트가 학생들의 건강과 웰빙을 향상시키며, 85퍼센트가 학생 행동에 긍정적인 영향을 미친다고 밝혔다.

조사에 참여한 교사의 90퍼센트가 야외 학습이 지식 전달에 유용하며, 92퍼센트의 학교는 야외 학습이 교사의 건강과 복지에도 긍정적인 영향을 미치며, 69퍼센트는 전문성 개발에 긍정적인 영향을 미쳤고, 83퍼센트 이상이 야외 활동이 더 적극적인 놀이, 더 나은 놀이의 질, 더 많은 사회적 상호 작용 및 더 많은 휴식 시간의 즐거움으로 이어졌다고 보고했다. 50퍼센트 이상이 교내 괴롭힘이 줄어들었다고 답했다.

이뿐 아니라 야외 학습의 영향으로 73퍼센트의 학교가 공식적인 실내 학습 시간과 휴식 시간에 학생들의 행동이 개선되었다고 답했다. 학교의 50퍼센트 이상에서 학업 성적이 상승했다. 모든 학교의 절반은 학교 시간 외에 지역 사회가 참여하면서 기물 파손이 감소하고 학교 부지 사용이 더 다양해졌다고 보고했다.

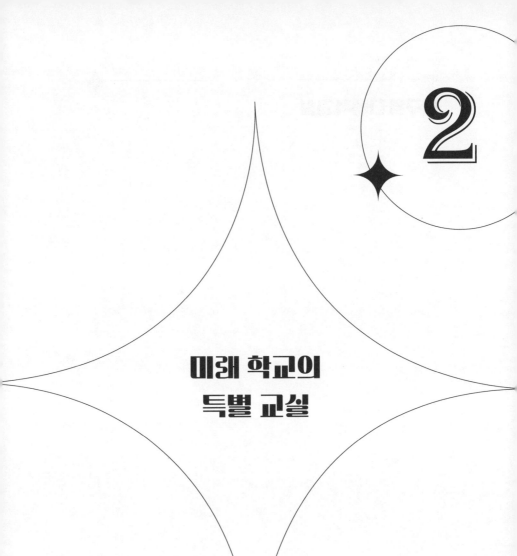

미래 학교의
특별 교실

2

11장

다구역 다목적 교실

다목적 교실은 다양한 주제에 따른 학습과 활동을 지원할 수 있도록 디자인된 교실이다. 우리나라 학교의 대다수 다목적실은 그저 마룻바닥이 깔린 체육관을 닮은 공간이거나 좌식 활동이 가능한 넓은 공간으로 조성되어 있다. 어떠한 활동과 수업을 위해 그 공간을 사용할지, 필요한 장비와 설비, 적절한 공간 디자인은 무엇인지 생각하며 디자인하지 않고 단순히 적당한 공간을 만들고 다목적실로 지정했기 때문이다. 그렇다면 다목적 교실을 어떻게 디자인해야 할까?

다목적 교실의 목적

레지오 어린이 재단은 이탈리아의 저명한 아동 교육학자인 로리스 말라구치Loris Malaguzzi의 교육 철학을 따라 세워진 단체다. 레지오 어린이 재단은 빈곤 퇴치를 위한 비영리 단체인 에넬 쿠오레Enel Cuore와 함께 이탈리아 학교의 질을 발전시키기 위해 '학교 가다Fare Scuola' 사업을 추진하고 있다. 우디네 시의 에스페리메트로Esperimetro 학교는 '학교 가다Fare Scuola' 사업으로 다목적실을 조성했다. 이 다목적실은 '제 3의 교사로서 공간'을 강조한 말라구치가 정립한 레지오 에밀리아Reggio Emillia 교육 철학을 공간에 반영했다. 말라구치는 과목별로 분리한 교육 과정보다는 학생들의 자연스런 관심과 호기심에 따라 탐구와 학습을 촉진할 수 있는 유연한 학습 환경을 강조했다.

에스페리메트로 학교의 다목적실은 아이들이 읽기, 연극, 음악, 식물 관찰, 창작 워크숍과 같은 여러 활동을 할 수 있는 유연한 공간으로 디자인되었다. 이곳에서 과목 경계를 넘는 프로젝트 수업이 가능하고 아이들이 융합적 지식을 배울 수 있다. 다목적 공간은 1층에 약 80평방미터 공간에 꾸며졌는데, 공간을 둘러싼 좌석과 좌석 밑의 비밀 상자, 책장, 전시대, 선반, 수납함, 안내판, 내부 화단, 피아노 공간, 작은 무대, 마루 공간, 중앙의 활동 공간 등 다양한 내부 활동 구역과 인테리어 요소로 구성되었다.

다목적 공간 조성을 위해, 한 공간 안에 다양한 활동이 가능하도록 학습 가구와 설비를 활용해 내부 활동 구역을 설정한다. 오랫동안 학습 가구 분야에서 사업을 해온 노르바 네벨Norva Nevel은 교실, 도서실, 공연 예술 교실 등 다양한 구역 설정 사례와 모듈식 학습 가구 세트를 제안한다. 노르바 네벨이 제시한 도서관 내부에는 학습, 놀이,

독서, 공유 등 다양한 활동을 지원하는 여러 활동 구역이 있다. 공연 예술 교실은 연주, 연습, 휴식, 공연, 토론, 이론 학습 등의 활동이 가능하도록 이동이 쉬운 가구를 사용한다. 가구를 재배치해서 바닥을 넓게 바꾸어 신체 활동이나 연극 등의 용도로 사용할 수 있다.

다목적 교실을 만들려면

브뤼셀에서 활동하는 유럽 스쿨넷European Schoolnet 산하의 미래 교실 연구소Future Classroom Lab는 좀 더 체계적으로 미래 교실을 만들어 실험적인 수업을 진행하고 있다. 이들이 만든 미래 교실은 다양한 학습과 활동 유형을 지원하고 정보 통신 기술ICT을 지원한다. 교실 내부에 창작, 상호 작용, 발표, 조사, 교환, 개발 등 6개의 기능적 공간을 학습 가구와 장비, 인테리어 요소를 달리해서 구성했다. 미래 교실 연구소 웹 사이트에서 이 연구소에서 실제로 만들어 수업에 활용하는 미래 교실의 내부를 3D 투어를 통해 자세하게 살펴볼 수 있다. 여기서는 FCLFuture Clasroom Lab의 미래 교실 내부 구역과 학습 활동에 대해 소개해둔다.

(멀티미디어 콘텐츠와 물리적) 창작 구역
미래 교실에서 학생들은 자신의 멀티미디어 콘텐츠나 발표물, 물리적

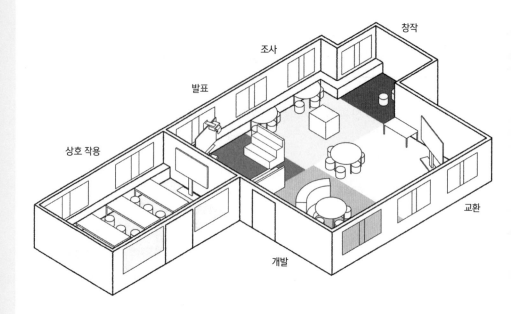

유럽 스쿨넷 FCL이 구현한 미래 교실의 다양한 내부 구역들
©European Schoolnet, Future Classroom Lab

창작물을 디자인하고 제작하고 만들 수 있다. 이제 지식을 단순하게 반복 암기하는 것만으로 충분하지 않다. 학생들은 창작, 제작을 통해 실제적인 지식을 자신의 것으로 만든다. 제작을 위한 자료나 정보 조사, 정보 해석, 분석, 팀 결성과 공동 작업, 평가는 창작 과정의 중요한 부분이다. 멀티미디어 창작 활동을 위해 필요한 장비는 크로마키 스크린, 고화질 비디오카메라, 디지털카메라, 비디오 편집 소프트웨

2부 미래 학교의 특별 교실

어, 마이크 등 오디오 녹음 장비, 조명 장치, 팟캐스트 소프트웨어, 애니메이션 소프트웨어, 스트리밍 소프트웨어, 인터넷 접속 환경과 PC 등이다. 이 교실에서 물리적 제작은 간단한 도구와 재료를 활용한 조립물 수준이다. 간단한 작업 테이블, 제작 도구와 재료 보관을 위한 서랍 등이 필요하다.

(집체 교육을 위한) 상호 작용 구역

교사는 ICT를 사용해 전통적인 교실에서 전체 학생과 상호 작용하고 모든 학생의 참여를 강화할 수 있다. 이곳에 필요한 장비는 대형 모니터나 태블릿, 스마트폰과 같은 개별 디지털 장비에서 스마트보드, 화이트보드는 물론 디지털 상호 작용 학습 콘텐츠에 이르기까지 다양하다. 좌석은 말굽 모양으로 배치하지만 소그룹을 위해 좀 더 유연하게 변경할 수 있다. 교사는 다양한 소프트웨어나 앱을 이용해서 전체 학습을 관리하고, 유무선 소프트웨어를 활용해서 학생과 교사, 학생과 학생의 협업과 소통을 허용한다.

발표 구역

발표 구역에서 학생들은 자신의 작업에 대해 교사나 동료들에게 발표하고 전달하고 평가받는다. 학생 발표는 수업 계획에 포함되어야 하며, 질의 응답을 추가한다. 발표를 통한 학습 결과를 공유하기 위해 상호 작용과 상호 평가를 장려하는 대화형 온라인 발표 도구를 사용할 수 있다. 학생들의 발표물을 모아서 온라인 출판을 하거나 웹진을 만들거나, 온라인 클라우드를 통해 공유할 것을 권장한다.

이곳에서 학생들은 ICT를 활용해서 매력적으로 발표 자료를 만들고, 공유하고 소통하는 법을 배운다. 더 많은 청중과 온라인에서 상호 작용하는 방식도 익힌다. 학생들은 학교 웹사이트, 반별 블로그, 반별 SNS 그룹 등 다양한 커뮤니케이션 플랫폼을 이용해서 학습 결과를 발표할 수 있다. 이때 필수적인 장비는 HD 프로젝터와 스크린, 인터넷 접속 도구, 온라인 퀴즈 및 설문 조사 도구, 온라인 발표 도구, 온라인 출판 도구다. 유럽의 미래 학교 교실 모델에서는 이러한 발표 구역에 계단형 좌석을 대형 모니터와 함께 배치했다.

조사(탐구) 구역

미래 교실은 학생들이 스스로 지식과 정보를 발견하고 관찰하고 조사하도록 지원한다. 학생들은 수동적인 청취자가 아닌 능동적인 지식 탐구자이다. 조사 구역에서 교사는 학생들의 자기 주도적 자료 조사와 비판적 사고 능력을 향상시킬 수 있다. 그룹, 1:1 또는 개별 작업이 가능하도록 신속하게 학습 가구를 재배치할 수도 있다. ICT를 활용해서 풍부한 실제 자료들을 인터넷에서 검색해 찾아내고, 자료를 분석하는 데 전문 도구를 활용한다.

조사 구역에서 학생들은 신뢰할 수 있는 정보와 지식을 선별해 찾고 관리하는 방법, 즉 매체 사용 능력Media Literacy을 발전시킨다. 학생들은 정보를 찾기 위해 검색 키워드를 선택하고, 적정한 질문을 사용하는 방법을 배운다. 학생들은 다양한 매체(텍스트 기반, 비디오, 오디오, 이미지, 실험 결과, 숫자 등) 자료를 활용해서 프로젝트를 수행할 수 있다. 조사는 읽기, 관찰, 과학 실험 수행, 설문 조사 조직화, 검색 엔진 활용, 현미경, 간단한 로봇 등을 이용할 수 있다. 조사 구역을 설정하는 데 필요한 장비는 인터넷에 접속할 수 있는 PC, 데이터 수집 장치, 로봇, 현미경, 온라인 실험실, 3D 모델링 도구, 간단한 실험 장치 등이다.

교환 구역

미래 교육은 다른 사람들을 이해하고 협력할 수 있는 사회적 관계 역량의 개발을 중요하게 여긴다. 모둠별 작업은 조사, 창작, 발표를 포함한다. 교사는 모둠별 협력 작업에 대해 모둠 작업의 차별성, 책임 공유 및 의사 결정을 평가한다.

ICT는 보다 풍부한 소통과 협업에 도움이 될 수 있다. 21세기 교실에서 협업은 면대면 및 실시간 소통에 국한하지 않고 비대면 및 비동기식 소통 방식도 조합한다. 협력 학습과 활동은 학습자 간의 차이를 반영하면서 학습할 수 있는 방법이다. 협력 과정에서 동료 간 학습이 발생하기 때문이다. 더 많이 알고 이해하는 친구가 그렇지 못한 친구의 학습을 도울 수 있다. 그룹 작업 과정에서 브레인스토밍은 학생들이 자연스럽게 주눅 들지 않고 아이디어를 발산할 수 있는 기회로 자주 활용한다.

교환 구역 설정을 위해 대화형 화이트보드, 프로젝터나 모니터, 협업 테이블, 마인드맵 소프트웨어, 브레인스토밍을 위한 화이트보드나 필기 벽면을 자주 사용한다. 일종의 그룹 활동 공간인 교환 구역을 모둠 공간POD 또는 교육학적 웅덩이 공간으로 비유하기도 한다. 유럽의 미래 교실 모델은 교환 구역을 움직일 수 있는 좌석과 대형 모니터, 스피커 및 마이크 장치로 설정하고 있다.

개발 구역(비공식 공간)

개발 구역은 비공식 학습과 자기 성찰을 위한 몰입 공간이자 심화 공간이다. 학생들은 자신의 속도에 맞춰 독립적으로 학교 과제를 수행할 수 있다. 학교와 집에서 자신의 관심사에 집중하면서 비공식적으로 배울 수 있다. 자기 주도적 학습을 촉진하는 방법을 제공함으로써 학교는 학습자의 자기 성찰 및 메타인지 능력을 지원한다. 학교는 취미, 동호회 활동, 방과 후 활동을 포함한 비공식 학습을 인정하고 평가함으로써 학생들의 진정한 평생 학습을 장려한다.

비공식 학습 공간은 집과 같은 환경이 될 수 있도록 더 편안하고 교사에 의해 감시되지 않는 개별 공간(동굴 공간)과 휴식 공간을 포함한다. 개발 구역에서는 넷북 및 태블릿과 같은 개인 학습 장치를 사용하고 온라인 정보 자원과 가상 학습 환경에 접속할 수 있다. 교사는 학생들의 비공식 학습을 파악하기 위해 학습 일기와 학생 개별 학습 기록을 활용할 수 있다. 개발 구역 설정을 위해서는 격식 없는 가구와 학습 코너, 휴대용 디지털 기기, 오디오 장치 및 헤드폰, 책과 전자책, 다양한 게임물 등을 활용한다.

자 이제 다목적 교실을 어떻게 디자인할까? 우선 이곳에서 어떤 학습과 활동을 할지, 어떤 공간 디자인 요소와 장비, 설비, 가구가 필요한지 생각해보자. 만약 이 질문을 하지 않고 어떤 공간을 다목적실로 지정하고 있다면 잠깐 멈추어야 한다.

12장

다빈치 스튜디오와 학습 아틀리에

다빈치 스튜디오Da Vinci Studios는 르네상스 시대의 천재였던 다빈치의 이름을 붙인 데서 알 수 있듯 예술과 과학, 창작 프로젝트를 모두 지원하는 융합 실행 학습 교실이다. 예술가의 작업실이면서 일부는 과학 연구실이자 모형 제작 공방이었던 다빈치의 아틀리에 같은 학습 교실이다. 주로 예술 창작이 가능한 미술 교실과 실험이 가능한 과학 교실을 결합한다. 북미 초등학교들에서 학제 간 경계를 넘는 프로젝트 수업을 위해 다빈치 스튜디오형 교실이 적극 검토되고 있고, 표준 미술실과 과학실을 대체하고 있다. 더 나아가 이곳은 과학, 기술, 공학, 예술, 수학을 결합하는 STEAMScience, Technology, Engineering, Arts, and Math 프로젝트를 지원할 수 있는 유연하고 통합적인 학습 공간이다.

야외로 연결하는 광폭문

이동식 보관함 | 선반

천정 거치 스크린

이동식 보관함 | 선반

이동식 좌석 | 테이블

통합 학습 구역(일명 DaVinch Studio)

야외 휴식 공간

개수대

야외 작업 공간

야외로 연결하는 광폭문

이동식 보관함 | 선반

접이식문

이동식 좌석 | 테이블

긴급 세척 샤워

전열기 또는 가스 이용 | 환기 후드

천정 거치 스크린

개수대

미술교구재 창고

개수대

과학 준비실

미술실과 과학실을 결합한 다빈치 스튜디오
ⓒFielding International

다빈치 스튜디오의 특징

다빈치 스튜디오의 특징은 전시 공간과 예술 창작(제작), 초보적인 실험 공간, 야외 작업장, 야외 휴식 공간의 결합이다. 우선 일광과 적절한 인공조명을 제공한다. 야외 공간이나 야외 작업장과 연결해 실내 작업과 실험을 확장할 수 있다. 물리적인 문을 통해서만 연결하지 않고 통창이나 대형 유리를 통해 시각적으로도 스튜디오 실내와 야외 작업장을 연결한다.

다빈치 스튜디오는 청소하기 쉽고 쉽게 손상되지 않는 단단한 바닥으로 시공한다. 천장은 높고 천장 거치식 전원 케이블과 콘센트를 설치한다. 이렇게 천장에 전원 케이블을 설치한 덕분에 걸리적거림 없이 바닥의 작업대를 자유롭게 이동할 수 있다. 전체적으로 스튜디오는 예술 창작 영역과 과학 영역으로 분리하고 있지만 물리적으로 하나의 공간 안에 통합한다. 두 영역 사이에 접이식 문이나 이동식 가벽을 이용해서 필요에 따라 분리하거나 개방이 가능하다. 예술 교육을 위한 준비실 겸 창고와 과학 수업을 위한 준비실을 분리한다. 예술과 과학 영역 모두에 물을 쓸 수 있는 개수대를 배치한다. 과학 영역에서 전열기를 사용할 수 있고, 전열기 가까이 환기 장치를 설치한다.

다빈치 스튜디오 전체를 예술 수업이나 과학 수업을 위해 사용할 수 있고 분리해 사용하거나 융합 프로젝트를 위해 사용할 수도 있다. 작업 소음 방지를 위해 적절한 차음이 필요하고 주 학습 영역인 일반 교실들과 적당한 거리를 두어 배치한다. 다빈치 스튜디오는 예술 창작이나 과학 실험만을 위한 공간이 아니기에 이론 수업용 빔 프로젝터나 대형 모니터, 화이트보드를 최소 두 곳 이상 벽면에 설치한다. 그룹별 토론과 과제 수행을 위해 각 그룹 테이블을 띄워 배치해야 하므로 일반 교실보다 최소 2.5배 이상의 규모로 조성한다. 와이파이와 검색 부스를 마련할 필요가 있다. 작품의 보관 구역이나 전시 구역이 있다면 더욱 좋다. 이러한 다빈치 스튜디오를 최대한 활용하려면 교사들은 더 자주 담당 과목의 경계를 넘어 협력해야 한다.

학습 아틀리에

독일 브레멘 시 학교와 유치원 위원회는 다빈치 스튜디오에서 한 발 더 나간 학습 아틀리에(학습 공방) 모델을 학교 건축 지침을 통해 제시하고 있다. 학습 아틀리에는 미술실, 과학실, 메이커스페이스, 목공실, 도예실, 가사실 등을 혼합 구성해서 전문 분야의 융합 학습활동을 지원한다. 과목별 특별 설비나 특정 도구를 비치하는 전문 교실과 교구재 보관실 또는 관리가 필요한 장비실, 소그룹실, 공용 이론 교육실, 화장실, 교사실, 중앙 아틀리에를 포함한다. 종종 그룹 활동 공간이 부족할 때는 중앙 아틀리에를 그룹 활동이나 개별 작업 공간으로 사용한다.

중앙 아틀리에는 과목과 무관하게 소도구나 재료들을 가지고 나와 간단한 작업이나 실험을 할 수 있는 작업 공간이자 전시 공간으로도 활용한다. 중앙 아틀리에는 거친 작업과 실험, 청소, 전기 사용이 가능해야 한다. 바닥은 단단하고 화재 염려가 없는 재료로 시공한다. 채광과 환기 역시 중요하다. 다빈치 스튜디오의 실제 공간 구성은 각 학교의 상황에 따라 다르지만 전반적으로 융합 프로젝트를 강조하는 현대 학교들은 다음과 같은 특별 교과 교실 구성 경향을 따른다.

- 과목 간 융합 연계성이 높은 교실들을 근접 배치한다.
- 특정 장비나 설비가 필요한 과목별 작업실 또는 실험실은 다소 규모를 작게 해 별도 구성한다.
- 과목별 준비실이나 보관실은 별도 구성한다.
- 대신 여러 특별 교실들이 공유할 수 있는 중앙의 대형 공용 작업장을 중심에

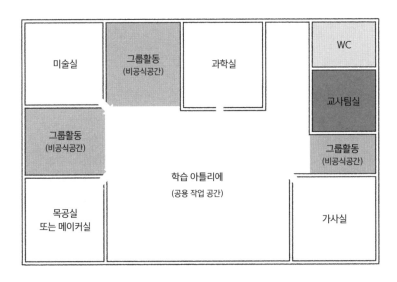

미술실, 이론 교실, 과학실, 창작 공방, 공용 작업 공간을 결합한 학습 아틀리에 구성
ⓒBremen, Senatskommission Schul und Kitabau

두어 아이디어 교류와 작업의 융합이 일어날 수 있도록 한다.

· 이론 수업이나 그룹별 활동을 위한 공간, 휴식 공간, 창고 등은 공용으로 조성
  한다.

· 공간과 공간은 상호 연결되도록 한다.

우리나라 교실의 미래는

그런 스마트 미래 학교 사업의 사전기획가이자 검토위원으로 수많은
학교들의 사전기획 보고서들을 살펴보았다. 대다수 보고서에서 편복
도 교실만큼이나 특별 교실들의 변화가 보이지 않아 아쉬웠다. 그토
록 곳곳에서 학제 간 융합 프로젝트 수업의 중요성이 강조되고 있지
만 결국 교실 1.5~2칸+부속실 0.5칸 모델로 되돌아갔다. 여전히 기
존의 공간 관행과 제한된 특별 교실의 경험에 갇혀 한 치도 변하지 않
는다. 반면 세계 학교들의 특별 과목 교실들, 특히 과학 교실들은 다
음과 같이 바뀌고 있다.

· 부속실 결합형(교실 1.5~2칸+부속실 0.5칸)

· 가변 확장형 교실+보통 교실+공용 전시 공간 결합형

· 개방형 과학 센터형(설비별 여러 내부 구역을 갖고 있는 전경형 공간)

· 개별 보통 교실+실험 홀 결합형(이론 교육 공간과 실험 공간 분리)

- 과학실+미술실 결합형(다빈치 스튜디오)
- 클러스터형(각각 다른 설비 특성을 가진 교실들을 근접 배치하고, 화장실, 보관실, 휴식 공간, 공용 실험-작업 공간, 이론 교육, 실증, 평가 등을 위한 전문 교실 포함)

  미래 학교 사업을 추진하면서 융합적 학습 공간 조성을 강조했음에도 여전히 과거 특별 교실 모델로 회귀하는 것을 목도한다. 교과 간 경계를 넘는 교사들의 협력 의지와 상상력이 부족하기 때문일까 아니면 그 수많은 교사들의 변화에 대한 열정과 의지에도 불구하고 여전히 강력한 영향력을 갖고 모든 교육 혁신의 노력을 허무하게 만드는 대학 입시 위주의 경쟁적인 현 교육 문화와 제도 때문일까, 아니면 그 누구라 할 것도 없이 너무 오랫동안 유지돼온 과목별 특별 교실 외에 다른 형태의 교실을 경험하거나 알지 못하기 때문일까?

13장

스튜디오형 프로젝트실

전통적인 스튜디오형 프로젝트실은 북미나 유럽의 고등학교 이상의 학교에서 많이 발견할 수 있다. 직업 교육, 공예 교육, 예술 교육, 특별 기술과 장비를 활용하는 작업이 필요한 특기 과목에 적합한 교실 모델이다. 최근 현대 학교에서 속속 도입하고 있는 스튜디오형 프로젝트실은 전통적인 개념의 스튜디오 교실과 다르다. 최신 스튜디오형 프로젝트실은 학생들이 그룹으로 작업하고 자신의 프로젝트에 대해 책임지도록 변형한 교실이다. 실험실이나 공예 수업을 위한 작업 공간이라기보다는 수업 방식의 변화를 지원하는 교실 모델이다.

스튜디오형 프로젝트실의 특징

스튜디오형 프로젝트실은 구현된 사례마다 차이가 있지만 공통점이 있다. 첫 번째는 수업 시간이 길다는 것이다. 한 과목을 120~180분 블록 수업으로 진행한다. 이 정도가 가장 효과적 수업 시간이다. 연구나 제작, 창작, 실험이 강의와 결합되어 있고 시간의 단절이 없다. 이 교실에서 전달식 강의는 드물거나 짧다. 실행과 작업이 중요하다. 지루함을 피하고 학생들의 집중을 유지하기 위해 여러 개의 그룹 프로젝트, 약간의 토론 및 보고 시간, 때로는 교사의 간단한 강의가 포함될 수 있다.

두 번째 공통점은 보통 교실보다 큰 규모다. 토론을 위한 학습 가구 배치도 공통적이다. 교사와 학생 그룹, 또는 개별 학생은 스튜디오형 작업실에서 수시로 짧은 질문과 답변을 주고받으며 프로젝트를 수행한다. 효과적인 그룹 활동을 위해서는 학생들이 함께 앉아서 서로를 바라보아야 한다. 좌석 배치가 자유롭지 않은 좁은 보통 교실에서는 아무래도 불편하다. 프로젝트 수업을 적극 도입하는 일부 학교는 새 가구를 구입하고 교실을 완전히 재설계한다. 수업 중 인터넷과 노트북이나 태블릿을 많이 사용하는 경우 공간은 더욱 넓고 좌석 배치는 더욱 유연해야 한다.

현대 학교들이 속속 전통적인 특별 교실을 스튜디오형 프로젝트실로 바꾸는 이유는 무엇일까? 학생들이 스스로 문제를 해결하고 소통하고 협력하면서 자신의 지식과 경험을 구축하는 습관과 사고 기술을 개발하도록 지원하기 위해서다. 실행 프로젝트를 중심에 둔 수업은 새롭고 이해하기 어려운 아이디어나 복잡한 정보를 다루는 고급 수업에 특히 효과적인 교육 방법이다. 스튜디오 프로젝트실 수업에서 학생은 교사가 일방적으로 전달하는 강의에 집중하기보다는 자신이 수행하는 작업과 과정에 집중하며 스스로 생각하며 이해해야 한다. 친구들과 상호 작용은 학습 과정에서 매우 중요하다. 최고의 배움은 학생들이 동료들과 함께 문제를 풀고 함께 토론할 때 발생한다.

스튜디오형 프로젝트실 교육은 초급 수업에도 효과적이다. 많은 기초 과학 수업은 일반적으로 많은 주제, 많은 어휘, 약간의 상황을 다룬다. 스튜디오형 작업실은 상황에 맞게 환경을 설정하고, 수업을 설계할 수 있기 때문에 학생들은 시험 과목을 단순히 암기하며 공부를 할 때보다 주요 아이디어와 개념을 훨씬 더 잘 기억할 수 있다.

스튜디오형 프로젝트실에서 교사는 전통적인 교실처럼 수업의 주인공이 아니다. 프로젝트 수업은 학생들도 교사도 생소하기 때문에 적응하는 데 시간이 필요하다. 다행히 많은 시간이 걸리지는 않는다. 거의 예외 없이 학생들은 스튜디오 교실이 재미있고 흥미진진하다고 느끼게 된다. 학생들은 3~4명 단위의 그룹으로 참여하고 열심히 작업하고 흥미를 잃지 않는다. 학생들이 먼저 주어진 과제에 대해 집에서 조사한 후 자신들이 발견한 것에 대해 서로 이야기하면서 수업을 시작한다. 교사는 학생들이 잘 이해하지 못하는 부분이나 가장 관심을 가지는 부분에 대해서 토론하거나 질의응답에 집중할 수 있다.

그룹별로 친구들과 과제를 수행하거나 작업하기도 한다. 종종 그룹이나 개인 발표를 하고 상호 비평하거나 질의응답 시간을 갖는다. 더 이상 질문이 없다면 학생들은 짧은 퀴즈를 풀기도 한다. 수업이 끝나기

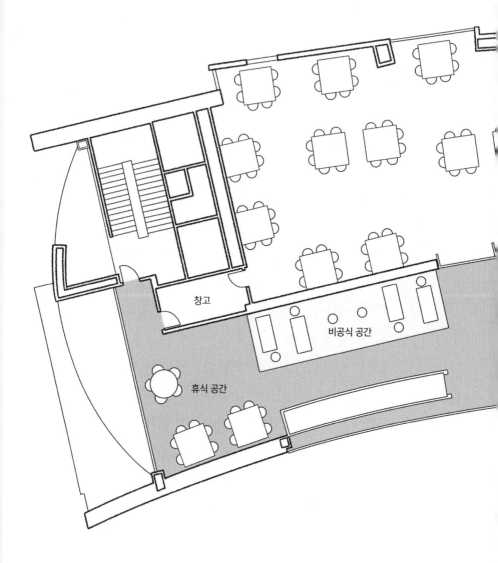

창고

비공식 공간

휴식 공간

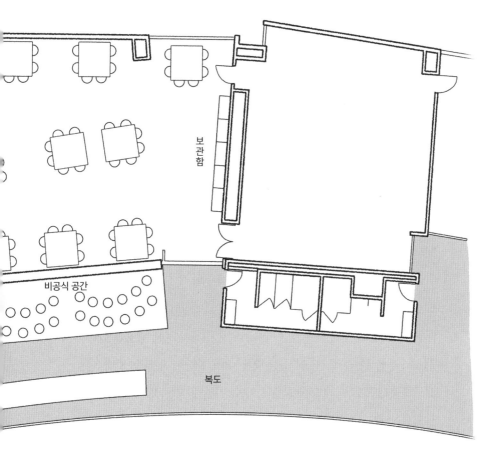

보관함

비공식 공간

복도

올린 대학의 스튜디오형 프로젝트실 ⓒJones Arch

전 학생들에게 다음 수업의 과제와 집에서 조사할 내용에 대해 알려준다. 학생들은 서로의 조사 보고를 이메일을 통해 공유하고 비교할 수 있다. 일부 수업은 메타 인지에 중점을 둔다. 즉 학습 주제보다 학습 주제를 다루는 자료 조사, 분석, 평가 등 학습 기술 개발에 초점을 둔다.

능동적 학습자를 길러내는 것이 목표

스튜디오형 프로젝트실의 교육 목표는 학생들이 능동적인 학습자가 되게 하는 데 있다. 학생 각자가 스스로 자신의 지식을 '발견'하도록 하는 것이다. 학생들은 자신이 참여하는 프로젝트와 학습에 대한 통제력을 높이면서 평생 주체적인 학습자로서 성장하는 데 필요한 학습 기술을 발전시키려 한다. 교사는 학기 내내 학습에 초점을 맞출 연습/프로젝트 모음을 개발해야 한다. 수업 시간에 모든 프로젝트를 다룰 필요는 없다. 나머지는 책을 읽게 하거나 숙제를 제시할 수 있다. 수업 목표가 학습 진도만 따라가는 데 있지 않기에 성공적인 스튜디오형 작업실 수업은 각 프로젝트를 완료하는 데 예상보다 더 많은 시간이 소요될 수 있다.

능동적인 학습을 강조하는 모든 프로젝트 지원 교실들과 마찬가지로 전달식 강의를 통해 전달되는 자료의 양은 기존 교실보다 훨씬 적다. 이곳에서는 시간을 정해두고 질문지에 답을 쓰는 방식의 객관식 시험을 중요하게 여기지 않는다. 교실에서 일어나는 활동과 학생들이 지식과 정보를 다루는 기술의 발전이 더 중요하다. 교사는 학생의 행동을 관찰하고, 학생과 공식 및 비공식적으로 대화하고, 다양한 단기 평가 활동 및 기타 수단을 사용해 학생의 진행 상황을 지속적으로 모니터링해야 한다.

올린 공과대학교Olin College of Engineering는 엔지니어링 교육에 대한 혁신적인 접근 방식으로 유명한데, 일반적인 강의실을 스튜디오형 프로젝트실 스타일로 바꾸고 팀 기반 학습 방식을 실험하고 있다. 새로 조성한 스튜디오형 프로젝트실은 협업 공간으로 높은 유연성, 투명성 및 개방성이 특징이다. 또한 학제 간 교류와 융합 학습을 촉진한다. 일반 강의실보다 큰 공간에는 그룹별 좌석이 있고, 중간에 도구와 재료가 비치된 테이블이 있다. 한쪽 벽에는 물품 선반이 다른 쪽 벽에는 창고가 있다. 나머지 벽들에는 화이트보드와 스크린 게시판들이 설치되어 있다. 복도와 스튜디오 공간은 접이식 문으로 연결되어 있다. 전원 케이블이 천정에 설치돼 작업 시 전선이 걸리는 불편을 주지 않는다. 복도는 넓고 화이트보드가 설치된 벽면 주위로 좌석들이 배치되어 있는 비공식 공간이 있어 학생들은 이곳을 토론과 휴식, 작은 발표 공간으로 사용할 수 있다. 언뜻 보면 올린 대학교의 스튜디오형 프로젝트실의 공간 디자인은 특별하지 않다. 이러한 스튜디오형 학습 공간의 사례와 논의들을 찾아보면서 더더욱 공간의 변화만큼이나 교육 개념과 수업의 변화가 중요하다는 점을 새삼 다시 느낀다.

14장

멀티미디어 스튜디오

지식 활동 방식의 기본이 바뀌었다. 기성세대는 책과 강의를 통해 지식을 습득하고, 글로 자신의 생각과 경험을 표현했다. 미래 세대는 필요한 지식과 정보를 인터넷을 통해서 찾아내고, 소프트웨어를 활용해서 콘텐츠를 창작하고, SNS와 멀티미디어를 통해 자신의 경험과 지식을 표현하고 발신한다. 짧은 영상 콘텐츠 플랫폼인 틱톡이나 유튜브에 멀티미디어 영상을 올린다.

멀티미디어 콘텐츠 제작의 교육적 가치

신세대 지식 활동의 기본 매체가 된 멀티미디어 콘텐츠에 대해 생각해보자. 영화만큼이나 멀티미디어 콘텐츠 역시 종합적 지식과 융합 작업이 필요한 창작물이다. 멀티미디어 콘텐츠의 제작 과정은 콘텐츠의 수준을 떠나 어떤 경우든 주제 선정과 기획을 위한 자료 조사, 시나리오와 콘티 제작, 음향과 조명, 미장센, 캐릭터 선정, 촬영 장비 조작, 편집 툴 사용, 협업 팀과의 소통과 협력 등 종합적 역량을 요구한다. 이러한 멀티미디어 콘텐츠 제작의 교육적 가치를 세계 교육계가 주목하며, 학교에 멀티미디어 스튜디오를 조성하고 멀티미디어 교육 과정을 개발하고 있다. 이제 멀티미디어 스튜디오는 21세기 학교에 그 구현 수준이 어떠하든 반드시 조성해야 할 기반 시설이 되고 있다.

더블린 고등학교에 500명 이상의 객석이 있는 더블린 통합 공연 예술 교육 센터Dublin Unified School District Center for Performing Arts & Education가 있다. 더블린 고등학교뿐 아니라 학군 내 다른 학교 학생들도 사용할 수 있는 학군 공용 시설이다. 이곳에 매우 정교한 영상 음향 시스템을 갖춘 비디오 프로덕션과 공연자를 위한 탈의실, 밴드 및 합창 연습실, 고급 비디오 제작 교실이 있다. 비디오 프로덕션에서 개최하는 비디오 제작 수업은 더블린 고등학교 학생은 물론 지역 학교 학생들도 참여할 수 있다. 학생들은 텔레비전과 영화 산업에서 사용되는 전문 장비를 다루며 직접 촬영, 편집, 제작, 연출 및 무대 제작에 대해 배울 수 있다. 최첨단 스튜디오에서 전문 장비로 학교의 스포츠 행사, 졸업식, 연극, 음악 콘서트와 다양한 교육 활동 관련 스트리밍 서비스를 생중계하기도 한다.

학생들은 이곳에서 방송 음향 장비를 다루고, 편집 소프트웨어를 사용하며, 프로그램과 관련한 주제 탐구, 시나리오 작성, 기획, 연출,

음향 기법, 미장센 설정과 영상 처리, 인터뷰 기법, 분장, 무대 장치 제작 등 종합적인 소양을 키우고 경험한다. 비디오 제작을 통해 자신을 표현하고 학교 동료들과 아이디어를 공유한다. 이뿐 아니다. 이미 스마트폰이나 유튜브 개인 방송을 하고 있어 기초적인 촬영과 편집에 대해 꽤 잘 알고 있는 학생들도 이곳의 수업을 통해 더 실제적이고 전문적인 기술과 지식을 종합적으로 배울 수 있다. 낯선 이들과 사전에 거의 알지 못하는 주제에 대해 작업하면서 다른 사람들과 효과적으로 협업하고 소통하는 능력도 키운다.

불가리아의 딤초 데벨랴노프 유대인 학교Dimcho Debelyanov Jewish School는 2017년 혁신 학교가 되었다. 고등학교 커리큘럼은 외국어 과정, 과학 및 IT 과정, 디지털 디자인 및 미디어 과정 세 가지다. 이 학교에는 사진 스튜디오, 라디오 스튜디오, 비디오 녹화 스튜디오가 포함된 최첨단 미디어 센터가 있다. 학생과 교사들은 이 센터 장비를 활용해서 학교의 TV네트워크와 유튜브를 통해 라이브 TV 방송을 할 수 있다. 스튜디오는 준전문가 수준 카메라와 전체 조명 장비는 물론 별도의 오디오 및 비디오 편집 시설을 갖추고 있다. 500명 이상의 학생이 참여하는 온라인 수업을 지원할 수 있는 인터넷 방송 시스템도 갖췄다. 스튜디오는 비디오 믹서와 다중 이동형 카메라가 있고, 대다수 장비가 준전문가 수준이다. 이 정도 전문가 수준의 장비를 가지고 학생들을 가르치고 필요한 설비를 갖춘 스튜디오를 조성하려면 전문가의 협조가 필요하다.

2013년 초 이 학교는 불가리아의 국영 TV채널 중 한 곳과 멀티미디어 교육 협약을 맺었다. 불가리아에서 가장 큰 영화 스튜디오이자 세계적으로 유명한 누보야나 필름 스튜디오Nu Boyana Film Studio와도 협력하고 있다. 이 학교의 미디어 센터에서는 여러 영화감독과 전문 카메라맨들이 강의를 한다. 이 학교는 불가리아에서 2주간 열리는 여름 캠프인 World ORT Digital Skills Academy의 세 개 섹션을 주관한다. 이 기간 동안 전국에서 찾아온 28명의 학생들이 디지털 사진, 오디오 및 비디오 제작을 공부할 수 있다. 이처럼 이 학교에서 멀티미디어 디자인과 창작은 특별 과목 수준이 아닌 중요한 교육 과정의 일부이며 다른 과목 주제들을 통합하는 융합 교육 프로젝트이기도 하다.

유고슬라비아 베오그라드의 사브레멘 국제 학교Savremen International School는 학생들이 음악적 재능을 개발하도록 최고의 악기와 장치를 갖춘 최첨단 멀티미디어 음악 스튜디오를 조성했다. 스튜디오에서 학생들은 음악적 재능을 개발하고, 최첨단 장비를 사용해서 음반 제작의 기본을 마스터할 수 있다. 학교 구내의 스튜디오는 전문장비가 설치된 라이브 공연실과 조정실을 포함한다. 보컬이나 악기 연주자들이 라이브 공연실에서 연주하면 조정실에서 녹음과 믹싱을 하고, 효과를 추가하고, 음향을 조정할 수 있다. 물론 마스터링 과정도 가능하다. 음악 비디오 촬영도 가능하다.

단순히 녹음실이 아니라 20명 정도의 청중이 함께 즐길 수 있는 공연장이기도 하다. 방음이 잘되어 있기 때문에 다른 교실의 수업을 방해하지 않는다. 청소년 아티스트들은 이곳에서 노래, 연주, 작곡, 댄스 등 자신의 창의적 소질을 마음껏 발휘할 수 있다. 학생들은 교내의 멀티미디어 스튜디오를 이용해서 학교 학생들이 함께 부를 신년 노래 음반을 제작하기도 한다. 이 공간은 완전 개방되어 있지는 않지만 수업 외에 음악, 춤, 공연과 관련된 동호회 학생들에게 개방한다. 동호회에 가입한 학생들은 학교 밴드 매니저의 도움을 받아 악기 연주, 소리 실험, 제작 및 녹음 기술 개발 방법을 배울 수 있다.

멀티미디어 아트 스튜디오를 조성하려면

캠브리지의 공립학교Cambridge Public Schools는 CRLSCambridge Rindge and Latin School라 부르는 캠브리지 교육 평가 네트워크에 참여하며 캠브리지 미디어 아트 프로그램을 운영한다. 이 프로그램은 모든 학생들에게 다양한 미디어 관련 수업과 작업 프로그램, 미디어 제작을 지원한다.

미국 매사추세츠 공립 고등학교는 캠브리지 교육 평가 네트워크에 참여하는 학교이다. 학교 내 미디어 아트 스튜디오에서 방과 후 미디어 아트 교육을 실시하고 있다. 이 교육 프로그램에 참여하는 학생은 자신만의 애니메이션과 비디오 아트를 만들 수 있다. 컴퓨터 애니메이션 소프트웨어로 실험하고 핸드 드로잉 및 스톱 모션 애니메이션을 만든다. 자신의 음악, 팟캐스트 및 트랙을 녹음하는 방법도 배울 수 있다. 미디어 저널리즘도 배울 수 있다.

학생들은 현재 지역이나 학교의 행사와 지역 및 학교 뉴스를 결합한 학생 뉴스 잡지 "Youth View Cambridge"를 제작한다. 학생들은 자신의 작품을 캠브리지 케이블 채널 98 및 "Youth View Cambridge"의 라이브 채널을 통해 방영하고, studentmedia.cpsd.us에 저장한다. 매년 미디어 박람회에서 학생들의 작품을 상영한다. 미디어 아트 프로그램은 멀티미디어 입문과 고급 과정, 디지털 영화 제작, 미디어 저널리즘 및 음악 제작 프로그램을 포함하고 있다. 프로덕션 어시스턴트 프로그램도 운영하는데 학생들은 방과 후에 미디어 아트 스튜디오에서 일할 수 있다. 이 과정에서 학교 뉴스, 스포츠와 행사를 촬영하고 편집하는 방법, 방송국 프로모션 및 자신만의 특별 프로젝트를 만드는 방법을 배울 수 있다. 학생 미디어 자원 센터에서는 방과 후 미디어 아트 스튜디오에 들러 1:1 지원을 받을 수 있고, 수업에 필요한 미디어 관련 숙제를 위한 지원을 받을 수 있다.

학교에 어떻게 멀티미디어 아트 스튜디오를 조성할 수 있을까? 멀티미디어 아트 스튜디오는 실시간-비실시간 영상 촬영과 녹음, 콘텐츠 편집과 송출을 지원할 수 있는 공간이자 수업 공간이다. 외부 소음을 차단하고 음향과 조명을 조절할 수 있는 기능과 코로마키 배경 화면, 멀티미디어 콘텐츠 촬영 카메라나 웹캠, 스마트 폰, 마이크, 화면 전환을 위한 비디오 인터페이스, 오디오 인터페이스 장비, 콘텐츠 편집 툴과 고성능 인코딩을 지원하는 PC와 유무선 통신망과 대개 별도의 조정실이 필요하다.

그러나 학교 상황에 따라 구현 수준은 달리할 수 있다. 최첨단 시설과 공간이 아니더라도 경제적인 비용으로도 기본적인 멀티미디어 스튜디오를 갖출 수 있다. 최근 온라인 방송 장비와 편집 장비들이 작아지고 경제적으로 구매할 수 있기 때문이다. 유휴 교실에 크로마키용 녹색 배경, 이동 가능한 조명 장치와 노트북이나 스마트폰, 간단한 마이크를 설치하고 인터넷 접속만 지원해도 기초적인 스튜디오로 활용할 수 있다. 투명 아크릴 판에 조명을 붙인 라이트 보드, 인터뷰용 의자와 연단, 프리젠테이션 장비와 바퀴가 달리 가구들, 이동식 모니터와 기본적인 멀티미디어 편집 소프트웨어만 있어도 충분하다. 별도의 특별실로 구성하기 어려운 경우 크로마키 화면과 유무선 인터넷과 전원, 조명이 지원되는 벽면 구역으로 설정하거나, 방송실 또는 컴퓨터실 또는 시청각실과 통합해 조성할 수 있다.

15장

메이커스페이스

제작 교육의 중요성이 높아지고 있다. 기술 소비문화에 익숙하고 스마트폰을 만지작거리는 데 몰두하는 학생들을 제작 교육을 통해 창조적 제작자로 키울 수 있다. 또한 교육 및 학습에 대한 관점과 방식을 변화시킬 수 있는 가능성도 있다. 학교에서 제작 교육은 "학생이 다른 사람들과 나누기 위해 물건을 만들면서 자신의 지식을 구축할 때 배움은 가장 잘 일어난다."(Donaldson, 2014)는 주장에 기반하고 있다. 각자의 경험으로부터 지식과 의미를 스스로 구성하도록 지원하는 교육이어야 한다는 구성주의와 자기 주도 학습은 학교 교육을 변화시킬 수 있는 수단이다. 지식을 일방적으로 전달하고 그것을 이해하고 암기하게 하는 주지주의 교육을 바꿀 수 있는 강력한 수단이다. 이러한 교육의 변화를 지원할 수 있는 공간이 메이커스페이스 makerspace이다.

달라진 교육 패러다임

메이커스페이스는 단지 기술 습득과 숙련 또는 제작에만 초점을 맞춘 공간이 아니다. 21세기에는 단순한 기능 교육이나 기술 교육 이상으로 학습자의 창의력과 적응력, 더 넓은 기술 탐색을 지원할 필요가 있다. 제작 과정은 집단 학습과 협력, 소통이 중요하다. 제작 교육은 매체 사용 능력, 곧 미디어 리터러시의 함양과 함께 해야 한다. 급변하는 기술과 사회 변동 때문에 그 어떤 때보다 지식 암기의 효용성은 줄고 있다. 이제 검색이 암기력을 대신한다. 종종 인터넷 검색을 잘하는 학생들이 교사들보다 더 빠르게 새로운 정보와 기술에 접근할 수 있다. 이제는 교사의 지식 전달이 아니라 스스로 문제를 정의하고 해결책을 찾아낼 수 있는 학생들 자신의 매체 사용 능력을 키우는 것이 중요해졌다.

미디어 리터러시란 도서, 인터넷, 모바일 등 각종 미디어를 사용·분석·비평·평가·창작하고, 다양한 미디어를 이용해 정보와 지식을 획득·이해·공유·확산하거나 발신하며 소통·협력하는 능력이다. 학생들은 제작 과정에서 적극적으로 미디어를 사용한다. 자연스럽게 메이커스페이스는 인터넷 접속과 디지털 미디어 작업, 토론과 탐구를 지원하는 공간과 장치를 포함해야 한다. 메이커스페이스 곳곳에 토의와 토론·협업·정보 공유가 원활하도록 편안한 좌석, 게시판, 화이트보드나 스마트보드, 대형 모니터가 필요하다. 참고서적을 비치해두는 자료 공간도 필요하다. 인터넷 접속이나 와이파이를 지원하고, 작업에 방해되지 않는 벽걸이형 프로젝터와 스크린, PC와 연결된 벽면 대형 모니터 또는 이동형 모니터를 설치하면 제작 교육을 더 향상시키고 확장하는 데 도움이 된다. 시청각 매체는 21세기에 점점 더 많은 역할을 한다. 만약 인터넷 방송이 가능한 PC와 벽걸이용 카메라가 설치되어 있고, 제작 과정을 실시간으로 송출할 수 있다면 학생들의 제작을 더 흥미롭고 역동적으로 만들 수 있고 보다 많은 외부 전문가나 원격으로 또래 동료들과 연결할 수 있다.

제작 교육을 위한 공간인 메이커스페이스는 학생들과 교사가 함께 만들고, 발명하고, 모형을 제작하고, 디자인하고, 조작하고, 탐험하고, 탐색하고, 발견하고, 프로그램을 짜고, 건축하고, 공작을 하고, 그림을 그리는 등 많은 것들을 할 수 있는 공간이다. 학생들은 다양한 도구와 재료, 첨단 설비를 이용하면서 각자 또는 공동으로 작업할 수 있다. 그러나 종종 메이커스페이스는 3D 프린터와 CNCComputer Numerical Control와 레이저 커팅기와 디지털 디자인 소프트웨어를 갖춘 공간이나 목공방으로 오해하는 경향이 있다.

우리는 학교의 메이커스페이스와 제작 교육에 대해 더 많은 것을 알아야 한다. 메이커스페이스는 지난 시절 노작 교육, 공작 교육을 위해 설치했던 목공실이나 철공실, 그리고 실과 교육을 위해 설치했던 기술 교육실과 유사하지만 보다 종합적인 교육 목표와 광범위한 영역의 작업을 지원할 수 있는 현대적인 장비와 디지털 장비를 포함한다. 그러나 현대적인 장비나 디지털 장비가 절대적으로 필요한 것은 아니다.

메이커스페이스는 학년이 낮은 경우 일반적인 공작 교실에 가깝지만 학년이 높아질수록 세분화된 전문 제작 공방으로 구분해 조성할 필요가 있다. 초등학교 저학년의 제작 교육은 공작에 가깝고 초등학교 고학년은 조금 더 나아가 기본적인 수공구나 전동 도구를 가지고 간단한 제작물들을 제작할 수 있는 목공방으로 구성할 수도 있다. 그러나 중고등학교의 제작 교육에 필요한 메이커스페이스는 과학 실험실이나 기술, 공학 실습실에 가까울 수도, 전문적인 직업 교육을 위한 목공 실습실이나 철공 실습실 그 이상일 수도 있다.

메이커스페이스는 고학년으로 올라갈수록 기술과 제작 특성에 따라 특화될 수밖에 없는데, 소음, 분진, 화재 및 위험 요인에 따라 구분하고 물을 사용하는 습식 제작공간과 위험 구역을 분리해 구성한다. 때로는 전문 장비의 설치에 따라서 공간을 구분하기도 한다. 메이커스페이스에 갖춰야 할 장비와 도구, 기술 교육의 내용과 공간 구성은 이처럼 고정된 것이 아니라 각 학교의 특성과 이용 학령에 따라 탐색하고 모색해나가야 할 과제로 우리 앞에 놓여 있다. 그럼에도 우리는 메이커스페이스를 학교 내에 구축한 선행 사례를 통해 몇 가지 공통적인 구성을 발견할 수 있다.

메이커스페이스 구성에서 주의할 것들

메이커스페이스는 설비 설치 공간과 이동 가능한 도구를 비치하는 선반, 재료를 보관할 수 있는 보관 구역과 제작 공간, PC와 CAD 소프트웨어를 활용해 설계할 수 있는 공간, 제작에 필요한 정보를 검색할 수 있는 공간, 토론과 협력, 학습 공간을 포함한다. 가능하면 중장비들은 주변부에 고정 설치하고 중앙은 다양한 작업을 수행할 수 있도록 빈 공간을 마련한다. 다양한 제작 학습을 위해서는 도구와 설비의 위치, 작업 공간을 선택하고 재배치할 수 있는 유연성이 필요하다. 전원 콘센트는 작업에 방해되지 않도록 하고, 바닥 안전을 유지하기 위해 곳곳에 천정 강하식 전원 콘센트를 설치한다.

다양한 크기의 장치와 도구, 재료들을 반입·운송·이동하기 위해서는 외부에서 곧바로 메이커스페이스로 크게 열리는 창고식 문과 일반 교실보다 높은 층고가 필요하다. 다양한 자세로 작업이 가능하고 협력하기에 적합한 의자, 작업 테이블, 공구 선반, 재료 보관함이 필요하다. 현대 제작 공간의 가구들은 이동 가능하고, 높이를 조절하거나 회전할 수 있어야 한다. 의자만이 아니라 작업 테이블과 선반조차도 이동 가능해야 좀 더 폭 넓은 기술 내용을 다루고 작업할 수 있다.

샌프란시스코의 브라이트웍스Brightworks 학교는 천장이 높은 넓은 창고였던 곳을 학교의 메이커스페이스로 만들었다. 학교 메이커스페이스 사례로 이미 국내에도 소개된 곳인데, 인테리어 가구나 합판을 이용해서 임시회의 공간, 미술 스튜디오, 과학 실험실, 제작실, 도서관, 주방 및 식당과 같은 구역을 나누고 있고, 공간 구획은 지속적으로 바뀐다.

메이커스페이스 내의 열린 작업 공간에서 의도 없이도 협업이 일어난다. 브라이트웍스에는 그림책과 전동 드릴, 전동 톱, 페인트, 회로기판, 나무 판재와 각재 등 잡다한 공구와 자재들이 가득 쌓여 있다. 여러 가지 도구는 벽 한쪽에 가지런히 비치되어 있고, 각종 용품으로 가득 찬 서랍들이 있다. 위험 물질로 가득 찬 공간에서 교사는 나이가 많은 학생들에게 어린 학생들을 위한 프로젝트 규칙을 세우도록 요구한다. 이를 통해 아이들은 자신의 프로젝트를 책임지는 방법과 자신의 안전을 위한 규칙을 내면화한다. 교사는 학생들에게 5분 이상 설명하는 것을 보기가 드물다. 이곳에는 한 명의 교사가 아니라 여러 명의 교사들이 함께 지도한다. 교사들은 강사라기보다는 학생들의 프로젝트를 돕는 조수에 가깝게 행동한다.

이와 같이 제작 교육은 만들기나 창작 교육 이상으로 교육과 수업의 방식을 바꾼다. 제작 교육은 학생들이 제작의 과정에서 필요한 융합적인 지식과 정보를 얻고, 도움을 주고받고 협력하는 소통 능력을 키우고, 독창적이고, 혁신적이며, 독립적으로 기술과 지식을 습득하게 하는 교육 운동이다. 그러나 아쉽게도 아직 우리 주변의 많은 학교 현장에서 제작 교육은 대개 특정 교과 교사가 담당해야 하는 수업으로 운영되거나 협소하게 이해되고 있다. 조립 키트를 이용한 단순한 제작 체험 또는 장비나 도구 사용법 교육으로 협소하게 적용되기도 한다.

우리는 좀 더 제작자 교육에 대해 교육 목적과 특징, 교육 시간, 교과 과정과 결합, 제작자 공간 구성에 대해 이해할 필요가 있다. 먼저 각 학교에 필요한 제작 교육은 무엇일까, 어떤 수준과 내용의 제작 활동을 중심으로 메이커스페이스를 꾸밀 것인가 질문해볼 필요가 있다. 공작, 목공, 시제품 제작, 로봇 공학, 디지털 제작, 자전거나 운동기계 제작, 섬유나 봉제, 공예 등 어떤 제작활동을 지원할 것인가에 따라 메이커스페이스의 공간 디자인과 설비, 도구가 달라지기 때문이다. 하나의 표준 메이커스페이스 공간 디자인 모델은 있을 수 없다.

16장

STEAM 스튜디오

STEAM 스튜디오는 과학Science, 기술Technology, 공학Engineering, 예술 Art, 수학Math의 학제를 넘는 융합 교육을 지원하는 학습 공간이다. STEAM 교육은 메이커스페이스의 제작 교육과 마찬가지로 제작과 실험, 미디어 탐색을 통해 실제적이고 종합적인 정보와 지식을 습득하고, 과제와 문제 해결책을 동료들과 협력하며 찾아내는 역량을 발전시킨다는 점에서 그 목표가 같다. 그러나 STEAM 스튜디오와 메이커스페이스는 공간 구성에서 차이가 있다.

융합 교육을 위한 공간

STEAM 스튜디오에서 학습과 활동의 중심은 융합 교육 활동에 있다. 학생과 학생, 학생과 교사의 상호 필요와 요구에 맞는 환경 조성이

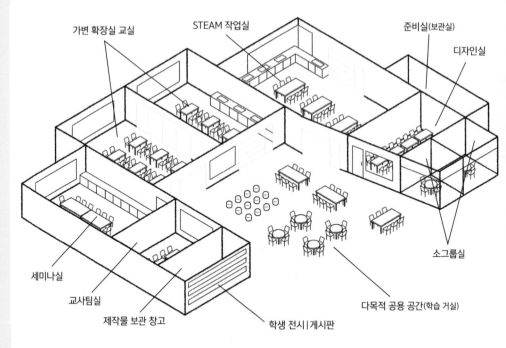

가변 확장실 교실
STEAM 작업실
준비실(보관실)
디자인실
세미나실
교사팀실
제작물 보관 창고
학생 전시 | 게시판
다목적 공용 공간(학습 거실)
소그룹실

STEAM 스튜디오의 공간 구성 ⓒFielding International

필요하다. 조별 작업, 조별 토론, 개별 검색이나 탐구, 집단 강의와 세미나 등 다양한 학습 유형에 따라 유연하게 재배치할 수 있고, 여러 과목의 융합과 교류, 교차가 일어날 수 있는 공간이 되어야 한다. 이때 가능하면 공간들은 접이식 문으로 연결하거나 분리된 기능적 소공간과 대형 공간을 결합하거나 큰 공간에 특별한 구분 없이 가구 배치를 통해 구분하는 학습 전경형으로 구현해 시각적으로 단절되지 않게 한다.

다양한 학습과 작업 영역이 포함된 STEAM 스튜디오에서 학생들

2부 미래 학교의 특별 교실

은 자칫 산만해질 수 있어 교사가 전체 학생들의 수업을 계속 보고 감독할 수 있도록 시각적 투명성 확보가 중요하다. 그럼에도 교사의 책걸상은 구석으로 밀려난다. 교사는 지식 전달자가 아니라 배움의 안내자이다. 융합 학습을 지원하는 학교에서 학습 공간을 예약하거나 확보하는 것은 전통적인 학교보다 훨씬 어렵다. 융합 환경에서 학생들은 한 공간 내에서 다양한 주제에 참여하면서 지속적으로 순환한다. 학생들은 수동적으로 앉아 있기만 하지 않고 능동적으로 움직이고 활동한다. 이러한 학습 준비는 학습 콘텐츠, 학습 시간과 공간 기획, 교사 간 협력을 포함한다.

2013년 개교한 시카고 인스트린식 고등학교Instrinsic High School는 우리가 STEAM 학습 공간을 좀 더 구체적으로 이해하는 데 가장 확실한 사례이다. 이 학교는 융합 학습 공간인 포드POD를 미국 내 고등학교에서 최초로 도입한 사례로 주목 받고 있다. 학교 내 포드라 불리는 STEAM 스튜디오는 8명의 강사와 최대 180명의 학생을 수용할 수 있다. 각 학년별로 서로 연결된 한 쌍의 포드에서 수업을 한다. 각 포드는 개인 학습, 협업 및 소그룹 학습, 1:1 학습, 집체 학습 공간을 포함한다. 각 학년 수준에 맞게 예술, 인문학 전용 포드와 과학, 기술, 엔지니어링 및 수학 전용 포드가 나란히 연결되어 있다. 인간 뇌의 구조를 모사해 복도에서 보았을 때 예술, 인문학 분야 포드는 오른쪽에, 과학, 기술, 수학 분야는 왼쪽 포드에 배치되어 있다. 학생들은 하루 종일 포드의 양쪽을 이동한다.

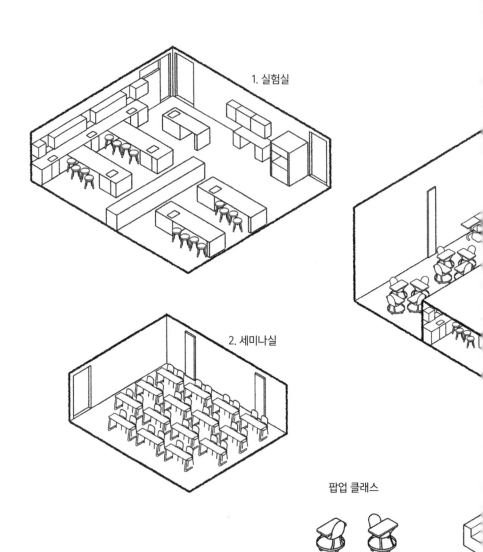

1. 실험실

2. 세미나실

팝업 클래스

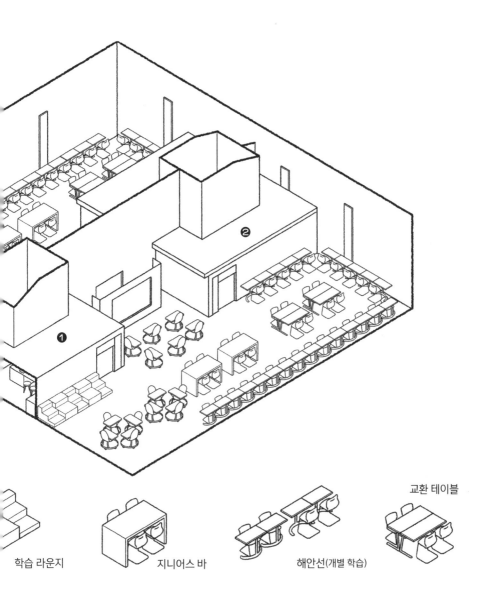

교환 테이블

학습 라운지   지니어스 바   해안선(개별 학습)

인스트린식 학교의 공간 구성과 포드의 내부 구성 ⓒWheeler Kearns Architects

포드의 '해안선'이라고 부르는 영역은 벽을 따라 설치된 긴 테이블 영역인데 학생들은 여기서 각자 개인 학습을 할 수 있다. '교환 테이블' 은 동료 학습을 주최할 수 있고, '팝업 클래스'는 교사가 한 번에 12명 의 학생과 함께 수업을 진행할 수 있다. 이러한 공간은 서로를 방해 하지 않도록 효율적으로 구분되어 있다. 중앙에는 '지니어스 바genius bar'라는 긴 탁자 영역도 있다. 계단형 학습 라운지에서도 수업이 가능 하다. 전체적으로 한눈에 보이게 시각적으로 열려 있고, 교사가 충분 히 통제할 수 있으면서 각 활동에 약간의 자율성을 제공하고 있다.

약점을 상쇄하는 포드의 구성과 효과

이러한 점은 양날의 검이다. 자칫 산만해질 수 있기 때문이다. 학교는 자율성과 개방성의 균형을 유지하기 위해 포드 내에 살짝 'T'형으 로 들어간 공간 또는 'L'형으로 구부러진 공간을 조성했다. 이렇게 들 어간 구역 때문에 구분이 생긴다. 이 구역에 스크린이 설치되어 있다. 각 포드 안에는 두 개의 밀폐된 방음실이 있는데 한 곳은 실험실이고 하나는 세미나실이다. 이러한 공간 구성으로 교사는 정숙이 필요한 수업이나 소음이 발생하는 수업일 경우 방해 없이 자신만의 수업을 진행할 수 있고, 안전하게 학생들을 관찰하고, 밀폐된 공간에서 실험 을 할 수도 있다.

포드 내에서 협력하는 교사는 주임 교사, 보조 교사, 다른 과목 교사 및 특수 교사들인데 상호 소통과 협력이 중요하다. 처음 이러한 학습 공간에서 교사들의 협력은 당혹스럽고 어려웠지만 협업 과정에서 점차 자극 받고 스스로 발전하고 혁신할 수 있는 계기가 되었다.

이 학교의 포드는 1960~70년대의 '열린 교실'과 중요한 점에서 차이가 있다. 가장 분명한 차이는 크롬북과 각종 디지털 인터넷 기술이 지원되기 때문에 학생들이 풍부한 텍스트, 그래픽, 대화형 비디오 및 오디오 콘텐츠를 사용할 수 있다는 점이다. 둘째 열린 교실은 수업 형태에 따라 학습 가구를 배치하고 공간을 분할할 수 있는 유연한 학습 공간이었다면, 포드는 학습의 특성을 반영해서 활동별 내부 구역을 설정했다.

일부 비평가들은 시카고 인스트린식 학교에 대해 학생들이 컴퓨터 화면의 디지털 학습 콘텐츠에 너무 집중하게 된다며 비판하지만 옹호자들은 디지털 시대에 적합할 뿐 아니라 필수적이고, 자기 주도 학습과 맞춤형 교육을 강화하기 위한 교사의 역할이 훨씬 더 중요해졌다고 말한다. 인스트린식 학교의 맞춤형 STEAM 스튜디오인 포드 내 학습의 도전 결과 2016년 7학년과 8학년 학생들은 북서부 평가연합 Northwest Evaluation Association의 MAP 평가에서 전국 학교 평균 83퍼센트 이상의 독해력 발전과 91퍼센트의 수학 성장률을 기록했다. 이 학교에서 오랫동안 수업을 받은 고학년 학생들도 결코 과거의 전통 기술로 돌아가지 않을 것이라고 말한다.

17장

공연 예술 음악실

학교에서 전통적인 음악 교육은 이론 수업, 노래 수업, 기악 수업 등이다. 그러나 학생들의 요구는 그 범위를 넘어서고 있다. 요즘 유행하는 '슈퍼밴드', '새가수', '싱어게인', '풍류대장'과 같은 다양한 음악 경연 프로그램을 보면 청소년들의 노래와 연주, 댄스 실력이 놀랍다. 그들이 다루는 다양한 악기와 연주하는 음악, 장르를 넘어서는 편곡 실력은 실로 대단하다. 신세대들은 경연에서 신시사이저, 미디, 전자드럼, 스크래처, 이펙터 등 이름조차 생소한 다양한 전자 악기를 사용한다. 기타, 피아노, 드럼과 전자 기타는 고전적인 악기에 포함해야 할 정도다.

도대체 저들은 어디서 저런 악기며 댄스며 음악을 배웠을까? 학교일까? 예술고 출신이라면 가능하다. 대학생이라면 대학에서 배웠을 수도 있겠지만 전공을 보니 딱히 그런 것 같지도 않다. 유튜브를 보면서 독학한 아이들도 있다. 청소년들의 음악 문화의 풍경은 분명 우리

의 그것과 크게 달라졌다. 음악에 관해 떠오르는 단어를 물으면 교사
들은 '노래', '악기'를 가장 많이 답하지만 청소년들은 '노래'와 '댄스'라
고 답하는 경우가 많다. 아이돌의 댄스와 노래를 따라하며 자란 세대
로서 당연하다.

현대 음악의 흐름을 담아낼 공간을 만들어야

영국 옥스퍼드 교육 대학은 2018년 "학교 건축 지침School Building
Guidance"을 발표했다. 이 지침은 학교 건축의 다양한 실패와 성공 사
례를 해당 학교 교사와 담당자들의 인터뷰와 함께 소개하고 있다. 이
가운데 음악 교사를 실망케 한 건축가의 최신 음악 교실이 있다.

음악 교사는 합창 수업, 기악 수업, 미디 수업 외에도 신체 표현(무
용과 댄스)이나 연극적 요소와 결합되는 현대 음악 교육의 경향이 반
영된 음악 교실을 원했다. 하지만 정작 공사가 완료된 후 건축가가 새
롭게 만들었다는 혁신적인 음악 교실은 충분치 않았다. 건축가는 관
행을 넘어 나름 신박하게 디자인했다고 하지만 과거 학교의 음악 수
업 경험에 갇혀 있었다. 그 음악교사는 새로운 음악 교실이 과거에 머
물러 있다고 불평을 했다.

국내 학교의 음악 교실에 대해 살펴보자. 내가 방문한 학교들 가운
데는 음악 교실이 따로 없는 경우가 적지 않았다. 음악 교실이라 해도

방음이 되지 않는 교실 한 곳을 지정한 곳도 있었다. 오케스트라나 기악반을 운영하는 몇몇 학교의 경우 방음이 되는 연주실과 악기 보관실을 갖춘 곳도 있었다. 아주 드물게 전자 악기와 디지털 음악 편집기를 갖추고 미디 음악을 가르칠 수 있는 음악실을 갖춘 학교도 있었다. 현대 음악 교육의 요구는 분명 급속하게 확장하며 바뀌고 있는데 학교는 제대로 대응하지 못하는 듯하다. 학교 음악 교육 공간은 더더욱 변화를 쫓아가지 못하고 있다. 미래 학교로 학교 공간을 바꾸고자 할 때 음악 교실을 어떻게 바꾸어야 할까? 이 질문에 대한 답을 구하기 위해 음악 교실 디자인의 경향을 정리해보았다. 국내 대다수 학교들의 현실은 이 경향과 너무나 멀리 떨어져 있지만 한발이라도 다가갈 수 있기를 기대해본다.

무대가 있고 공연이 가능한 음악실

음악 교실의 분위기는 학생들이 미래에 서게 될 무대나 공연장을 연상하도록 계단형 좌석이나 간이 무대, 조명을 설치하는 경향이 강해졌다. 음악 교실의 규모나 배치 면에서 보면 학교의 중앙 광장 공간에 근접 배치하거나, 신체 공연 예술 교육이 가능한 댄스실이나 다목적실과 음악실을 직접 연결한다. 음악 교실을 공연장으로 사용할 수 있도록 무대를 설치하고, 음악실에 근접한 광장 공간이나 다목적실 사이의 접이식 문이나 광폭의 벽체형 문을 열어서 객석으로 활용하는 사례들도 등장한다. 음악 교육은 자연스럽게 전교생 또는 지역 주민을 초대하는 공연으로 이어지기 때문에 학교에서 공연 공간이 중요해진다.

신체 공연예술 활동실과 연결된 음악실

요즘 청소년들은 노래와 춤을 분리하지 않는다. 무용, 춤, 발레, 뮤지컬은 노래, 연주와 오래전부터 결합되어왔다. 그럼에도 전통적인 학교의 음악 교실은 이러한 오랜 음악 문화의 풍부한 풍경을 지원하지 못했다. 최근 새롭게 지어지는 현대 학교들은 음악 문화의 풍부한 풍경을 되살리려 노력하고 있다. 음악 교실을 처음부터 신체 공연 예술 교육이 가능한 댄스실이나 다목적실 옆에 배치해 직접 연결한다. 음악 교육과 신체 공연 예술을 유기적으로 연결하기 위한 조치다. 별도 신체 활동이 가능한 다목적 공간을 만들지 못할 경우 처음부터 춤과 무용이 가능하도록 탄성 바닥이나 마루로 음악 교실 바닥을 바꾼다.

전자 음악 및 미디 교육 부스

이제 중고등학교에서는 전통적인 음악 이론, 노래, 기악 수업을 넘어 쌍방향 오디오 시스템과 미디 교육을 음악 교육에 포함하는 학교가 늘고 있다. 키보드, 모니터, 미디 편집 소프트웨어가 설치된 노트북, 물리적 편집 장치로 연주를 녹음하거나 편집하는 방법을 배우고 싶은 학생들이 점점 늘어나고, 최신 디지털 음악 기술을 모두 수용하는 사례들도 등장한다. 음악 교실에 미디 장비들을 설치하고 미디 교육을 위한 부스를 마련한다. 미디 교육을 강조하는 학교들 가운데는 녹음과 온라인 방송을 위한 스튜디오처럼 음악 교실을 만드는 곳도 등장한다. 만약 전자 악기나 미디 교육을 지원하고자 한다면 음악실에는 별도의 악기 보관함 또는 보관실이 필요하고, 방음은 필수다.

유연한 가구 배치

음악 교실에서 가구는 쉽고 유연하게 배치를 바꿀 수 있고, 한곳에 쌓아둘 수 있어야 한다. 공간 제약을 염두에 두어야 한다. 책상과 의자는 이동 시 소음을 최소화할 수 있어야 한다. 최근 전자 악기 사용을 고려해 가구는 전원 플러그나 충전 포트를 지원해야 한다. 교실 내부에는 일반 교실보다 더 많은 전원 인프라를 갖추어야 하고, 필요에 따라 와이파이 연결은 물론 대형 모니터를 통해 영상을 함께 보거나, 노트북이나 태블릿으로 온라인에 공개된 미디 파일들이나 전자 악보 등 자료를 내려 받을 수 있어야 한다.

댄스 스튜디오

청소년들은 점점 더 자신들이 좋아하는 노래와 리듬에 맞춰 춤을 추고 싶어 한다. 이들을 지원하기 위해 학교의 댄스 스튜디오가 갖추어야 할 요건을 정리해보았다. 공간이 부족할 경우 신체 활동이 가능한 다목적실로 구성한다.

- 댄스 스튜디오는 1인당 최소 5제곱미터 비율의 넓은 공간과 높은 층고가 필요하다.
- 탄성 바닥(부분 매트, 부분 마루)이 필요하다.
- 음악이 필요하므로 음향과 미디어 시설, 음향 조절, 차음 조건이 만족되어야 한다.
- 식수 시설과 깨끗한 화장실과 샤워실이 가까이 있어야 한다.
- 댄스 용품의 보관, 탈의 공간이 필요하다.
- 넓고 탁 트인 공간이라도 댄스 스튜디오는 안락하고, 조명을 조절할 수 있고, 효과적으로 냉난방과 환기가 되어야 한다.
- 연습만을 위한 공간인지, 공연도 가능한지, 청중이 앉을 좌석을 마련할지 고려해야 한다. 또는 개방해서 외부 청중 공간과 연결할 수도 있다.
- 음악 공연, 연극, 오페라, 댄스 시 필요한 음향, 조명 조건이 다르다는 점을 고려해야 한다. 즉 미세 음향 조절이 필요하고, 상황에 따라 창문에 차음과 암막을 설치할 필요가 있다.
- 지역 주민들도 이용 가능하도록 조치가 필요하다. 즉 공간 배치와 별도의 물품 보관 캐비닛이나 보관 창고, 별도의 출입구, 잠금장치 등을 고려한다. 현실적으로 우리나라 학교에서는 음악실, 댄스실(신체 활동실), 다목적실 겸용으로 조성하되, 중앙의 광장 공간에 근접 배치하는 것이 적절하다.

18장

능동 학습 교실

ICT의 발달은 교실의 풍경을 바꾸고 있다. 이미 학교들은 스마트 교육으로 한 걸음 더 내딛을 수 있는 다양한 기술 기반을 갖추었다. Covid-19를 거치며 ICT를 활용한 비대면 수업은 교육 현장으로 깊숙이 그리고 전면적으로 들어왔다.

대면 비대면 스마트 교육을 넘어

이미 학교 교실에는 유선 또는 무선 통신망이 지원되고 있고, 교사 PC와 웹캠 카메라, 문서 스캐너, 대형 모니터, 마이크가 설치되어 있다. 일부 교실에는 스마트보드라 불리는 전자 칠판 겸 모니터가 도입되었고 학교 클라우드를 구축한 곳도, 학생 모두에게 태블릿을 보급한 학교도 등장했다. 교사들과 학생들은 다소 격차가 있지만 다양한 온라인 교육 콘텐츠와 교육 동영상, 온라인 협업형 발표도구인 온보드나 비대면 강의와 회의 도구인 줌, 구글 미트, 페들렛, 멘티미터 등 쌍방향 수업을 위한 다양한 온라인 툴을 익히고 일상적으로 수업에 사용하고 있다. 사교육 기업들은 단계적으로 문제를 풀고, 학업 성취를 평가할 수 있는 쌍방향 교육 소프트웨어와 교육 콘텐츠도 속속 출시하고 있다.

한계도 드러나고 있다. 비대면 교육으로 교육 격차가 커지고 있다. 비대면 수업을 받기 위한 인터넷 망이 연결되어 있지 않고, 큰 화면의 성능 좋은 노트북을 갖고 있지 않은 가난한 가정의 학생과 그렇지 않은 학생은 수업 결과에 차이가 날 수밖에 없다. 비대면 교육이 스마트 교육은 아니다. 스마트 교육은 ICT와 온라인 정보, 학습 어플 등을 활용해서 대면이든 비대면 수업이든 교사 중심 교육을 넘어서야 한다. 학생들이 미디어 리터러시를 키우고, 능동적인 학습 주체가 되어 개별 또는 그룹으로 스스로 과제와 프로젝트를 해결해나가고 정보를 검색하고, 지식을 습득하며, 토론하고 공유하며 지식과 문제 해결 능력을 심화시켜 나갈 수 있어야 한다. 이러한 필요를 해결하기 위해 고안된 교실이 능동 학습 교실이다.

능동 학습 교실Active Learning Classroom 또는 Active Learning Spaces은 한마디로 능동 학습을 지원하는 학습 공간이다. 능동 학습은 학습 과정에서 학생의 참여를 강조하는 개념으로 교사의 강의를 수동적으로 청취하고 암기하는 학습과 대비되는 개념이다. 능동 학습에서는 조

중앙의 대형 스크린, 그룹별 좌석과 모니터, 중앙에 스마트 단상이 설치된 능동 학습 교실

사, 검색, 발표, 토론, 의사소통 등을 통해 학생의 수업 참여를 유도하고 이를 가능케 하기 위한 방법으로 프로젝트 기반, 정보 기반, 세미나 형식으로 수업한다. 이를 지원하기 위해서 충분한 대역폭의 유무선 인터넷, 여러 대의 그룹별 모니터, 충분한 전원 콘센트, 곳곳의 화이트보드나 칠판, 중앙 대형 모니터, 자료와 화면의 공유를 조정할 수 있는 스마트 단상, 그룹별로 배치하는 좌석 등이 필요하다.

능동 학습 교실은 IT기술에 의해 강화된 문제 기반 학습problem based learning이 가능한 스튜디오형 교실이라 할 수 있다. 전통적 교실과 달리 능동 학습 교실의 연단은 교실 앞이 아니라 중앙에 있으며 학생들은 각자의 노트북이나 태블릿, 교사의 노트북과 중앙의 대형 스크린과 함께 상호 기술적으로 연결되어 화면이나 파일을 상호 이동할 수 있다. 학생과 교사는 그룹 활동과 토론 중에 자유롭게 이동할 수 있으며, 의도적인 약간의 소란스러움은 활동의 특성상 자연스럽다.

교수법의 변화가 동기를 이끌어낸다

능동 학습 교실을 도입한 예일대학교의 실제 공간 구성을 살펴보자. 예일대는 능동 학습 공간을 TEAL^{Technology-Enabled Active Learning} 강의실이라고 부르는데, 126명의 학생을 수용할 수 있는 14개의 원형 테이블, 14개의 평면 스크린, 5개의 프로젝션 스크린과 8개의 화이트보드가 설치되어 있다. 예일대는 능동 학습 공간의 효과에 대해 꽤 오랫동안 체계적인 실험과 연구를 지속해왔고 그 연구 결과를 소개하고 있는데, 능동 학습 교실의 수업은 특히 여성 및 소수 민족 학생들의 태도와 개념 이해 및 합격률을 향상시키는 데 도움이 되었다(Baepler et. al., 2016; Beichner, 2007; Walker, 2011). 또한 학생들은 능동 학습 교실에서 자신의 기대치보다 훨씬 높은 시험 점수를 받는 것으로 나타났다(Baepler et. al., 2016).

공간 디자인과 기술 장비만으로 이런 효과가 나타나는 것은 아니다. 최근의 연구를 보면 교수법과 이동 가능한 좌석과 곳곳의 화이트보드가 디지털 및 하이테크 기능보다 학생들에게 동기를 부여하고 학습 결과를 향상시키며 협업을 끌어내는 데도 더 큰 영향을 미친다는 것을 보여준다. 능동 학습 교실의 수업은 능동 학습에 적합한 교수법을 따라야 비로소 그 효과를 발휘한다. 즉 물리적 공간과 그 공간에서 변화된 수업 방식이 결합되어야 성과를 낼 수 있다. 토론, 문답, 검색, 쪽지 논문 쓰기, 그룹별 과제, 과제 수행 후 해결 방식의 전체 공유, 발표, 퍼즐 등 보다 동적이고 다양한 방식을 적용하는 수업이 필요하다. 예일대는 능동 학습 교수법을 여러 교수들의 경험과 사례를 들어 상세하게 공개하고 있다(https://poorvucenter.yale.edu/ActiveLearning).

능동 학습 교실의 특징

· 사각지대가 없는 큰 공간으로 학생과 교사가 쉽게 접근하고 이동할 수 있다.

· 모든 학생이 그룹 또는 전체를 대상으로 자신의 생각을 발표할 수 있도록 벽걸이 형 화이트보드나 필기 벽면을 곳곳에 설치한다.

· 유무선을 통해 상호 작용과 표시가 가능한 다중 다원 디스플레이를 설치한다. 중앙의 큰 화면과 작업 그룹 사이의 화면 분할과 상호 작용을 지원하고 교사는 지정된 그룹 화면 또는 중앙 화면을 이동해 지정한 그룹별 모니터 스크린에 공유할 수 있다.

· 강사가 특정 학생 그룹의 작업을 표시하고 통제할 수 있는 중앙 스크린과 교실 중앙에 배치하는 스마트 단상을 둔다.

- 소규모 그룹작업과 전체 수업 등 다양한 학습이 가능하도록 바퀴가 달리거나 가볍고 적재 가능한 좌석과 테이블을 둔다.
- 특별한 소프트웨어 설치 없이 학생과 강사가 상호 시각적 콘텐츠와 정보를 교환(드래그&드롭)할 수 있다.

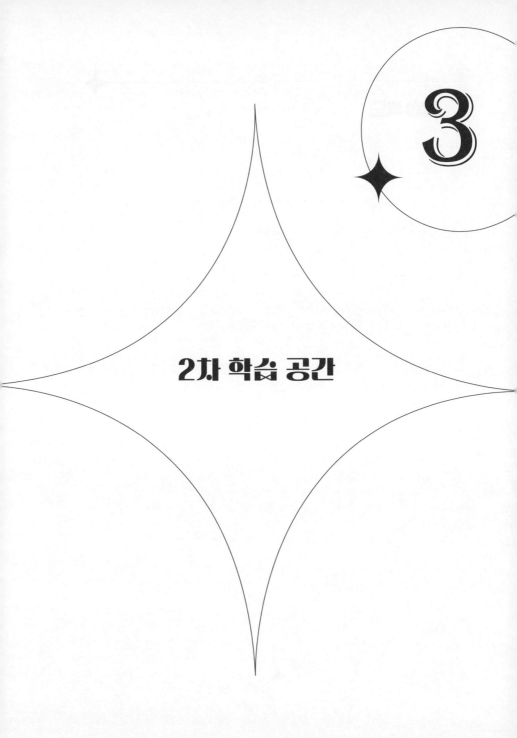

3

2차 학습 공간

19장

활성 복도

2021년 개교한 미시간 서부의 프룻포트 고등학교Fruitport High School는 누군가 총기를 지니고 학교에 난입할 경우 총알을 피할 수 있는 방패 날개벽을 복도에 설치했다. 창문은 방탄 필름으로 덮었고, 보안 카메라에 안면 인식 소프트웨어도 추가했다. 학교가 전쟁터 참호도 아니고 방패벽과 방탄창이라니. 이 학교처럼 복도를 바꿀 필요는 없겠지만 우리나라 학교들도 복도를 바꿀 이유는 적지 않다.

복도가 너무 좁다

우선 기존 학교의 좁은 복도를 넓힐 필요가 있다. 확장 복도는 점심시간 몰려나오는 학생들의 충돌 가능성과 병목 현상을 줄일 수 있다. 병목 현상을 줄이면 지나다 어깨를 부딪칠 여지가 줄고 당연히 갈등이나 싸움도 줄일 수 있다. 국제 건축법은 교육 시설의 복도 폭을 최소 6피트(약 1.83미터)로 규정하고 있지만, 미국 건축가 협회FAIA의 바바라 나델Barbara Nadel은 《건물 보안: 건축 계획 및 설계를 위한 핸드북 Building Security: A Handbook for Architectural Planning and Design》에서 학생 안전을 위해 10~12피트(약 3~3.65미터) 너비의 복도를 권장한다. 여기에 더해 복도에 자연 채광을 끌어들여 더 밝고 크고 매력적으로 만들라고 제안한다.

복도를 넓힐 또 다른 이유가 있다. "공립학교용 모델 프로그램Model Program for public Schools. 2010"에 따르면 전통 학교는 학습 전용 공간(교실 등)의 비중이 50퍼센트, 공동 영역(복도, 현관 등)이 25퍼센트였다. 기능적으로 건물 동을 나눈 경우 학습 전용 공간의 비중은 45퍼센트, 공동 영역은 31퍼센트였다. 복도와 현관, 계단 등이 차지하는 비율이 학교 전체 연면적의 31퍼센트를 차지하는데 통행과 물품 보관에 그치고, 결과적으로 교실과 교실을 분리하고 협업이나 학제 간 접근을 방해하는 요소가 되고 있다.

이러한 문제를 해결하기 위한 방안이 활성 복도이다. 21세기 들어 등장한 미래 지향적 학교들에서 학습 전용 공간의 비중은 31퍼센트, 복도와 현관을 포함한 교실 밖 공간은 44퍼센트로 크게 확대하고 있다. 경기도 교육청도 그린 스마트 미래 학교 사업을 추진하면서 신축 학교는 공동 영역의 비중을 최대 47퍼센트까지 허용하고 있다. 복도의 폭을 넓혀 학습, 놀이 등 다목적 이용을 꾀하고 주 학습 공간이었던 교실 비중은 줄이는 추세다.

독일 주요 도시들의 학교 건축 지침을 살펴보면 긴 선형의 복도는 가능하면 줄이고, 통로의 역할과 함께 활동과 학습을 지원하는 교실 크기 이상의 넓고 개방된 공용 생활공간, 곧 학습 거실이나 학습 마당으로 바꿀 것을 제안하고 있다. 그렇다면 복도를 넓힌 확장 복도, 놀이 시설을 설치한 놀이 복도, 탁자와 의자, 모니터와 화이트보드나 필기 벽면, 칠판을 곳곳에 설치한 학습 복도, 편하게 쉴 수 있는 빈백이나 다양한 형태의 좌석과 넓은 창턱 좌석 등을 설치한 생활 복도는 어떤 효과를 가져올까.

복도도 학습 공간이다

현대 학교에는 자기 주도적인 개별 학습과 친구들과 함께 하는 그룹 활동을 촉진하기 위한 공간이 필요하다. 동시에 학교에 머무는 시간이 긴 학생들의 생활 편의성을 높이고 학생들의 사회성을 발달시키기 위해 더 많은 생활공간과 사교 공간도 필요하다. 이제 학교는 학생들에게 보다 많은 자율권을 주고 학생들이 더 주체적이고 독립적으로 학습 활동을 할 수 있도록 공간을 조성해야 한다.

아쉽게도 대다수 학교 건축에서 건축 비용과 부지의 제약 때문에 필요한 모든 공간을 무한정 추가할 수 없다. 추가로 공간을 더 늘리기

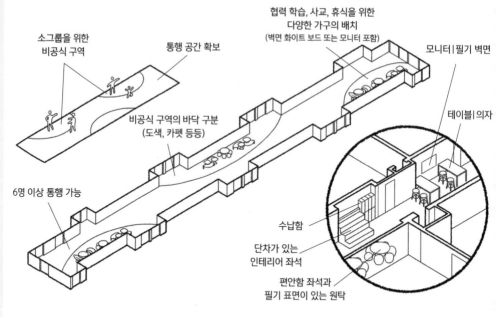

소그룹을 위한 비공식 구역

통행 공간 확보

협력 학습, 사교, 휴식을 위한 다양한 가구의 배치
(벽면 화이트 보드 또는 모니터 포함)

모니터 | 필기 벽면

테이블 | 의자

비공식 구역의 바닥 구분
(도색, 카펫 등등)

6명 이상 통행 가능

수납함

단차가 있는 인테리어 좌석

편안함 좌석과 필기 표면이 있는 원탁

활성 복도의 조성 ⓒFielding International

보다는 복도나 계단, 학교 곳곳의 틈새 공간을 최대한 활용하는 것이 경제적이고 효율적이다. 이렇게 조성된 공간들을 2차 학습 공간이라 부른다. 활성 복도도 2차 학습 공간 중 하나다.

활성 복도로 변신한 사례 한 곳을 살펴보자. 스위스 바젤의 세인트 요한 초등학교St. Johann Primary School는 유서 깊은 학교다. 복도 세 층을 개조하면서 학생과 교사들의 의견을 모아 다양한 학습과 놀이, 활동이 가능한 구역으로 만들었다. 복도는 통로, 놀이, 학습, 개별 공간, 휴식,

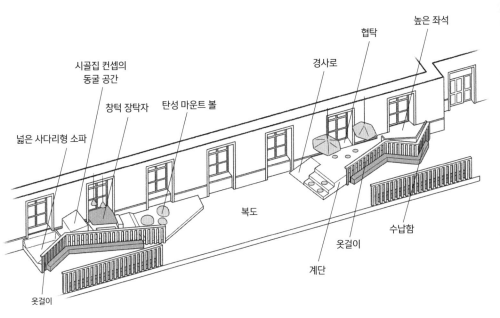

넓은 사다리형 소파

시골집 컨셉의
동굴 공간

창턱 장탁자

탄성 마운트 볼

경사로

협탁

높은 좌석

복도

수납함

옷걸이

계단

옷걸이

세인트 요한 초등학교의 활성 복도 ©ZMIK

휴대품 보관소를 유기적으로 조합한 하이브리드 공간이 되었다.

낮은 좌석 역할을 하는 신발장과 넓은 옷걸이는 복도와 복도 내부를 분리하는 칸막이 역할을 한다. 옷장 칸막이 뒤의 창문 옆에는 단차가 있는 다기능 학습 공간이 열린다. 높고 넓은 소파, 창가의 협탁과 장탁자, 사다리꼴의 안락한 소파 공간에서 아이들은 혼자 있거나 휴식을 취할 수 있다. 넓은 탁자에서 공부를 하거나 작업을 할 수 있다. 시골 오두막 모양의 나무 박스 동굴은 혼자 있고 싶을 때 독서와 휴식의 공간으로 사용할 수 있다. 중앙에는 작은 경사면과 탄성 마운트 볼, 균형 감각을 키울 수 있는 징검다리, 경사면 등 다양한 놀이 요소가 결합된 열린 공간이 있다. 합판으로 바닥 구조를 만들 때 바닥에 빈 공간이 있으면 자칫 소음이 날 수 있는데, 이러한 소음을 줄일 수 있도록 카펫과 자재를 신중하게 고려했다.

20장

비공식 공간과 개별 공간

아이들에게 필요한 배움의 공간은 교실만이 아니다. 아이들은 어디서나 배운다. 학교 밖에서도 배운다. 가족, 또래 집단에서도 배우지만 TV 드라마와 유튜브, 컴퓨터나 모바일 게임 세계에서도 지속적으로 학습하며 성장한다. 비공식 학습 상황과 공간에서 일어나는 학습이 의외로 한 사람이 세상을 살아가는 데 필요한 지식 구축에 큰 비중을 차지한다. 학교가 비공식 학습 공간이 될 수도 있고, 학교에서도 비공식 학습이 일어난다. 이 자명한 사실을 우리는 학교 공간을 구성할 때 지나칠 정도로 간과해왔다.

수업과 관련 없는 공간이 필요

학교 공간을 바꾸고자 할 때 공식 학습 공간인 교실 외에 다양한 규모와 유형의 비공식 상황과 관계 학습이 일어나는 공간을 만들어야 한다. 핵심은 학생들이 수업과 관련 없이도 독자적으로 성장하고 배울 수 있는 공간을 조성하는 것이다. 이런 관점의 연장 속에서 미래학자인 데이비드 손버그David Thornburg는 학교에는 캠프파이어, 동굴, 웅덩이, 생활, 산 정상으로 은유할 수 있는 공간이 필요하다고 주장했다. 이 가운데 전통 학교에서 가장 필요성을 인정받지 못한 공간이 웅덩이 공간과 동굴 공간이다.

웅덩이 공간은 교실 밖에서 학생들이 모둠으로 함께 활동할 수 있는 공간이자 친구들을 사귀거나 휴식할 수 있는 공간이다. 정보와 경험을 공유하는 편안한 공간으로 이곳에서 상호 학습이 일어난다. 자유로운 생각과 아이디어를 공유하는 학습 문화가 형성된다. 옛날 우물가처럼 아이들은 이곳에서 학교와 마을, 세상의 소식과 지식에 귀기울인다. 친구들과 그날의 과제, 보았던 드라마, 동영상, 게임, 만화, 소문, 경험, 뉴스, 자랑 등 잡다한 이야기를 나누며 비공식적 학습자이자 교사가 된다. 이곳이야말로 역동적인 동료 학습의 장소이자 사회적 학습이 일어나는 공간, 사회관계 기술을 체득하는 공간이다.

비공식 공간을 만들면 학교 전체를 하나의 큰 교실로 만들 수 있다. 현대 학교에서는 소그룹 학습과 활동을 장려하기 때문에 소그룹실이나 그룹 학습 공간에 대한 수요가 높다. 면적의 제한 때문에 별도로 구성하기 어려운 경우, 학교 곳곳의 복도와 틈새에 조성한 소규모 공간은 효율적인 대안이 될 수 있다. 교사가 몇몇 학생들과 다소 편하

모닥불	웅덩이	동굴	생활	산 정상
교사 | 전문강사 이야기꾼 으로부터 배움	동료 로부터 배움	자신 으로부터 배움	실제 세계 로부터 배움	발표 | 공유 로부터 배움
교실, 강의장, 학습 스튜디오, 무대, 학습 연구실	회의실, 비공식 공간, 카페, 프로젝트실, 소그룹실, 사교 공간	학습 부스, 벽감 공간, 정숙 공간, 틈새 공간	프로젝트실, STEAM실, 메이커스 페이스, 다목적 공간, 학습 연구실, 체험실, 작업 공간, 광장 공간, 야외 공간, 조리실	발표 좌석, 발표 무대, 전시장, 공유 공간, 갤러리
여러 사람들이 한 사람에게 집중하여 청취하는 공간	자연스럽게 동료들이 모이고 만나는 공간으로 중간에 끼어들거나 빠져나갈 수 있고, 서로의 생각을 자유롭게 교환하는 비공식성이 높은 장소	혼자 조용히 성찰하거나 탐구하거나 독서하거나 창의적인 작업에 집중할 수 있는 장소로 시각적 물리적 또는 음향적으로 분리된 작은 비공식 공간	학생들이 배운 내용을 적용하고 의미를 창출할 수 있는 공간으로 학생 주도로 실제 학습 경험을 할 수 있는 몰입형 공간	배우고 익힌 내용을 혼자 또는 여럿이서 나머지 학생들이나 교사를 대상으로 발표하고 공유하는 장소

데이비드 손버그의 21세기 학교의 학습 공간 ⓒDavid Thornburg

게 만날 수 있는 장소로도 활용할 수 있다. 이런 공간은 학교에서도 집과 같은 생활 감각을 느끼게 하는 요소다. 이러한 교실 밖 공간은 아이들에게 공간 선택권과 학습 자율권을 부여한다.

교실 밖 웅덩이 공간을 어떻게 만들까? 10명 내외의 학생들이 토론이나 숙제를 하거나 동료와 함께 작업을 하거나 쉴 수 있도록 만든다. 이곳은 닫힌 공간보다는 열린 공간 또는 반개방 공간으로 조성한다. 교실 밖 공간을 학생들이 자연스럽게 학습 공간으로 이용하도록 유도하려면 이동식 화이트보드, 필기 벽면, 마그네틱 칠판, 중형 모니터, 프로젝트 스크린 중 한두 개를 공간 주변에 설치한다. 발표와 검색, 필기를 유도하는 가구들이 있으면 학생들은 자연스럽게 그것들을 이용한다. 물론 이들 장소에서 와이파이 지원은 필수다. 전원 콘센트가 있다면 학생들은 노트북이나 스마트폰을 충전하거나 인터넷에 접속해 보다 많은 정보활동을 할 수 있다. 비공식 공간을 구성할 때 참조할 사항들은 다음과 같다.

· 휴식, 사교, 비공식 학습과 작업에 활용
· 학교 곳곳에 테이블과 좌석의 분산 배치
· 이동 가능하고 안락하고 다양한 자세에 적합한 가구
· 교실과 다른 느낌의 공간
· 바닥, 조명, 천정, 벽면, 색상으로 차별적 공간 구현
· 화이트보드, 마그네틱 칠판, 스크린, 모니터 등 부착
· 와이파이 지원

혼자 있을 수 있는 공간이 필요하다

데이비드 손버그가 언급한 동굴은 학생이 홀로 지식을 내면화하며 심화하고, 배운 것에 대해 생각하고 성찰하는 개별 공간이다. 우리는 지적으로 성장하고 정서적 안정을 찾고 통찰력을 얻으려면 다른 친구들과 떨어져 있을 수 있는 공간과 시간이 필요하다는 점을 잘 알고 있다. 아쉽게 우리 주변의 학교들은 그러한 공간을 충분히 제공하지 못했다. 최근 새롭게 만들어지는 학교들은 동굴 공간을 마련하고 있다.

가장 간단한 동굴 공간은 도서관이나 교실 구석에 책상과 의자를 따로 두는 것만으로도 만들 수 있다. 푹신한 소파를 복도 한쪽에 두는 것으로도 동굴 공간을 만들 수 있다. 넓은 창턱이나 벽감, 특별하게 만든 구멍, 낡은 욕조나 나무 상자 등 타인에게 방해 받지 않고 조용히 혼자 있을 수 있는 안락한 공간이면 충분하다. 물론 친구들과 앉아 있더라도 서로를 방해하지 않는다면 그곳은 동굴 공간이 된다. 이러한 공간은 자신과 만나는 공간이고 마음과 정신이 성숙하는 공간이다. 동굴 공간 주변에는 책을 비치하거나 인터넷을 통해 자료를 검색할 수 있도록 무선 접속을 지원하면 자연스럽게 개별 학습을 유도할 수 있다.

비공식 공간과 개별 공간을 조화롭게 구성한 사례를 살펴보자. 덴마크의 호어드럽 학교Ordrup Skole는 수도인 코펜하겐에서 10킬로미터 떨어진 젠토프테Gentofte 마을에 세워진 주립 학교다. 1학년부터 9학년까지 다니는 통합 학교로 초등 과정부터 의학과 생명 공학 분야를 지망하는 고등학생들을 위한 직업 교육도 실시한다. 이 학교는 개인 맞춤형 학습이 특징이고, 걸맞게 새로운 패러다임의 학습 환경으로 구성되었다. 전체적으로 '평화와 수용', '토론과 협력', '안전과 존재'의 세 가지 개념을 환경 구성에 반영했다. 특히 프라이버시를 지킬 수 있는 '비공식 틈새 공간'과 개별 학습을 위한 '동굴 공간'을 매우 다채롭고 다양하게 곳곳에 만들었다.

비공식 틈새 공간과 동굴 공간은 각각 기능과 형태를 달리했다. 특성에 따라 활동을 분리하고 그에 적합한 형태로 만들어 교육과 놀이의 차이를 반영하고 있다. 전망을 보며 맑은 공기를 들이마실 수 있는 넓은 창턱, 여러 명이 앉아서 밖을 내다볼 수 있는 높은 창가 좌석, 토론하기에 딱 좋은 둥글고 붉은 원형 구멍이 있는 녹색 단상, 혼자 기대고 앉아 쉴 수 있는 둥근 구멍 공간, 복도에 혼자 차분히 공부할 수 있는 좌석, 커튼이 드리워진 아주 작은 미니 무대 등 곳곳에 틈새 공간과 동굴 공간을 섬세하게 마련하고 있다.

또 하나 주목할 점은 이 학교의 학습 가구들은 학생들의 호기심과 상상력을 불러일으키기에 충분하게 흥미롭게 생겼다. 호어드럽 학교의 독특한 개별 공간과 동굴 공간 이미지들은 http://runefjord.dk/portfolio/ordrup-skole/에서 자세히 볼 수 있다.

21장

다목적 공용 공간

점점 다양한 규모와 기능을 갖는 학습 공간들을 집합적으로 구성하는 학습 클러스터나 학습 커뮤니티 모델이 현대 학습 공간 디자인의 주요 흐름이 되고 있다. 이들 모델에서 빠지지 않고 등장하는 공간 요소 중 하나는 일명 학습 거실이라 불리는 다목적 공용 공간이다. 현대 학교에서 학습과 활동의 유연성을 높이는 데 가장 중요한 공간 요소는 무엇보다 학교 곳곳에 마련하는 다목적 공용 공간들이다.

일반 교실의 한계를 보완

미래 교육학을 지향하는 학교는 교사의 집체 학습, 개별 학습, 1:1 지도, 소수 동료 학습, 그룹 토론 또는 회의, 프로젝트 수업, 특기 작업이나 숙련, 실험, 정보 탐색, 발표, 전시 등 다양한 학습 유형을 지원하고자 한다. 하지만 학교 부지나 건축 면적, 건축 비용의 제약으로 미래 교육이 요구하는 모든 학습과 활동 유형에 맞는 공간을 모두 조성할 수는 없다. 적절한 건축 비용을 고려해서 규모를 제한할 수밖에 없다. 반복적 구조와 공간 패턴이 있어야 합리적 비용으로 안전하고 효율적인 건물을 지을 수 있다. 교육적 요구를 반영하면서도 건축의 경제성과 합리성을 고려해야 한다.

이런 이유로 현대 학교들은 여러 교실의 학생과 교사들이 함께 사용할 수 있고, 휴식, 사교, 독서, 작은 행사, 수업, 제작, 놀이 등 다목적으로 활용할 수 있을 뿐 아니라 통로의 역할도 할 수 있는 다목적 공용 공간을 학교 곳곳에 조성하고 있다. 이러한 다목적 공용 공간은 사각형 일반 교실의 한계를 보완한다. 편복도 교실형 학교들은 교실들 사이의 빈 교실을 복도로 개방해서 여러 학급 학생들이 함께 이용하는 다목적 공간으로 조성하는 경우가 많다. 학교 식당을 식사 시간 외에 학습과 휴식을 위해서도 이용할 수 있는 다목적 공용 공간으로 바꾸기도 한다.

유휴 교실을 다목적 공용 공간으로 활용한 사례 한 곳을 살펴보자. 스웨덴 스톡홀름의 슬랫고름 학교Slättgårdsskolan는 편복도형 학교다. 벽을 따라 사물함이 있는 좁은 복도와 책상이 줄지어 있는 획일적인 교실들로 구성되어 있다. 그러나 교사들은 몇몇 교실 사이의 벽을 없애고 이곳을 여러 학급이 공용으로 이용하는 다목적 공용 공간으로 만들었다. 일부는 집중 수업을 위한 이야기 공간을 만들고 다른 구역에는 강의, 상영, 발표 등 여러 가지 활동을 할 수 있는 계단형 좌석을 설치했다. 또 일부에는 토론과 그룹 활동을 위한 원탁 구역을 조성했다. 구석에는 조용히 책을 보거나 집중할 수 있는 동굴 공간도 확보했다. 측면에 소파와 쿠션, 책장을 배치해 휴식 공간을 마련했다. 이렇게 유휴 교실을 활용해서 만드는 다목적 공용 공간은 일반 교실로 충분히 지원할 수 없는 활동을 촉진한다.

독일에서는 학교 공간을 개혁하면서 초기에 현관홀이나 로비를 확장해서 중앙에 광장형 다목적 공용 공간을 조성했다. 그런데 학교 규모가 크고 여러 동으로 나뉘어 있는 경우 중앙의 공용 공간까지 접근성 문제가 발생했다. 중앙 공용 공간에서 먼 건물이나 고층 교실의 경우 수업과 활동을 위해 이용하는 데 불편하고 이동 시간은 부담이 되었다. 이러한 문제를 보완하기 위해 층별, 구역별로 4~6개 교실 사이에 중소 규모 공용 공간을 조성해 접근성을 개선하고 일상적으로 수업과 활동, 생활에 이용토록 했다. 점차 많은 학교들에서 중앙의 대규모 공용 공간 외에 별도로 학교 곳곳 여러 교실들 사이에 다목적 공용 공간을 설치하는 사례가 늘어나기 시작했다.

유연성이 관건

가장 성공적인 다목적 공간은 유연성이 높은 공간이다. 안락한 소파나 좌석이 있고, 몇몇 가구들을 이동할 수 있고, 눕거나 서거나 앉는 등 다양한 자세로 있을 수 있는 공간으로 만드는 것이 효과적이다. 무엇보다 중요한 점은 교실과 다른 느낌과 분위기의 공간으로 만드는 것이다. 다양한 천장 높이와 천장 처리, 바닥 마감이나 카펫, 벽면 장식이나 색상, 소파나 좌석 테이블 디자인을 통해 교실과 시각적, 형태적으로 구분할 수 있다.

소규모의 스플릿 플로어 공간이나 계단형 박스 좌석을 설치하는 사례도 많다. 벽면에는 자유롭게 학생들이 발표하고 표현하는 데 이용할 수 있는 화이트보드, 마그네틱 칠판, 스크린과 프로젝터를 부착하거나, 곳곳에 노트북과 연결할 수 있는 대형 모니터를 설치한다. 조명도 일반 교실과 달리해야 한다. 조광기가 달린 조명이 필요하고, 전체 조명은 다양한 활동에 적합하도록 조절할 수 있어야 한다. 다목적 공간은 활동과 상호 작용을 촉진하도록 보통 생생하고 명확한 색상을 사용하는 경향이 있다. 이러한 공간이 창의력, 협업 및 영감을 촉진한다. 예술 벽화, 인용문, 서로를 대하는 방법에 대한 목표, 재미있는 그래픽 이미지를 사용하면 동료 의식과 학교에 대한 자부심을 높일 수도 있다.

이러한 공용 공간의 등장은 자연스럽게 교사들의 협업을 요구한다. 누가 관리할지 여러 학급이 어떻게 이용할지 이용 예약 규칙을 정할 필요도 있다. 더 나아가 공용 공간을 수업과 활동에 이용하기 위해서는 교육 과정을 새롭게 기획할 필요도 생긴다.

논란의 알트스쿨에서 참고할 점

2014년 뉴욕과 샌프란시스코에 교육 스타트업으로 시작한 알트스쿨 AltSchool은 미래 교육 분야에서 논란의 중심에 있는 학교였다. 구글의 수석 엔지니어이자 데이터 과학자인 맥스 벤틸라Max Ventilla가 세운 학교인데, 페이스북의 CEO인 주커버그를 비롯한 유명 투자가들이 1억 3천만 달러 이상을 투자하고 실리콘밸리의 엔지니어들이 자녀들을 보냈던 학교다. 맥스 벤틸라는 학습 데이터를 분석해서 개인 맞춤 학습을 제공하는 학교를 만들었다. 알트스쿨은 4년간 여섯 곳의 학교를 개교했지만 안타깝게도 2017년 이후부터 학생 수 감소로 문을 닫았다. 지금은 알트스쿨의 경험을 바탕으로 학습 데이터와 학습 플랫폼을 제공하는 솔루션 회사로 바뀌었다. 결과적으로 알크스쿨의 실험은 성공적이지 못했다. 그럼에도 불구하고 알트스쿨이 구성한 학습 공간은 참조할 좋은 사례다.

개인 맞춤형 교육을 표방한 알트스쿨의 각 공간은 수많은 학생의 개별 요구와 다양한 학습 유형, 각양각색의 활동을 수용할 만큼 유연하게 디자인되었다. 학교의 중심에는 모든 학생들이 발표나 행사를 위해 모일 수 있는 계단식 좌석 공간인 '포럼'이 있다. 파란색 계단식 박스에는 아이들이 혼자 시간을 보낼 수 있는 작은 동굴 공간이 포함되어 있다. 포럼 주변에는 이동식 테이블과 의자를 배치한 개방형 공용 공간인 디자인 랩Design Lab이 있다. 미술 및 공예, 대규모 과학 실험

등 모든 종류의 제작 활동에 유연하게 사용할 수 있는 다목적 공간이자 학교의 중심이다. 때때로 컴퓨터실로 사용되고 행사를 열기도 하고 점심시간엔 식당으로, 비 오는 날에는 실내 놀이터로도 사용할 수 있다.

건물 바깥을 향해 배열된 교실들은 필요에 따라 확장하거나 분리할 수 있는 가벽으로 구분되어 있다. 교실 내부에 사물함이 있고 이동 가능한 학습 가구와 계단식 좌석이 창가에 설치되어 있다. 빔 프로젝터와 필기 벽면도 설치되었다. 교실은 용도에 따라 규모에 차이가 있다. 교실들 사이에는 플렉스 룸flex room이라는 다목적 공용 공간이 있는데, 소그룹 학습이나 개별 학습, 휴식을 위해 사용한다. 플렉스 룸은 교실 밖으로 나와 자유롭게 앉아서 쉬거나 학습할 수 있는 공용 공간이다. 플렉스 룸 곳곳에는 작고 안락한 벽감 공간이나 개별 수업을 할 수 있는 구석 좌석이 마련되어 있다. 학교 곳곳의 하얀 박스 형태의 방음 공간(휴게실)은 교사와 학부모 상담 공간으로도 사용하고, 학생이 개별 학습이나 작업에 집중하기 위해 사용할 수 있다. 복도 중간 중간에도 대형 모니터가 반대편 벽에 부착된 좌석 공간이 있다. 이처럼 알트스쿨은 모든 공간이 유기적으로 연결되어 있고, 교실이 아닌 플렉스 룸, 계단 좌석 공간인 포럼, 디자인 랩, 방음 휴게실 등 다목적 공간이 아닌 곳이 없을 정도다.

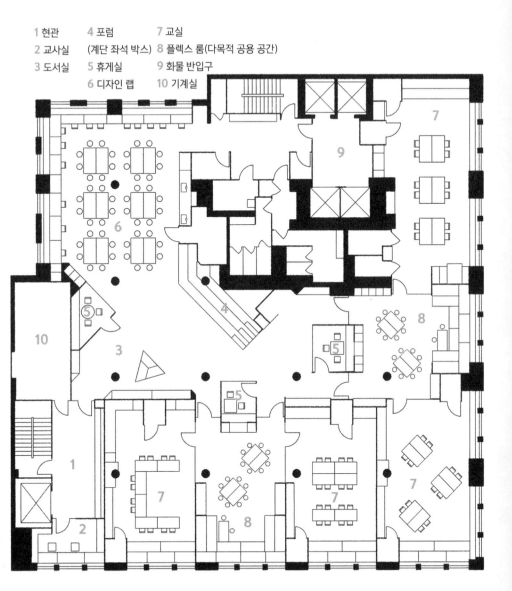

1 현관   4 포럼   7 교실
2 교사실   (계단 좌석 박스) 8 플렉스 룸(다목적 공용 공간)
3 도서실   5 휴게실   9 화물 반입구
           6 디자인 랩   10 기계실

알트스쿨의 공간 구성 ⓒA+I (Architecture Plus Information)

22장

광장형 공간

OECD("Pisa and the Key Competences", 2005)는 사회관계 기술을 학생들이 반드시 갖추어야 할 기초 역량이라고 발표했다. 사회관계 능력은 주체적이고, 경제적으로 자립적이며 사회 문화적으로 풍요로운 삶을 살아가는 데 필수다. 현대 학교들은 미디어와 언어를 활용한 상호작용과 이질적인 집단에서 이해와 소통, 배려, 협력, 포용 등 사회관계 기술 역량의 개발을 주요한 교육 과제로 삼고 있다. 자연스럽고 일상적인 사교와 교류가 일어날 수 있는 사회적 공간을 학교 내에 속속 조성하기 시작했다. 현대 교육학은 인간이 성장하고 살아가면서 필요한 지식과 정보는 공식 교육뿐 아니라 학교 내외의 비공식 관계와 상황 속에서 얻게 되는 것 역시 중요하고, 이러한 비공식 지식과 정보 습득을 학교가 지원할 필요를 인정하기 시작했다.

지역 공동체의 일부가 되다

스타트업이나 벤처 등 주목 받은 첨단 신생 기업들을 조사해보면 주
요한 핵심 창업 아이디어는 공식 수업이나 세미나보다는 지인들과의
대화와 일상 속에서 얻은 정보와 소소한 지식에서 출발한 경우가 많
았다. 학생들의 창업 활동을 지원하는 대학들은 이러한 점에 착안해
학과나 학년, 학생과 교수, 학생과 외부인의 경계를 넘어 자유롭게 교
류하고 소통할 수 있는 공간을 만들고 있다. 우리 사회에서도 소통과
의사 결정 기법으로 각광받는 타운홀 미팅, 오픈 스페이스 역시 공식
적인 세미나보다 쉬는 시간에 이루어진 자연스런 대화가 더 가치 있
는 정보와 지식, 효과적인 소통으로 이어졌다는 경험에서 출발하고
있다. 이러한 발견은 자연스럽게 학교 공간의 변화에 영향을 끼치고
있다.

한편으로 인구 감소와 지역 축소, 개별 맞춤형 교육의 확대와 교
육 요구의 다양성 때문에 학교와 지역 공동체의 협력이 그 어느 때보
다 중요해지기 시작했다. 유럽에서는 유아 교육부터 중고등 교육, 평
생 교육 기관까지 집합적으로 배치하는 교육 지구 개념과 지역 교육
캠퍼스들이 등장했다. 북미에서는 지역의 복지, 의료, 교육, 문화 기능
을 포괄하는 다양한 커뮤니티 학교Community School 모델들도 확산했
다. 한국에서도 마을 교육 공동체 운동이 확산되고 혁신 교육 지구가
지정되고 있다.

이제 현대 학교들은 섬이 아니라 지역 공동체와의 협력과 교류가 중요해졌다. 주민들을 초대해 교류하고 지역 행사를 개최할 수 있는 사회 문화적 커뮤니티 공간을 마련할 필요가 높아졌다. 이러한 필요에 따라 학교들은 식당, 카페테리아, 도서관, 현관홀, 강당, 공연장을 포괄하거나 유기적으로 연결하는 다목적 광장을 학교 중심에 조성하기 시작했다. 특히 특정 시간대 외에 이용률이 낮은 식당, 도서관, 현관홀을 변형하고, 학생들이 자주 이용하는 다른 공간들을 학교 중심에 연결되게 배치해서 학습, 행사, 휴식과 놀이, 사교 공간으로 사용하고 있다.

덴마크 콘겐스Kongens 링비Lyngby의 룬초프테Lundtofte 학교는 증개축하면서 광장 공간을 지역 공동체의 문화 공간으로 조성했다. 학교는 2018년부터 기존 학교 건물을 증개축하며 현대화했고 교육, 공동체, 포용성, 행복, 헌신을 핵심 가치로 삼았다. 창의적인 예술, 음악 과목이 공동체를 형성하고 유지하는 데 중요한 역할을 한다는 점에 착안해 학생과 지역 주민, 지역 동호회와 함께 이용할 수 있고 공연 공간과 도서 구역을 포함하는 광장형 문화 예술 센터를 학교 내에 조성했다.

기존 학교 건물들은 안뜰을 중심으로 정방형으로 자리 잡고 있는데, 한쪽 건물을 따라 안뜰을 가로지르며 삼각형에 가까운 사다리꼴의 문화 예술 센터를 증축했다. 이 문화 예술 센터는 학교의 중심 역할을 하며 이곳에서 다양한 행사와 활동이 가능하다. 낮에는 학생과 교사들의 모임 장소가 되고, 연극이나 음악, 아침 노래 시간, 사교 모임을 위해 사용할 수도 있다. 방과 후 문화 예술 센터는 주민들의 행사와 콘서트 등을 위해 개방한다.

일본의 하코다테 사례

학교의 광장형 공간과 교육학의 관계를 좀 더 이해하기 위해 미래 대학 캠퍼스 디자인으로 유명한 일본의 하코다테를 살펴보자. 하코다테의 본관은 2002년 홋카이도 아카렌가 건축상과 BCS상을 수상했다. 하코다테는 2000년에 설립된 비교적 젊은 대학교로 과학, 기술, 예술, 문화 분야에서 독특한 미래형 교육 및 연구 캠퍼스를 조성했다. 하코다테 본관 중 가장 주목할 공간은 '열린 중앙 아트리움'이다. 이 학교가 이러한 공간을 조성한 데는 '실제의 지식 활동과 문제 해결 능력을 지원하는 학교'를 만든다는 비전에 따른 것이다.

일상생활에서 새로운 문제를 만나면 우리는 기존 지식뿐 아니라 다른 사람과의 상담, 책이나 인터넷 검색 등 다양한 방법으로 정보를 수집해 해결한다. 인간의 지식은 전통적인 학습뿐 아니라 타인과 함께 하는 활동과 의사소통으로부터 구축된다. 이러한 지식은 상황이나 맥락과 분리될 수 없다. 학습은 한 개인을 넘어서는 공동체 내의 사회적 관계에서 발생하는 상호 작용 과정으로 정의되어야 한다. 하코다테 대학의 열린 중앙 아트리움을 비롯한 학습 공간들은 이러한 교육 철학을 공간적으로 지원한다. 하코다테 대학의 학습 공간 설계 원칙은 다음과 같다.

벽 없는 학습

많은 대학이 교실과 교과목, 학습자 사이의 다양한 벽을 제거하는 새로운 환경을 설계했다. 물리적으로 강단을 없애고 개방된 강의실을 만들고 시각적 개방성을 위해 유리벽을 도입했다. 하지만 좀처럼 교수와 교수, 교수와 학생, 학생 상호간 아이디어를 교환하지 않는다. 문제 해결을 위해 하코다테 대학은 상호 작용을 자연스럽게 촉진하는 신체적, 정서적으로 개방된 자유로운 환경을 만들었다. 이곳에서 다양한 협력, 팀 작업, 비공식 학습과 사회적 교류가 일어난다.

프로젝트 기반

프로젝트 기반 학습은 기존 지식을 제공하는 일반 강의와 다르다. 프로젝트 학습 접근 방식은 과목 간 장벽을 제거해 포괄적이고 종합적인 경험과 지식을 얻는 방법이다. 연구에 따르면 사람들은 사회적이거나 개인적인 경험을 통해 더 많은 것을 배운다. 프로젝트 학습은 디자인, 기술, 연구 기술, 실험, 시뮬레이션 및 모델링 연습 및 창의적인 문제 해결을 장려하기 때문에 학습자는 상황과 문제를 자기 나름의 방법으로 해결할 수 있다. 하코다테 캠퍼스는 프로젝트 학습을 지원하는 공간들을 포함한다.

협동 학습

하코다테의 핵심 디자인 개념 중 하나는 협동 학습이다. 즉 학교의
구성원들에게 함께 배우는 공동체의 일원으로 활동하도록 권장한다.
다른 사람들과 공개적인 발표와 평가, 검증, 정보 교환과 토론, 세미나
를 위한 소그룹 공간을 충분히 지원한다. 가능한 학점 경쟁보다는 다
른 사람들과 일하고 배움을 확장할 수 있는 기회를 제공한다.

의사소통 기술 습득

의사소통 능력은 외국어 능력 외에 프레젠테이션 및 전시 디자인, 미
디어 사용 기술, 감수성, 사회관계 기술을 포함한다. 따라서 이러한
포괄적인 의사소통 능력을 개발할 수 있는 다양한 형태의 물리적 공
간을 지원한다.

학습자의 다양성

다양한 문화적 배경을 가진 다양한 연령대 학습자들의 상호 작용을
권장한다. 여기에는 대학 캠퍼스를 이용하는 어린이부터 은퇴자, 특
정 분야의 전문가, 재취업자를 포함한다. 이러한 폭 넓은 학습자들의
학습, 활동, 교류를 공간적으로 지원한다.

광장형 공간으로 바뀌는 현관홀

현대 학교들은 주로 현관홀이나 로비와 그 주변을 광장으로 조성한다. 학교에 들어오면 반드시 거치게 되기 때문이다. 주 출입구 주변 공간을 큰 홀로 확장해 학생과 교직원들의 만남의 장소이자 아동을 데리러 온 학부모들의 대기 장소 또는 비공식 모임이나 행사의 공간으로 사용한다. 종종 광장에 근접해 도서관을 배치하거나 행사나 공연을 위한 다목적 공간이나 음악실을 배치해 가변적으로 개방해 광장과 연결하기도 한다. 식당 역시 광장과 가변적으로 연결해 확장된 개방 공간을 조성할 수 있다.

광장은 종종 학생들의 작품과 학업 성취를 자랑하는 전시 장소로도 사용한다. 현관홀 벽은 전체 학생들이 알아야 할 내용을 공지하는 장소이자 전체 구성원이 문제를 제기하고 반론하는 소통의 장소로도 사용한다. 무엇보다 학교와 지역의 정체성과 교육 철학을 분명하게 드러내는 공간으로 활기차거나 차분하거나 예술적이거나 종종 혁신적인 이미지를 표현한다. 이러한 광장의 조성은 학생들의 민주적 시민 의식과 공동체 감각을 발전시키는 데 매우 중요하다. 현대 학교 사례들에서 발견할 수 있는 현관 디자인의 특징들은 다음과 같다.

· 현관 캐노피 공간의 확대

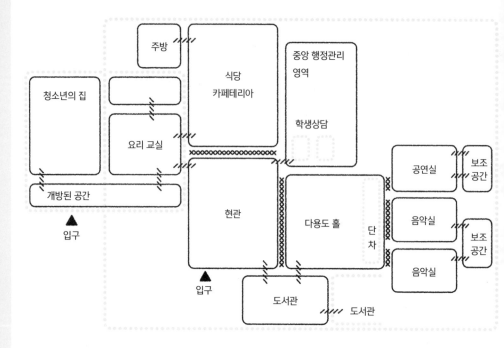

일반 학습 및 교육 영역– 소그룹실, 교실

과목(특기) 교육 영역 – 예술

공동(공용) 구역

직원, 상담실, 교사실 등 – 상담실

기타 기능 영역

게슈비스터 숄 학교의 현관은 일반 교실 4~5개 크기로 주변의 다용도홀,
식당 등과 연결해 광장으로 사용할 수 있다.
©Montag Stiftung Jugend und Gesellschaft

- 층고가 높고 규모가 큰 현관홀

- 자연 채광을 도입하거나 밝은 조명

- 통창, 접이식 문을 사용해 인접 공간들에 연결성과 개방감 부여

- 전시를 위한 벽면이나 선반, 좌대, 공지를 위한 게시 벽면 마련

- 현관 주위의 소파, 벤치 등 좌석 공간 또는 대기 공간

- 현관 주위의 라운지나 카페테리아 배치

- 현관에서 바로 진입할 수 있는 도서관이나 식당, 다목적 공간 연결

- 현관과 연결되는 열린 학습 계단 배치

광폭 계단의 재발견

광폭 학습 계단은 광장에 자주 등장하는 디자인 요소다. 계단은 건물과 건물을 연결하거나 층간 이동을 위한 통행 요소다. 비상시 주요한 탈출 통로이기도 하다. 계단은 물리적으로 모든 층을 연결하지만, 계단참을 거치며 방향을 전환하는 구조 때문에 시선이 제한된다. 역사적으로 웅장한 계단은 많은 사람들이 주목하는 공간 디자인이었지만 엘리베이터가 등장하면서 한동안 덜 주목하게 되었다. 상황은 반전되고 있다. 사회성과 협력 증진이 주요한 미래 학습의 목표가 되면서 혁신적으로 학교 공간을 개선하고자 할 때, 특히 광장형 공간을

조성할 때 열린 광폭 학습 계단은 자주 애용하는 디자인 아이템이 되었다.

열린 광폭 학습 계단은 폭 넓은 계단을 통해 여러 층을 연결할 뿐 아니라 계단 밑부터 끝까지 한눈에 볼 수 있도록 시각적으로 열려 있다. 이러한 계단은 편안하고 자유로운 사교 모임과 흥미로운 신체 활동, 다양한 규모의 학습과 발표, 공연을 위한 객석으로 사용할 수 있다. 예술 작품이나 학생들의 학습 작품을 전시하는 전시장의 역할도 할 수 있다. 학생들은 이곳에서 흥미를 느끼고 특별한 공간 감각을 갖고 새로운 분위기를 느낀다.

우리는 다시 한번 공간이 제3의 교사이고 인간은 자라면서 공간, 장소의 감각을 개발해야 한다는 것을 환기해야 한다. 공간 감각이 경쟁력이 되는 시대다. 잘 디자인된 열린 계단은 다소 극적인 공간 감각과 공동체 의식을 함양하며 역동적이면서도 정적인 공간을 제공한다.

광장형 공간 내 광폭 학습 계단의 디자인 경향

· 계단을 포인트 색상으로 도색
· 광폭 계단은 가능하면 주 이동 부분과 좌석 부분을 분리
· 좌석 표면에 부드러운 재료 사용
· 눕거나 작업하기 적당한 다양한 폭으로 확대
· 쿠션이나 방석을 두어 자연스럽게 앉을 수 있도록 유도
· 충전이 가능한 콘센트 설치

- 적절한 조명 제공
- 계단 맞은편에 공연을 위한 무대나 수업을 위한 스크린 설치
- 계단 벽면을 활용해서 지식과 정보를 제공
- 계단참을 활용해서 서가 또는 전시 공간 구성
- 계단 하부 공간을 놀이 공간 또는 편안한 휴게 공간으로 조성
- 열린 광폭 학습 계단은 학교의 홀, 로비, 아트리움 등 중앙 공간에 배치
- 소규모 계단은 소규모 활동과 학습을 위해 조성하고 비공식 공간과 연결

    2019년 개교한 미국 리슬 초등학교Liesle Elementary School는 중앙의 홀을 감싸고 교실들을 배치한 아트리움형 학교로 콘크리트 구조와 커튼 월 시스템으로 건축되었다. 커튼 월은 건물의 하중을 기둥, 들보, 바닥, 지붕으로 지탱하고, 외벽은 하중을 부담하지 않은 채 마치 커튼을 치듯 건축 자재를 둘러쳐 외벽으로 삼는 건축 방법이다. 외부 교실은 콘크리트 구조로 만들어졌지만 도서관과 열린 학습 계단을 포함하는 홀 부분은 층고가 높고 폭이 넓은 홀을 구성하기에 적합한 커튼 월 구조로 세워졌다.

    2층 높이의 중앙 홀은 학교의 중심으로 도서관, 교사와 사회복지사를 위한 공간, 소그룹과 개별 자율 학습 영역이 통합된 다목적 공용 공간이다. 도서관을 둘러싼 커다란 고측창의 자연 채광 때문에 밝고 기분 좋은 느낌을 준다. 홀 한쪽 편으로는 열린 광폭 학습 계단이 있어 2층 교실로 이동할 수 있다. 그 맞은편엔 대형 스크린이 설

치되어 있다. 광폭 학습 계단 구역이 학습과 상영 공간으로 사용된다는 것을 알 수 있다. 공식 행사나 수업이 없을 때 이곳은 자유롭게 이용할 수 있는 사교 공간이자 휴식 공간이다. 광폭 학습 계단은 이동 계단과 좌석 부분으로 나뉘어 있고, 홀과 도서관 전경을 조망할 수 있다.

23장

다기능 도서관

유감스럽게도 종이책을 읽는 어린이와 청소년이 계속 감소하고 있다. 학교와 도서관 사서들은 아동과 청소년의 독서 습관을 권장하고 장려하기 위한 독서 프로그램을 운영하지만 결과는 기대와 다르다. 인터넷과 모바일 콘텐츠에 익숙한 청소년들은 네이버, 구글, 유튜브, SNS에서 정보를 찾고, 책 대신 스마트폰을 손에 쥐고 몰입한다. 그러다보니 긴 글을 읽는 데 익숙지 않고 생각하고 질문하며 행간과 맥락을 파악하는 데 점점 어려움을 겪고 있다. 전통 도서관은 위기에 처해 있고, 학교 도서실의 사서들은 어쩔 수 없는 변화에 직면해 있다.

도서관 기능의 확대

사서들과 교사들은 미래 세대들이 종이책 대신 태블릿이나 스마트폰,

PC로 지식 활동의 방식과 지식 매체를 바꾸더라도 그들이 책을 읽도록 도울 수 있다. SNS와 유튜브 이상의 체계적이고 진지하고 심도 깊게 정보와 지식을 탐색하고 정리해 자기 지식으로 만들고 재생산하고, 표현하고 발표하는 습관을 키우도록 도울 수 있다. 도서관과 도서실을 어떻게 바꾸면 이것이 가능할까? 도서실의 기능을 멀티미디어 학습 센터로 확장해 융합 학습과 개별, 그룹 활동을 지원하고, 도서실의 위치를 바꾸고, 더 매력적인 공간으로 만들면 가능하다. 여기서 더 나아가 도서실을 학습 허브로 바꾸는 것도 생각해볼 수 있다.

학교 도서실들이 직면한 위기에 대응해서 변화에 성공한 오하이오주 선버리의 빅 월넛Big Walnut 중학교를 살펴보자. 빅 월넛 중학교 도서실은 하루에 학생 열 명 정도만 이용할 정도로 한산한 날이 많았다. 학생들은 점점 종이책을 읽지 않고 도서실을 찾지 않았다. 이 학교 교장은 도서실을 교실 수업과 연계하고 실습도 가능하며, 특히 학생들의 맞춤형 교육을 도서실에서 지원할 수 있기를 바랐다. 이러한 비전에 맞춰 도서실을 일종의 멀티미디어 학습 센터로 바꾸었다. 현재 이 학교의 도서실은 하루 평균 백 명 이상의 학생들이 이용하고 있다. 과거에 비해 이용 학생들이 열 배 늘어난 수치다. 이곳에서 학생들은 프로젝트 작업, 쌍방향 디지털 기기 사용, 동영상 촬영 및 편집, 독서를 한다.

이렇게 도서실 기능과 성격을 멀티미디어 학습 센터로 바꾸기 위해 가장 먼저 한 일은 도서실 중앙을 아무것도 없는 열린 공간으로 만든 것이다. 도서실을 가득 채우고 있던 서가는 벽면으로 옮겨 벽부 서가로 만들었다. 도서실 중앙의 열린 공간에는 학생들이 다양한 방식으로 협업할 수 있도록 바퀴달린 가구들을 배치했다. 이 도서실에는 고정된 가구가 없다. 책걸상뿐 아니라 책장, 대형 모니터 등 모든 것을 언제든지 옮길 수 있다.

학생들은 공동 작업과 토론을 위해 마련한 그룹 공간에서 크롬북에 연결된 벽걸이형 모니터를 사용하며 작업할 수 있다. 또한 자율적으로 다양한 디지털 기기와 장비를 사용할 수 있다. 도서실에는 멀티미디어 IT 기기를 활용한 동료 학습이나 자율 학습을 극대화하기 위해 디지털카메라 석 대와 크롬북 열 대, PC 다섯 대, 태블릿을 연결할 수 있는 스크린 룸, 노트북에 연결한 벽걸이형 모니터 두 대, 쌍방향 프로젝터와 스마트 터치스크린 두 대를 설치했다.

빅 월넛 학교의 도서실에서 학생들은 여전히 종이책을 대출해서 읽을 수 있다. 학생들은 도서실이 바뀌기 전보다 더 자주 이용하고, 더 많은 책을 접하고 있다. 학교는 더 많은 책을 구입하기보다는 지역 공립 도서관과 협력해 공립 도서관의 책을 학교 도서관에서 대출할 수 있도록 했다. 이러한 조치로 본질적으로 도서관을 축소하거나 본래 기능을 바꾸지 않고 변화를 수용하면서 확장했다.

독서를 위한 공간으로만 생각하는 데서 벗어나면 도서실을 더 매력적이고 편안하고 다양한 활동을 지원하는 장소로 바꿀 수 있다. 이제 엄숙주의 분위기가 지배하는 도서실이나 도서관은 점점 유물이

되어가고 있다. 조용히 책을 읽을 별도의 공간이 필요하다는 점을 인정한다 해도 과거처럼 허리를 꼿꼿이 펴고 앉아 독서하는 모습을 기대할 수는 없다. 학생들이 혼자 있을 수 있는 조용한 동굴 공간을 마련하고, 편안하게 누울 수 있는 카펫이나 푹신한 바닥과 안락한 소파, 계단식 의자, 둘러앉을 수 있는 좌석과 테이블, 쉽게 이동할 수 있는 책걸상을 배치하는 것은 점점 더 학교 도서관에서 기본이 되어가고 있다. 낭독이 가능한 이야기 방이 필요하고, 책에 대해 여럿이 토론할 수 있는 분리된 공간이나 동료 학습이 가능한 소공간, 책에 대해 바로 발표할 수 있는 화이트보드를 곳곳에 설치할 수 있다.

단데농 남부 초등학교Dandenong South Primary School는 주목해볼 사례다. 이 학교는 2021년 빅토리아 챕터 학습 환경상과 2021 빅토리아 학교 디자인상을 수상했는데, 사서의 전용 담당 구역이던 기존 도서관을 완전히 재정비해 동료 교사들과 학생들의 다양한 수업과 활동을 지원하는 공간인 다목적 발견 센터discovery center로 탈바꿈시켰다.

발견 센터에는 공동 작업, 그룹 작업 및 이야기 구역, 온라인 학습을 위한 디지털 랩, 수업 영역, 학습 자료 구역, 전체 학급이 들어갈 수 있는 전용 학습 공간과 정숙 공간이 있다. 요리 수업, 예술 공간 또는 과학 실험실로도 교대 사용할 수 있는 습식 공간도 포함하고 있다. 도서실 기능과 특별 교실 기능, 프로젝트 활동 공간을 통합했다고 볼 수 있다. 단데농 남부 학교의 발견 센터는 무엇보다 편안하게 앉을 수 있는 카펫이 모든 바닥에 깔려 있고 창가 좌석, 빈백 소파, 계단형 좌석, 데크형 좌석, 서가와 통합된 좌석 등 다양한 형태의 좌석들이 곳곳에 마련되어 있다. 단데농 남부 학교 발견 센터의 다양하고 아름답고 기능적인 좌석들은 다음에서 찾아볼 수 있다(https://archipro.com.au/project/dandenong-south-primary-school-discovery-centre-clarkehopkinsclarke).

학교의 중심으로 재탄생하는 도서실

아쉽게 대다수 우리나라 학교들은 도서실을 위한 충분한 면적을 갖고 있지 않다. 그렇다면 좁은 면적 내에서 어떻게 보다 다양한 학습 활동을 지원할 수 있을까? 가장 간단한 방법은 도서실에 다양한 활동을 지원하는 구역을 설정하고 각기 그 활동에 적합한 가구나 좌석을 배치하는 방법이다. 2022년 2월 한국교육학술정보원이 배포한 《미래 교육을 위한 학교 도서관 공간 혁신 매뉴얼》은 학교 도서실 내부에 '개인 열람 공간', '수업 공간', '그룹 열람 공간', '자료 공간', '관리 공간' 등을 포함할 것을 권고하고 있고, 2015년 6월 국제 도서관 협회 연맹IFLA에서 배포한 《학교 도서관 가이드》는 도서실 내에 '학습 및 연구 공간', '개인 독서 공간', '교육 공간', '미디어 제작 및 단체 프로젝트 수행 공간', '사무 공간' 등을 설정할 것을 권고하고 있다.

- 학습 및 연구 공간 : 정보 이용 데스크, 목록, 온라인 데스크, 학습 연구 테이블, 참고 자료 및 기본·자료 비치 공간
- 개인 독서 공간 : 리터러시, 평생 학습, 오락, 독서용 도서 및 정기 간행물 비치 공간
- 교육 공간 : 적정 교육 기자재 및 전시 공간을 갖춘 소그룹, 대그룹, 학습 단위 집합 교육을 할 수 있는 좌석 공간 (학생수의 10퍼센트 권장)
- 미디어 제작 및 단체 프로젝트 수행 공간 : 개별, 팀 및 학급 단위 프로젝트 수행 공간 (실험실 또는 제작 공간)
- 사무 공간 : 대출 데스크, 사무실, 도서관 미디어 자료 처리, 장비, 소모품, 각종 재료 보관 공간

학교 도서실이 어느 곳에 있는지 관심 있게 본 적이 있는가. 혹시 고립된 외로운 섬은 아닌지, 복도 한쪽 끝이나 본관과 뚝 떨어져 있는 도서실에 몇 명이나 자발적으로 찾아올지, 사서가 주도하는 독서 프로그램 시간 외에 도서실은 텅 빈 공간은 아닐지, 도서실은 다른 학습 공간들과 어떻게 유기적으로 연결되어야 하는지 등은 학교의 도서실을 바꾸기 위한 중요한 질문이다. 학교 도서관 또는 도서실의 접근성은 매우 중요하다. 과거와 달리 도서실이나 도서관은 점점 학교의 중앙으로 이동하고 있다. 학교의 중심인 광장형 공간과 도서관을 통합해 거대한 학습 센터 또는 학습 허브로 바꾸는 학교도 늘어나고 있다.

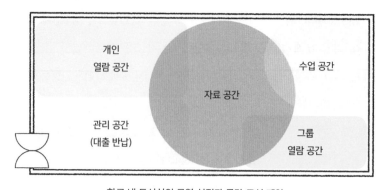

학교 내 도서실의 구역 설정과 공간 조성 제안
ⓒIFLA(Internatonal Federation of Library Assocaition and Instututuions
/한국교육학술정보원

　　일본의 케에센惠泉 여학원 중고등학교는 도서관의 명칭을 미디어
센터로 바꾸고, 학교 건물 1층의 중앙 공간을 사용한다. 이곳에는 약
9만 권의 장서와 신문, 잡지가 진열된 서가와 두 개의 학습실과 두 개
의 컴퓨터실, 방송실, 학원 사료실, 학습실을 포함한 220석의 좌석을
갖췄다. 영화, 음악 감상, 독서, 조사, 자습, 토론이 가능하다. 급변하
는 사회에서 학생들이 스스로 과제를 찾아내고 질문하고, 정보를 찾
고, 필요한 지식을 탐색하고, 생각하고 자신의 생각으로 정리해 발신
하는 능력을 학교의 일상 속에서 자연스럽게 함양하려는 조치다. 학
생들은 등교하자마자 이 도서 미디어 센터를 통과하고, 학교생활 중
에도 자연스럽게 지나가고 쉬고 학습한다. 미디어 센터가 학교의 복도

들이 교차하고 건물과 건물이 만나는 중심에 조성되어 있기 때문이다. 이처럼 21세기 학교의 도서실들은 그 기능을 확장하면서 접근성, 다른 학습 공간들과의 상호 연결성, 개방성을 높여야 한다.

학습 센터는 단순히 도서실이나 교실 이상의 크고 작은 공간들과 기능을 통합한다. 사교 공간, 학생 서비스 및 학습 지원, 도서 및 노트북 대출, IT 액세스, 공용 인터넷 검색 코너, 편안한 좌석, 다양한 작업을 지원하는 테이블과 좌석, 공동 그룹 작업을 위한 프레젠테이션 영역까지 포함한다. 번잡하고 혼란스러울 수 있는 대형 공간에도 창문 근처나 구석에 조용한 개별 공간을 제공한다. 학습 센터는 가구 배치, 내부 영역의 구분, 소음과 번잡한 시선의 처리, 동선 등 디자인적으로 세심하게 고려할 사항들이 적지 않다. 학교 도서실 또는 학습 센터와 학습 허브의 다양한 공간 구성 사례는 구글 이미지 검색에서 'library floor plan of school'과 'floor plan of learning hub, learning center'를 키워드로 넣어 찾아볼 수 있다.

24장

학습 카페와 학습 허브

"왜 학교가 아니라 카페로 갈까?" 공간 혁신 자문을 위해 만난 한 지방 대학의 교수가 물었다. 코로나 전염병 유행으로 대학의 건물들은 텅 비어 있었다. 이미 따뜻한 기운이 시작되는 봄인데도 건물 안은 아직 차가운 기운이 남아 있었다. 딱히 편안하게 앉아서 쉬거나 조용히 책을 볼만한 자리도 보이지 않았다. "대면 수업이 있을 때에도 수업이 끝나면 학생들은 대학 앞 마을, 이 대학 출신 선배가 운영한다는 학교 앞 카페로 모두 갑니다. 그곳이 따뜻하기도 하고 분위기도 좋으니 당연하겠지요. 선배에게 편하게 조언을 들을 수도 있고, 놀 수도 있어요. 하지만 현재 우리 학교 내부에는 그런 공간이 너무 없어요." 자조 섞인 목소리로 그 교수는 이야기를 이어갔다. 이미 해답을 알고 있으면서도 왜 학교 내에 그런 공간을 만들지 않을까?

공부 장소가 변하고 있다

한국은 카페 천지다. 곳곳의 카페에서 이야기를 나누거나 노트북을 켜놓고 업무를 보는 사람, 책을 보거나 과제물을 작성하는 학생들은 흔한 카페의 풍경이 되었다. 내가 대학 다닐 때보다 카페에서 공부하는 학생들이 더 많아진 듯하다. 카페에서 집중이 되지 않을 듯하지만 의외로 적당한 소음이 들리는 카페에서 집중이 잘 된다고 한다. 백색소음 효과 때문이다. 소음이 거슬린다면 이어폰을 귀에 끼고 음악을 들으며 책을 볼 수도 있다. 크게 떠들지만 않는다면 정숙을 유지해야 하는 도서관과 달리 카페에서 친구들과 적당히 담소를 나눌 수도 있고, 가벼운 토론도 가능하다. 커피나 가벼운 음료, 케이크를 먹을 수도 있다. 거의 모든 카페들이 와이파이를 지원하고, 충전용 콘센트도 곳곳에 있다. 편안한 소파나 의자, 구석진 자리, 거리 풍경을 볼 수 있는 창가 좌석, 혼자 앉아도 어색하지 않은 바 형태의 좌석이 있어 좌석 선택의 폭도 높다. 카페 내 낯선 타인들의 모습을 살짝 바라볼 수도 있고, 굳이 쳐다보지 않아도 카페에 있는 주변의 다른 사람들로 인해 집에서 혼자 공부할 때와 사뭇 다른 분위기를 느낄 수 있다. 계절에 따라 적당한 냉난방과 조명, 배경 음악까지. 카페는 학생들이 선호할 수밖에 없는 많은 요소들을 포함하고 있다.

예전엔 입시를 앞둔 학생들과 재수생들은 독서실을 자주 다녔다. 요즘은 스터디카페가 유행이다. 고등학생, 수험생, 대학생, 직장인들이 공부 장소로 애용한다. 스터디카페는 일반 카페와 달리 24시간 운영하는 곳들도 있다. 월 고정 좌석제인 독서실과 달리 시간제로 운영하는 곳도 있다. 키오스크를 통해 무인으로 운영을 하는 곳들도 있다. 종일권, 심야권, 시간권, 정기권, 소규모 스터디 룸 사용권 등 선택이 가능하다. 카페의 장점을 흡수한 독서실의 변형인 듯하다.

스터디카페의 유행 때문인지 최근 방문했던 강서구의 한 고등학교는 도서관에 일반적인 열람 공간과 별도로 스터디실과 카페 분위기의 학습 카페를 만들었다. 이 학교만이 아니다. 국내외를 막론하고 최근 중고등학교 내부에 카페테리아를 조성하는 사례가 늘고 있다. 학교에 있는 시간이 점점 길어지는 청소년들의 생활과 활동, 학습을 지원할 수 있는 다소 비공식적 공간이 필요하기 때문이다. 물론 학생들이 카페테리아를 선호하기 때문이다. 또 다른 이유는 앞에서도 언급한 카페의 학습 효과 때문이다.

학습 카페를 도입한 학교들

영국 글래스고 칼레도니언 대학Glasgow Caledonian Univ.의 학습 카페는 성공 사례 중 한 곳이다. 대학은 자연스러운 분위기에서 학생들의 문제 기반 학습과 소그룹 학습을 지원하기 위해 2002년 실험삼아 학습 카페를 조성했다. 대학의 실험은 매우 성공적이었다. 학생들은 보다 자유로운 분위기에서 생각과 의견을 교환하고 토론을 즐기고 과제를 수행하거나 개별적으로 학습에 열중했다. 학과나 학년, 학교를 넘어서 폭 넓은 범위로 사회관계가 확장되었다.

이 대학의 학습 카페는 어떻게 꾸몄을까? 이곳은 다과, 친교, 학습, 토론이 가능한 공간으로 꾸며져 있다. 의도적으로 60여 개의 클라우딩 기반 컴퓨터 부스를 설치해서 검색과 문서 작성도 가능하다. 마인드 맵핑 소프트웨어나 학습 지원 툴도 이 부스에서 사용할 수 있다. 혼자 공부하거나 앉을 수 있는 공간은 카페 중심부와 가장자리의 바에 마련되어 있다. 낮은 탁자와 좌석에서 커피를 마시고 노트북을 켜서 인터넷에 접속하거나 토론이나 담소를 나눌 수 있다. 학습 카페의 IT시설과 다양한 좌석, 테이블 관리 비용은 카페에서 판매하는 간단한 식음료 수입을 통해 충분히 회수할 수 있다.

대학 당국은 학습 카페의 성공에 힘입어 추가로 대학 중심에 카페를 결합시킨 솔티어 센터Saltire Centre라는 학습 허브를 조성했다. 학습 허브는 학습 카페의 확장판이라 할 수 있다. 솔티어 센터는 대학과 지역 사회를 연결하는 '대학 재사회화'를 위한 공간 전략에 따라 조성한 곳으로 인근 지역 사회의 주민과 기업 종사자들을 대학의 공동 학습자로 초대해 참여시킨다. 학생과 교직원, 지역 주민, 인근 기업 종사자들 사이의 대화와 교류, 상호 이해와 아이디어 교환을 장려한다. 학생뿐 아니라 지역 주민과 인근 기업의 직원들도 이곳을 자유롭게 이용할 수 있다. 대학은 많은 책을 보관한 도서관 건물보다는 캠퍼스 내 사람들의 관계에 주목하고 발전시킬 수 있는 공간이 중요하다고 판단했기 때문이다.

솔티어 센터는 600개의 선택 가능한 다양한 좌석이 있다. 400대의 컴퓨터, 150대의 노트북을 포함해 언제나 빌려서 사용할 수 있는 중소 규모 스터디 룸을 갖췄다. 솔티어 센터의 아트리움은 햇빛으로 가득 차 있고, 남쪽을 향한 유리벽과 높은 천장이 개방감과 쾌적함을 느끼게 한다. 1층의 학습 카페에는 다양한 테이블과 의자, 상영 공간이 있고, 전시나 행사를 위해 활용할 수 있다. 칼레도니언 대학의 공간 실험이 성공한 이후 스마트 기반의 학습 카페나 학습 허브는 세계 곳곳의 많은 대학교와 중고등학교들로 확산했다.

학습 허브, 학생들을 위한 모든 구성을 갖추다

학습 허브에 대해 살펴보자. 현대 교육은 관계 기술과 사회성 함양을 중요시한다. 하지만 기존 전통 학교 건물에는 학생들이 친교를 나누며 대화할 공간이 부족하다. 이제 학교들은 카페테리아나 식당, 복도를 중요한 관계 교육의 장소이자 학생들의 자율적인 학습 공간으로 활용하고 있다. 공간 활용도가 낮았던 대형 공간들도 다목적화하면서 학교 구성원 전체가 이용하는 중심 교류 공간이자 학습 허브로 바꾸고 있다. 신설 학교인 경우는 처음부터 의도적으로 다목적 홀이나 대형 로비를 만들고 그 주위에 도서관, 미디어 센터, 체육관, 특기실, 기타 공용 시설을 배치해서 다양한 공식, 비공식 활동과 교류가 일어나는 커뮤니티 광장 겸 학습 허브로 만들고 있다. 앞서 언급한 광장형 공간의 복합 확대판이라 할 수 있다.

2018년 스코틀랜드에 신축된 웨스트 칼더 고등학교West Calder High School는 다이닝 홀과 학습 허브를 결합했다. 학습 허브는 학습 카페보다 넓고 포괄적이라 다양한 학습 환경과 활동 공간을 제공한다. 학습 카페가 비공식적이고 자율적인 개별 학습과 그룹 활동의 공간인데 반해 학습 허브는 공식적 학습 프로그램이나 행사도 개최할 수 있는 공간이다. 학습 허브는 학생들을 가르치고 참여시키고 즐겁게 하는 데 필요한 모든 요소가 제공되는 유연한 학습 환경이다. 이곳에서 개별, 소그룹, 대규모 집단의 활동과 학습이 가능하다.

학습 허브는 교실과 달리 기본적으로 다목적 공간이다. 교사의 통제보다는 자유를 느낄 수 있는 공간이다. 학교의 중심 공간과 통합된 학습 허브는 광폭 학습 계단, 사교 공간, 학생 서비스 및 학습 지원, 도서 및 노트북 대출, IT 액세스, 공용 인터넷 검색 코너, 편안한 좌석, 다양한 작업을 지원하는 테이블과 좌석들, 공동 그룹 작업을 위한 대형 화이트보드가 있는 프레젠테이션 영역까지 포함한다.

학습 허브는 누구나 사용할 수 있고, 교사와 학령이 다른 학생들이 교류하고 교차하고 공용으로 이용한다. 방문자와 직원도 이곳을 사용하고, 자연스럽게 학생들은 그들을 관찰하고 이해한다. 지역 공동체와 학교의 협력이 중요해지고 학교 공간을 외부에 개방하는 추세에 따라 지역 주민들과 방문자들, 학생들이 함께 식사를 하거나 담소를 나누는 공공장소로도 사용된다. 학습 허브는 단순한 교실 이상의 더 많은 세부 공간과 더 많은 기능을 통합한다. 초기 작은 교실 규모의 학습 카페는 학습 센터로, 광장형 공간으로, 더 나아가 학교 중심의 대형 홀과 결합된 학습 허브로 확장되며 발전하고 있다.

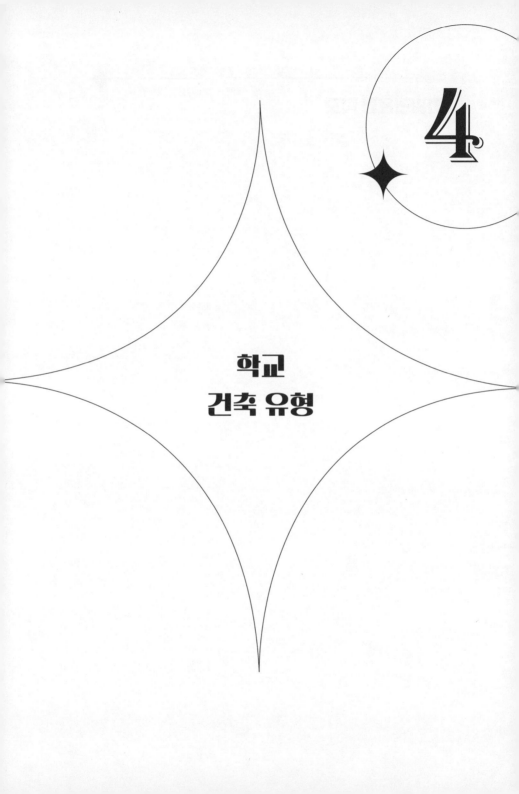

4

학교
건축 유형

25장

짜빌리온형 학교

우리 주변의 학교 건물은 대체로 일자(一) 아니면 일자형 건물 두 동을 가운데 교량으로 연결한 누운 'H'형, 또는 체육관이나 특별실들을 날개동이나 본관에 연결한 'L'자형이 대다수다. 세계의 학교 건축사를 살펴보면 당대의 건축 기술, 지역의 입지적 조건, 사회적 상황과 교육학을 반영하며 발전해온 다채로운 학교 유형이 등장한다. 각 시대의 학교 건축은 당대의 건축가와 교육자들이 협력한 결과이며 사회적, 교육적 요청에 대한 응답이었다.

시대적 요구가 반영된 학교 건축

파빌리온형 학교는 1895년 처음 등장한 이후 1920년경 발전하며 1960년대 중부 유럽 국가들에서 절정을 이루며 확산되었다. 전후 유럽의 대다수 도시들은 채 복구되지 않은 상태였고, 도시의 주거와 아동들의 위생과 건강 상태는 매우 열악했다. 이러한 문제를 개선하기 위해 건축가와 교육자들은 자연과의 연결 등 쾌적한 학습 환경을 아동과 청소년들에게 제공하고자 했다. 특히 학교 건물의 채광과 환기, 위생 환경을 향상시키고 아동들의 신체 활동을 촉진하고자 했다.

이러한 목적으로 조성한 파빌리온형 학교들은 대개 낮고 평평한 건물이 넓은 부지에 분산 배치되었다. 건물들은 긴 회랑형 통로로 연결되었다. 본관은 다층이었고 일반적으로 관리실과 특별 교실을 배치했다. 체육관과 휴게실을 별동으로 조성했고, 서너 개 교실을 하나로 묶은 단층 교사들을 긴 회랑형 중앙 통로를 따라 본관과 연결했다. 교실들은 신체 활동을 촉진하기 위해서 놀이터나 정원, 공원 등 야외 공간과 직접 연결했다. 교실은 대개 남동향이며, 지붕은 완만하게 경사진 박공지붕이나 단경사 지붕 또는 평평한 지붕이다. 교실과 복도에 유리를 많이 사용해 각 공간은 충분히 시각적으로 열려 있다. 교실에는 그룹 활동을 위한 보조 작업 공간을 추가했다. 학교의 중앙에는 크고 넓은 광장 공간을 조성했다.

파빌리온형 학교의 하부 유형으로는 빗형, 격자형, 부채살형 등이 있다. 부채살형 학교는 중앙의 대형 로비를 중심으로 교사를 분기했다. 이때 대형 로비는 학교의 광장 공간으로 활용할 수 있다. 1954년에 지은 모로코 카사블랑카 초등학교와 2003년에 지은 미국 워싱턴 토드 비머 고등학교가 이 유형에 포함된다. 빗형의 중앙 통로는 각 교사로 이어지는 회랑형 복도보다 폭이 넓다. 1958년에 지은 덴마크 로스킬레Roskilde의 샹트 요셉 국제 학교Skt Josef's international school와 2006년에 지은 미국 매사추세츠 로렌스 고등학교Laurence High School가 이 유형에 포함된다. 격자형 학교(또는 카펫 스타일)는 건물을 격자 통로를 따라 배치하고, 동마다 별도의 중정을 두었다. 격자 한쪽 통로 끝에는 넓은 로비를 배치했다. 독일 다름슈타트 지역에 1951년 지어진 게오르그 뷔히너 고등학교Georg Buchner School와 1957년 덴마크에 등장한 문케고드 학교Munkegaard Skole가 이 유형에 속한다.

1957년 지어진 스위스 취리히의 크리지베그 초등학교Chriesiweg Grundschule는 스위스의 기념비적 파빌리온형 학교로 평가받는다. 취리히 시의 "좋은 건물" 상을 수상했고, 1986년에는 취리히 시의 중요한 역사적 예술 및 문화유산으로 등재되었다. 크리지베그 초등학교는 학교 건축을 중요 공공건축으로 다루며 열띤 토론과 개혁을 시도했던 당시 스위스 교육계와 건축계의 합작품이었다. 당시 학교 건축 기획에는 건축가와 교육자는 물론 학생 위생을 담당하던 의사들도 참여했다. 학교 건물은 야외 공간과 촘촘하게 연결되며 통합되어 있다. 야외 공간에는 다양한 식물들과 조경수들을 식재했고, 넓은 창과 고측창을 갖춘 밝은 교실, 단경사 지붕의 학교 건물은 아이들이 자연과 긴밀하게 접촉하도록 세밀하게 설계했다. 어린이용 벤치, 휴지 바구니, 조명 등 섬세하게 디자인된 가구들과 곳곳에 작은 안뜰과 중정, 넓은 녹지, 정원이 건물과 어우러졌다.

이 학교를 설계한 건축가 알프레드 로스Alfred Roth는 당대의 교육 철학을 건축과 통합하고자 한 학교 건축 운동의 선구자였다. 로스는 새로운 사회적 교육, 특히 소그룹 교육이 가능한 교실을 구현하고자 했다. 집체 교육과 더불어 소규모 인원이 팀을 이뤄 과제를 수행하거나 토론하고 학습하는 그룹 학습은 자기 책임성과 주체적이고 독립적인 논리적 사고를 향상시킨다고 생각했다. 이러한 사회적 학습 유형, 즉 협력 학습을 촉진하기 위해 각 학급별 교실 입구에 별도의 밝은 공동 작업 공간을 배치했다. 이 소그룹 작업을 위한 공간은 교실과 미닫이문으로 분리하거나 연결할 수 있었다.

26장

방사형 또는 포크형 학교

방사형 학교는 중앙 로비나 대형 홀을 중심으로 건물을 방사형으로 분기하며 배치한 형태다. 대개 주 출입구가 있는 중앙 홀이나 로비는 학교 전체 구성원이 교차하고 이동하는 순환 공간이자 공용 공간이다. 학교 공동체가 함께 모이는 행사장이 될 수도 있고 도서관, 카페테리아 등 대규모 공용 시설을 배치할 수도 있다. 중앙 홀에서 방사형으로 갈라진 교사는 학년별 또는 계열별 주 학습 공간이나 기능에 따른 공간 영역으로 활용한다. 방사형 건물의 배치 특성 때문에 건물과 건물 사이에 뜰이 여러 곳 만들어지는데 주 운동장과 별도의 놀이터나 정원, 야외 학습장, 주차장 등으로 활용한다. 파빌리온형 학교의 하위 유형인 부채꼴 형과 유사한 듯하나 파빌리온형이 단층이나 저층이라면 방사형 학교는 건물 층수가 높다. 방사형은 실내외 공간의 연결보다는 학교의 심장이 되는 중심 공간의 조성을 중요시한다.

스웨덴의 스캘비 학교 사례

방사형 학교인 스웨덴 솔렌투나Sollentuna의 스캘비Skälby 학교를 살펴보자. 2018년 신축한 이 학교는 유치원과 초등학교가 통합된 학교로 유치원생 60명, 초등학생 240명이 다닌다. 학교는 내외부 모두 따뜻한 색상으로 도색되어 있다. 각 색상은 건물의 성격과 특성을 표시한다. 반지하층을 포함한 3층 건물 3동이 '심장'이라 불리는 중앙의 삼각형 아트리움을 중심으로 연결되어 있다. 중앙 아트리움에는 천창이 있어 밝고 쾌적한 느낌이다. 중앙 아트리움에 주 출입구가 있고, 별도로 유아용 입구가 따로 있다. 각 건물 끝에도 별도의 출입구가 있다. 건물 한 동은 유치원이 사용하고, 나머지 두 동은 초등학교 저학년, 고학년이 각각 사용한다.

반지하층을 제외하고 지상층과 2층은 바람개비 형태로 세 개의 학습 클러스터가 중앙 아트리움을 중심으로 서로 연결되어 있다. 학교 전체에 총 6개의 학습 클러스터가 있다. 각 학습 클러스터에는 60명의 학생들이 배정되어 있다. 초등학생 학습 클러스터는 크기가 같은 네 개의 교실과 보조 공간, 학습 거실, 화장실, 휴대품 보관 장소와 옷장으로 구성되어 있다. 유치원 클러스터는 좀 더 작은 공간과 별도 화장실과 보조 공간, 교사실이 포함되어 있다. 초등학교 교사들의 라운지는 2층 아트리움 중앙 복도 한편에 개방 공간으로 조성되어 있다. 각층, 각 학습 클러스터 내에는 교사 팀들이 배정되어 협력하며 클러스터 내 학생들을 지도한다. 클러스터 내 학생들도 클러스터 단위 소속감을 갖고 서로 협력한다. 경사진 부지에 지은 까닭에 일부가 지상으로 열려 있는 지하에는 공동으로 사용하는 강당 겸 체육관, 주방과 식당, 매점, 설비실이 있다.

클러스터 내 교실도 창들이 많아 밝고, 보조 공간과 교실 사이에도 창이 있어 내부를 들여다 볼 수 있다. 이처럼 현대 학교에서 시각적 투명성은 주요한 특징이다. 교사가 감독할 수 있는 시야를 넓히고 공간의 개방감을 더할 뿐 아니라 실내로 빛이 흐를 수 있도록 해서 채광을 좋게 한다. 각 건물은 층마다 끝 부분에 교실에서 미닫이문을 열고 나갈 수 있는 테라스들이 있어 외부의 신선한 공기를 마실 수 있다. 2층 테라스에서는 원형 계단을 통해 바로 지상으로 내려갈 수 있다. 반지하층에서도 포치 공간을 통해 야외로 나갈 수 있다. 외부 자연과 연결하고, 쉽게 외부로 나가게 할 수 있게 섬세하게 설계되었다. 실내외 공간의 연결도 현대 학교의 특징 가운데 하나다. 학교 전체는 방음 패널과 카펫을 사용해서 소음을 최소화했다. 추운 지방이라 아트리움과 각각의 클러스터를 아늑하고 따뜻한 주택처럼 만들었다. 이 학교의 운동장은 세 곳으로 나뉘어 유치원, 저학년, 고학년이 따로 쓴다. 축구장은 한 건물 끝에 이어진 확장된 부지 한쪽에 놓여 있다.

포크형 학교의 전형 트라이아스 학교

규모가 큰 국내 학교들은 건물을 분기할 경우 방사형보다는 대개 수평으로 배치한다. 해외에도 일렬로 건물을 배열하는 사례가 없는 것은 아니지만 놓치지 않는 것은 건물을 하나로 이어주는 동선축이다. 많은 현대 학교들이 건물을 연결하는 중앙 복도를 공용 공간으로 활용한다. 이러한 형태를 포크형이라고도 부른다. 중심 공용 공간으로부터 각 건물 동을 분기한다는 점에서 본질적으로 방사형과 동일하다. 네덜란드 잔스타트Zaanstad에 2007년 등장한 트라이아스 학교 (Trias VMBO, VMBO는 12~16세 4년 과정으로 운영하는 네덜란드의 예비 직업 중등교육 과정)는 현대적인 포크형 학교의 전형을 보여준다. 세 지역에 나뉘어 있던 중고등학교를 통폐합하면서 1천 명의 학생이 다니는 대규모 학교로 조성한 곳이다. 동시에 지자체가 운영하는 스포츠 센터를 학교와 유기적으로 연결해 복합 시설로 운영하고 있다.

이 학교는 여러 건물을 연결하는 직사각형 주 동선축을 'De Brink'라 부르고 한쪽 끝에 스포츠 센터가 있는 '스포츠 광장'이 연결되어 있다. 'De Brink'는 학교의 중심 교차 구역으로, 학생들이 서로 교류하며 학교의 일원으로 공동체를 체감하도록 조성한 커뮤니티 영역이다. 'De Brink' 중앙 한쪽 벽에는 대규모 행사용 낮은 무대가 있고 양쪽으로는 계단 좌석이 자리하고 있는데, 학생들의 휴식 공간이자 학습 공간이다. 'De Brink'를 따라 4동의 2층 건물이 갈라져 있고 건물 사이에는 유리 온실이 있다. 이 날개동은 모두 중등학생들을 위한 학습 클러스터로 조성되어 있다. 'De Brink'를 중심으로 날개동 반대편에 배치한 3층 건물은 '섹터'라 부르는데 직업 교육을 받을 수 있는 고등학생들을 위한 학습 영역이다. 섹터는 층고가 높고 개방적인 작업 공간과 학습 공간을 다양하게 배치하고 있다. '스포츠 광장'을 중심으로도 두 개의 날개동이 나뉘어 있다. 대형 스포츠 홀, 체조, 무술, 피트니스 용도의 중형 체육관 세 개와 에어로빅실, 화장실 및 기타 부속실이 따로 있다.

트라이아스 학교를 주목할 이유는 또 있다. "트라이아스는 많은 것을 제공하지만 스스로 배운다!"라는 교육 비전과 "사람은 머리와 손, 마음을 함께 사용할 때 가장 잘 배울 수 있다."는 교육 철학이 눈을 끈다. "비판적으로 생각하고 판단하고 선택하도록 한다."(머리로 배우는 이론 수업), "실제 프로젝트를 통해 직업 교육과 경험을 제공한다."(직접 손으로 작업하며 배우는 수업), "동료 학생, 학교 및 사회와의 상호 작용 역량을 발전시킨다."(시민 의식과 사회관계 수업/마음), "각 개인에 맞춘 발달과 인격 성장을 위해 멘토링과 다양한 배움의 기회를 제공한다."(개별 교육 과정)는 교육 개념에 따라 조화롭게 교육 과정이 구성되어 있다.

트라이아스 학교는 다양한 연령대의 학생들이 다니는 학교이기 때문에 기초 학업과 기본 교육 과정, 이론 학습, 직업 교육, 사회성 교육 등 교육 내용이 폭 넓다. 입학 후 첫해가 지나면 이론 중심 교육이나 실습 중심 교육 중 하나의 방향을 선택하고, 반 친구들과 함께 프로젝트를 진행한다. 학생들은 일정표에서 자신에게 맞는 맞춤형 수업을 찾을 수 있고, 교사들로부터 조언과 지도를 받을 수 있다. 학생들은 노트북을 활용해 수업하고, 디지털 미디어 리터러시를 키운다. 직업 교육에서는 자신의 재능을 발견하고 자신에게 적합한 다양한 전문 교육을 받을 수 있다. 직업 중심의 교육 과정은 지역 대학과 협업하면서 다양한 인턴십 제도와 연계해 진행한다.

중정을 품은 학교

중정은 건물의 가운데 있는 안뜰이나 정원을 말한다. 중정형 학교는 폐쇄적이었던 수도원에서 유래되었다. 중정형 학교의 전신이라 할 수 있는 'ㄷ'자 건물 배치가 특징인 궁전형 학교도 수도원 건물에서 시작했을 정도로 수도원 건축은 학교 건축에 큰 영향을 끼쳤다. 중정은 외부의 바람과 시선, 불량인으로부터 학생들을 안전하게 보호할 수 있기 때문에 학생들의 연중 야외 활동을 촉진할 수 있다. 최근에는 건물 중앙으로 빛과 신선한 공기를 끌어들이기 위한 건축적 요소로도 자주 이용한다.

중정은 목적과 용도에 따라 크기와 모양을 다양하게 조성할 수 있다. 놀이터로 만들 수도 있고 넓은 마당이나 정원으로 조성할 수도 있다. 학교 건물의 정중앙에 두기도 하고, 여럿 두는 경우도 있다. 3~4층 이상의 건물일 경우 곳곳에 중정을 두면 건물의 채광과 환기를 개선할 수 있다. 중정의 면적이 너무 좁고 높은 건물들로 둘러싸인 경우

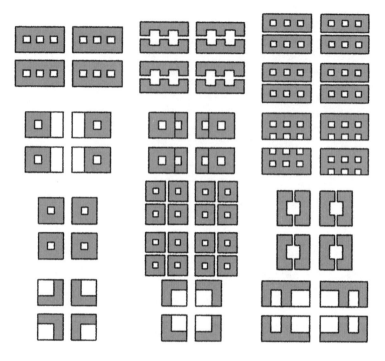

다양한 중정 유형 ©Mark DeKay

자칫 습하고 어두운 공간이 될 수 있다. 중정 때문에 건물의 외부 면적과 복도 면적이 증가할 수 있는 단점도 있다.

이탈리아 폰자노 초등학교

폰자노Ponzano 초등학교는 이탈리아 북부의 베니스에서 30킬로미터 떨어진 폰자노 베네토의 드넓은 평야 지대 주택가 외곽에 자리 잡은 작은 학교다. 다민족으로 구성된 지역 주민들의 여러 언어를 들을 수 있는 곳이자 동시대의 풍경과 지식을 유지하는 곳이다. 학교 건물은 중정을 둘러싼 '수도원 회랑'을 콘셉트로 조성되어 학교의 모든 공간이 한가운데 있는 중정을 중심으로 배치되었다. 중정은 넓고 바람이 많이 부는 평야 지대의 거친 환경에서도 학교 내부에 아늑하고 안전한 야외 공간을 제공한다. 중정은 아이들의 놀이터이자 학습 공간이다. 실내 체육관과 별도의 야외 정원, 운동장도 조성되어 있다. 학교 밖으로는 차양이 있는 포치형 회랑이 있고, 학교 안의 모든 공간은 통창을 통해 중정을 바라볼 수 있다.

6~10세 어린이 375명이 다니는 학교인데, 15개의 교실과 미술, 음악, 컴퓨터, 언어 및 과학 수업을 위한 특별 교실, 체육관, 식당, 도서관이 있다. 체육관 바닥은 지면보다 낮은 반지하 형태이고, 연결 통로를 통해 교실동과 이어져 있다. 체육관은 방과 후에 누구나 사용할 수 있어 지역의 사교 공간이자 공공 공간 역할을 한다. 교실동의 2층엔 교실과 체육관 지붕 위에 조성된 테라스 옥상이 있다. 유리를 최대한 사용한 교실은 내부를 들여다볼 수 있다. 학교 건물은 태양 고도를 고려해서 방향을 잡고 있고, 두꺼운 단열재, 녹화 지붕, 지열, 태

양광, 자연 환기 굴뚝 등 친환경 에너지 기술과 빌딩 자동화 시스템을 적용하고 있다.

추위와 바람을 막아주는 중정

노르웨이 오슬로의 국제 학교Oslo International School는 1963년에 설립되었다. 이 학교에는 3세에서 19세의 50개국 출신 약 500명의 유아, 초등학생, 중학생들이 다닌다. 학교의 비전은 "존중, 협력, 배려, 도전을 핵심 가치로 모든 학생의 고유한 잠재력을 개발하는 것"이다. 문화적 인종적 배경이 다양한 학생들이 모이는 국제 학교의 특성을 반영한 것으로 포용성과 다양성을 중요시한다. 학교 조직은 위계보다는 권한을 부여받은 전문 교사팀의 자연스런 소통과 협력에 의해 주로 운영된다. 학생들의 과외 활동과 공동 과외 활동은 학교생활의 필수이고, 광범위한 선택권이 주어진다.

다른 학교들처럼 특별 교실과 일반 교실, 지원 시설들로 구성되어 있지만 이 학교를 특별하게 만드는 것은 세 곳의 중정이다. 통로로만 사용되는 순환 복도에 중정을 두어 자연 채광을 끌어들였고 덕분에 학생들의 야외 접촉이 가능해졌다. 겨울이 길고 눈보라가 자주 부는 노르웨이는 쾌적한 실내 환경을 제공하면서도 보호된 조건에서 야외 활동을 촉진할 필요가 있었다. 중정 둘레로 물리, 생물, 화학 실험실,

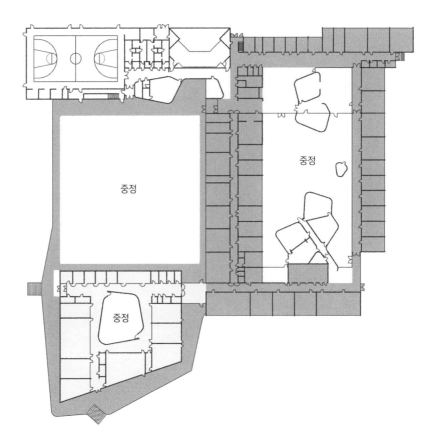

용도가 각기 다른 비정형 중정 주위로 교실을 배치한 오슬로 국제 학교의 공간 배치 ⓒJVA

도서관, 공용 학습실과 광장이 포함된 파빌리온이 들어서 있다. 직사
각형 중정과 달리 시각적으로도 물리적으로도 부드럽고 단조롭지 않
다. 세 중정은 크기가 다르지만 포장 바닥과 흰 자갈 바닥, 약간의 조

경 요소와 앉을 자리, 놀이기구, 농구 골대와 구기장으로 활용할 수 있는 넓은 마당이 있다. 중정의 파빌리온은 따뜻한 느낌의 목재로 마감되어 있다.

추위와 바람, 거칠고 시끄러운 도시의 소음과 시선으로부터 아이들을 보호하면서 신체 활동을 촉진하거나 좀 더 안락하고 편안한 환경을 조성하려 한다면, 또는 폭이 넓고 복잡한 고층 건축의 채광과 환기를 고려한다면, 무엇보다 학생 수가 많지 않은 지역의 학교라면 중정형 학교는 좋은 대안이 될 수 있다.

28장

아트리움형 학교

아트리움atrrium은 로마 주택에서 실내로 빛을 끌어들이고 환기를 개선하기 위해 조성한 중정을 의미했다. 19세기 후반부터 여러 층에 걸친 높이로 텅빈 중공void 공간과 그 위를 투명 또는 반투명 지붕으로 덮거나 대형 천창을 설치한 대형 홀의 의미로 사용한다. 이러한 아트리움은 '공간감과 빛의 느낌'을 주고 자연과 시각적 연결을 유지하면서도 비바람을 피할 수 있어 자주 사용되는 건축 요소다. 중정이 건물 외부에 노출된 공간이라면 아트리움은 건물 내부가 된 공간이다.

폭이 넓고 층고가 높은 학교 건물을 지을 경우 자칫 어두워지고 환기가 나빠질 수 있다. 이럴 경우 아트리움을 만들어서 건물의 채광과 환기를 개선할 수 있다. 건물 중앙에 아트리움을 둔 학교들은 오피스 빌딩을 모델로 삼고 있는데, 아트리움 주변으로 교실을 배치한다. 중앙 아트리움형 학교는 대규모 다층 중고등학교에 적합하다. 아트리움이 허브 역할을 하며 학교의 각 공간을 연결한다. 학교 내에서 이동은 아트리움을 중심으로 집결되고 교차한다. 아트리움을 향한 교실들은 유리벽을 사용하거나 개방해서 채광이 좋고, 시각적 개방감을 갖도록 한다.

구조도 교육도 혁신적

오스트리아 티롤 뵈글Wörgl에는 오스트리아 학교 건축에서 유명한 학교가 있다. 1970년대 오스트리아 연방 건축 기술부는 세 개의 학교 건축 모델 프로젝트를 추진했다. 이때 조성된 모델 중 하나가 뵈글의 연방 학교다. 1968년 일군의 건축가들은 사전에 학교를 모듈로 제작하고 조립하는 공법의 개발과 적용 권한을 오스트리아 연방 건축 기술부로부터 위임받았다. 1973년 비엔나 건축가 빅토르 후프나글Viktor Hufnagl은 당시로서는 혁신적인 아트리움 형태 학교를Hallenschule 디자인했다. 건축 공법만 혁신적인 것이 아니었다. 학습 공간 구성에서도 기존 복도 중심 학교와 달랐다. 이 학교는 1970년대부터 교육 공간의 유연성 및 가변성을 학교 공간 구조에 본격적으로 적용했고 지금도 주요한 견학 코스이다.

뵈글 연방 학교는 아트리움 둘레로 여러 층에 걸쳐 교실을 배치했다. 교실은 직사각형 모양이지만 교실에서 바로 아트리움으로 나갈 수 있어 수업과 활동의 유연성을 높일 수 있다. 이러한 아트리움 중심의

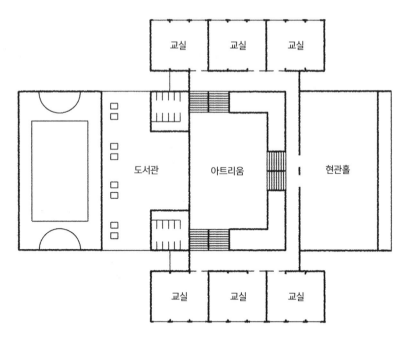

티롤 뵈글의 연방 학교. 아트리움을 중심으로 양쪽에 교실을, 한쪽 면에 체육관과 도서관,
한쪽 면에 기타 공간 배치 ©DANIEL HORA MEGATABS/JENS SCHRODER

교실 배치는 학교 내의 소통과 교류를 높이고, 지역 공동체를 위한 공
간을 학교 내에 조성하기 위한 시도였다. 아트리움 지붕은 여러 개의
분리된 천창으로 덮여 있어 채광이 좋다. 필요할 때는 천창을 열 수
있어 자연 환기가 가능하다. 아트리움 양쪽으로 교실들이 배치되어
있고 다른 면에 도서관과 체육관, 시설들이 있다. 학교 건물 전체를
위에서 보면 여러 개의 사각 블럭이 서로 높이를 달리하며 연결되어

있는 형태다. 아트리움형 학교는 근대 학교 초기의 중정형 또는 궁정형 학교로부터 유래되었다. 등장 당시인 1970년대에는 혁신적이었던 아트리움형 학교는 이제 현대 학교에서 흔하게 적용되는 모델이 되었는데 아쉽게도 우리 주변에서는 이러한 학교를 찾아보기 쉽지 않다.

쇼오네고스 학교Tjørnegardsskolen는 덴마크 코펜하겐 켄토프테Gentofte의 혁신 학교다. "어린이와 청소년은 삶의 용기와 창의적이고 배우고자 하는 열망을 가지고 학교로 온다."라는 학교 비전을 갖고 있고, 학생들의 참여와 실험을 지원한다. 혁신 학교라 멋지고 현대적인 건물일 것이라는 상상과 달리 이 학교는 1920년에 지어진 붉은 벽돌 건축물을 리모델링했다. 벽면을 타고 올라간 넝쿨만으로도 오랜 시간을 느낄 수 있다. 학교의 건축 양식은 유럽 궁전에서 자주 발견되는 당당하고 품격 있는 쿼드앵글quadrangle이다. 쿼드앵글은 'ㅁ'자형 건물 배치와 중정이 특징이다.

쇼오네고스 학교는 학교 건물을 리모델링하면서 외부 정원이었던 중정에 유리 천정을 덮어 30제곱미터 넓이의 대형 아트리움을 만들었다. 현관에는 1934년 화가 하랄드 한센Harald Hansen이 그린 크고 아름다운 프레스코 벽화가 장식되어 있다. 중앙의 아트리움을 바라보며 둘러싼 교실들은 유리 천정을 덮기 전에는 야외 정원을 향했던 아치형 발코니 안쪽에 배치되어 있다. 단순하고 고풍스런 건물이지만 학생들은 이 아트리움 덕분에 강한 일체감을 느끼고, 학교 전체에 개방성과 유연성, 채광이 높아졌다. 지금은 이 오래된 건물 옆에 유리 파

쇼오네고스 학교 건물 중앙이 아트리움이다. 과거에는 지붕 없이 노출된 중정이었다.

사드를 가진 현대적 건물을 증축했다. 건물 정면엔 얼룩말 무늬의 놀이 둔덕이 있고 건물 여기저기에 크고 작은 소형 구기장과 놀이터들과 잔디 마당이 흩어져 있다.

29장

상자 속 상자 학교

21세기에 새로 등장하기 시작한 '상자 속 상자 학교'는 건물 내에 상자처럼 학습 공간을 만든 학교다. 폐공장이나 문 닫은 대형마트, 창고나 차고 같은 층고가 높고 폭이 넓은 건물 내부에 경량재를 이용해서 학습 공간을 만든다. 이 경우 외피 건물과 내부 공간이 구조적으로 분리되어 있어 필요에 따라 내부 학습 공간을 재구성하거나 리모델링하는 데 편리하다. 이러한 '상자 속 상자 학교'는 영국에서 컨벤션 센터를 연상시키는 리버풀 모델로 발전했다.

학교이자 공장인 바우하우스에서 시작

상자 속 상자 학교는 다소 공장을 닮은 모습으로 등장했다. 사실 근대 학교 건축의 모델이 된 바우하우스는 학교인 동시에 공장이었다. 학생들은 교사들로부터 건축과 공예에 대해 배웠지만 많은 시간 판매할 물건을 만들었다. 일종의 작업장 학교였다. 바우하우스에서 채광과 환기, 경제적 건축은 주요한 요소였다. 바우하우스에 영향을 받은 근대 학교들은 채광과 환기를 중요시했지만 점차 공장의 분위기는 사라져 우리가 익히 알고 있는 학교의 공간적 특징을 갖추게 되었다.

21세기 들어 산업 구조의 급격한 변화로 문 닫은 공장을 학교로 재생하면서 학교가 다시 공장을 닮게 되는 것은 피치 못할 현상이었다. 공장은 대개 거칠고 단열에 신경을 쓰지 않았지만 튼튼하고 폭이 넓고, 층고가 높았다. 대개 공장 건물은 밝고, 환기가 잘되는 건축물이었다. 공장을 재활용한 학교들은 공장 건물의 장점을 최대한 살린 개방적인 학교들로 변신했다. 건물 외부는 공장처럼 보이지만 내부는 21세기 미래 교육 비전을 반영하면서 유연하게 변경할 수 있는 학습 공간을 신축 학교에 비해 적은 비용으로 조성할 수 있다.

덴마크의 로스킬르 축제 학교Roskilde Festival Folk High School는 과거 콘크리트 공장을 재생한 곳이다. 코펜하겐 시 외곽의 작은 마을에서 지역적 가치를 높이는 동시에 지역 성인 교육의 수준을 높이기 위해 2019년 세운 실험적인 평생 교육 기관이다. 학생들이 지역 사회에 적극적으로 참여할 수 있도록 페스티벌 교육 과정을 4~10개월 동안 지속한다. 학생과 교사가 학교에서 함께 생활하며 온전히 몰입하는 기숙형 학교다. 음악, 미디어, 리더십, 정치, 예술, 건축 및 디자인 과정이 있는데 매년 6월 중 8일 동안 개최되는 지역 축제를 준비하는 지역 연계형 교육 프로그램이 중심을 이룬다.

학교는 교육동(본관), 기숙사 2동, 학교 직원 거주동이 있는데, 매년 입학생 수가 일정치 않기 때문에 추가 학생들을 수용하기 위해 화물 컨테이너로 만든 기숙사를 포함한다. 부지 내에는 이곳이 콘크리트 공장이었던 점을 떠올리게 하는 암석 박물관도 있다. 로스킬트 학교는 '즐거운 시간 보내기'와 '비공식적 방식을 통한 혁신'을 결합시킨 디자인으로 특별한 느낌을 준다. 학교 본관은 과거 콘크리트 공장의 원래 구조인 기둥과 지붕을 재사용한다. 벽체와 내부는 완전히 다른 느낌으로 바뀌었다. 학교는 납작한 피자 박스 같은 커다란 콘크리트 창고 건물 내부에 주로 목재와 철재로 만든 다채로운 사각형의 학습 공간 블럭을 넣어서 실내의 느낌을 완전히 다르게 바꾸었다. 학습 공간 블럭은 건물의 중심 동선축 양쪽으로 배열됐다.

이 창고 건물에는 150명을 수용할 수 있는 강당, 음악 스튜디오, 워크숍 공간, 무용, 미술 및 건축 교실 등 다양한 수업과 활동을 지원하는 공간 블럭들이 있다. 본관은 크게 세 영역으로 나뉘는데, 글쓰기, 생각하기, 토론 및 리더십을 포함하는 첫 번째 구역, 춤과 음악 등 신체 활동에 초점을 맞춘 두 번째 구역, 시각 예술, 건축 및 디자인 등 손 작업에 초점을 맞춘 세 번째 구역이다.

폐공장과 대형마트를 학교로

브라질 상파울로의 비콘 국제 학교Beacon International School도 상자 속 상자 학교다. 이 학교는 2010년 개교했다. 2018년 상파울루 공단 지역의 산업 유산이 된 폐공장 창고를 재생한 후 학교를 이전했다. 공장을 재생하면서 공장 외부의 콘크리트와 강철 빔, 철판은 가능한 남겼다. 내부는 공장 창고처럼 보이는 외부와 명확하게 반대되는 느낌으로 목재, 유리 등 경량 자재로 조립해서 학습 공간을 구성했다. 공장처럼 보이는 비콘 국제 학교의 외관은 반투명 폴리카보네이트 패널로 덮여 있고, 천창과 고측창이 있어 채광이 좋고 환기가 잘된다. 브라질의 더운 날씨에도 내부는 그늘 때문에 시원하다.

유치원에서 초등학교, 중학교, 고등학교까지 약 1천여 명의 학생들이 다니고 있지만 워낙 큰 공장이었던 곳을 재생했기 때문에 공간은 넉넉하다. 학습 공간들은 각 연령대에 맞게 구성되어 있고, 창조, 연구, 탐험과 모임을 촉진하도록 디자인되었다. 이 학교는 다양한 형태와 재료를 사용하는 제작 실습과 건축 프로젝트를 강조하고 있고, 학생들이 참여해서 학교 내 자신들의 공간을 끊임없이 꾸미고 있다. 학교는 학생 개인이든 그룹이든 지속적으로 학교를 개선하고 건축할 수 있도록 장려한다.

교실은 야외와 내부를 향해 미닫이 유리문이나 통창, 접이식 유리문으로 연결되어 밝고 개방적이다. 보통 교실과 부속실이 딸린 교실,

소그룹실, 제작실과 특기실, 실험실, 자유롭게 열린 대형 학습 전경 공간이 복합되어 있다. 1층엔 유치원과 공용 공간이, 2층엔 다목적 공간과 공용 공간, 저학년 교실들을 배치하고 있다. 3층 이상엔 고학년 교실이 배치되어 있다. 제작실이나 특기실은 소음을 고려해서 옥상으로 바로 나갈 수 있는 4층에 주로 자리 잡고 있다. 제작실이나 특기실은 단일 공간이라기보다는 여러 개의 기능적 공간과 제작, 휴게를 유기적으로 조합한 공간이다.

전체적으로 각 학습 공간은 벽과 문으로 구분되어 있지만 종종 수납가구로 개방적으로 구분한다. 과거 화물이나 장비가 오갔을 넓은 복도에는 학생들의 옷걸이와 사물함이 배치되어 있다. 수직 이동을 위한 계단 외에도 경사형 통로와 가운데 중공을 두고 양쪽 2층 공간을 연결하는 통로가 마련되어 있어 장애를 가진 학생들도 이동에 불편이 없다. 통로들은 서로 다른 연령대의 학생들이 교류하고 서로 배려하도록 신경을 썼다.

다양한 연령대를 위한 넓은 체육관과 체육관으로도 사용 가능한 대형 강당, 멀티미디어 도서관, 매점, 식당이 1층에 배치되어 있다. 야외에도 두 곳의 구기장과 놀이터, 카페 같은 휴식 공간이 있다. 건물과 건물 사이의 안뜰도 휴식과 사교를 위한 야외 카페테리아처럼 이용되고 있다. 연령에 따라 자주 찾는 장소들이 자연스럽게 구분되고 있다. 건물 내에는 층고가 높고 폭이 넓은 통로가 있어 다양한 활동을 위해 사용할 수 있다. 비가 오거나 너무 더운 계절엔 이곳에서 다양한 활동과 놀이를 할 수 있다. 이외 양호실, 화장실, 행정실, 설비실 등을 포함하고 있다.

미국의 도시들이 경제적 난관에 직면하고, 온라인 쇼핑몰의 영향으로 전성기를 누리던 대형 마트들이 속속 문을 닫기 시작했다. 미국 시카고 일리노이의 K마트도 이중 한 곳이다. 예산이 부족했던 지자체의 학교 건축 담당자들은 2018년 텅 빈 K마트를 크리스토 레이 세인트 마틴 칼리지Cristo Rey St. Martin College로 개조했다. 대부분 소수 민족인 400여 명의 저소득층 고등학생들과 200여 명의 초등학생들이 다니는 학교다. 크리스토 레이 네트워크 소속 고등학교들은 매주 하루 기업에 가서 일하는 직업 체험 학습 프로그램을 운영하고 있는데, 기업은 급여 대신 학비를 학교에 지불한다. 학생들은 저렴한 비용으로 학교에 다닐 수 있고, 대학 진학률은 90퍼센트 정도다.

건축가의 눈에 대형 쇼핑몰은 커다란 상자였고, 마치 화가에게 주어진 빈 캔버스처럼 개조하기 쉽고 경제적이었다. 건축가들은 K마트의 절반을 일반 고등학교가 아니라 기업과 대학 캠퍼스 중간 개념의 학교로 개조했다. 건축가들은 과거 어두웠던 마트 내부를 통창과 채광창, 유리 커튼 월을 이용해서 자연의 빛이 들어오는 밝은 공간으로 탈바꿈시켰다. 건물 외부는 도색과 창만 새로 했다. 내부 공간은 경량재로 비내력벽을 세우고 창과 문을 달았다. 복도는 행사를 열어도 될 정도로 넓고 넉넉하게 만들었고, 교실의 큰 접이식 문을 복도를 향해 개방해서 더 큰 학습 공간으로도 사용한다. 카페테리아, 미술 센터,

종교 공간, 체육관, 도서관이 들어섰고, 주차장도 모듈식 교실로 바꾸었다. 교실은 유리벽으로 되어 있어 내부를 볼 수 있다. 마트였던 공간의 반을 고등학교가 나머지 반을 초등학교가 사용한다.

리버풀 모델

영국 리버풀은 프리미어리그의 리버풀 FC와 비틀즈로 우리에게 잘 알려진 도시다. 영국의 대표적 공업 도시이자 항구 도시로 영국에서 다섯 번째로 큰 도시다. 산업 혁명의 발상지인 맨체스터에 근접한 항구 도시로 19세기 세계 물동량의 절반이 리버풀 항구를 거쳤다고 할 정도로 부유했다. 당시 리버풀은 런던보다 부유한 도시여서 "대영제국은 리버풀 덕에 가능했다."는 말까지 돌았을 정도다.

제2차 세계대전 당시 독일의 폭격으로 리버풀의 산업 시설이 대거 파괴되고 복구는 늦어졌다. 리버풀 항의 주요 선적물이던 석탄이 사양 산업이 되고, 석유가 주요 에너지가 되면서 리버풀은 20세기 중반부터 급속히 쇠락했다. 1931년 84만 명이던 인구도 2007년 44만 명까지 떨어졌다. 게다가 맨체스터가 직접 바다로 연결한 운하는 리버풀에 치명타였다. 이후로 리버풀의 항만 운송량은 급격히 줄었다. 주요 산업이 쇠락하면서 리버풀은 20세기 후반 잉글랜드에서 가장 가난한 도시 중 한 곳이 되었다. 리버풀을 이러한 상황으로 몰아넣은 정부의 총리는 대처였다. 리버풀 사람들은 대처를 극도로 싫어한다. 시의회가 대부분 노동당 의원으로 구성되어 있다. 영국에서 맨체스터, 셰필드 등과 함께 손꼽히는 전통 사회주의 좌파 성향이 강한 도시가 된 것도 놀랍지 않다.

21세기 들어서면서 리버풀은 도시 재생 사업을 대대적으로 진행하면서 문화 도시로 탈바꿈하기 시작했다. 시 경제는 50퍼센트 이상 다시 성장했지만 여전히 과거의 영광을 완전하게 되찾지는 못했다. 리버풀 시는 여전히 긴축 재정을 이어갔다. 어려운 경제적 상황 속에서 리버풀 의회는 학교를 신축할 때 언제든지 필요에 따라 교실을 늘리거나 줄일 수 있고, 교육 과정의 변화에 맞춰 쉽게 변경할 수도 있고, 학생 수가 줄어들거나 통폐합이 일어날 경우 내부 공간을 철거하고 학교가 아닌 다른 용도로도 사용할 수 있는 유연한 학교를 경제적으로 짓고자 했다.

리버풀의 긴축 재정 상황에서 도입된 일명 리버풀 모델 학교는 경제적으로 신속하게 지을 수 있는 독특한 학교 건축 유형이다. 거대한 둥근 트러스 지붕과 층고 높은 건물은 마치 대형 경기장이나 컨벤션 센터 같다. 이 안에 교실과 공간들은 마치 박람회장에 임시로 만든 전시 부스나 가설 공간처럼 느껴진다. 거대한 외피 건물과 내부의 교실, 각종 공간은 서로 독립적으로 구성된다.

리버풀 에버튼Everton의 노터데임 가톨릭 칼리지Notre Dame Catholic College는 980명의 학생들이 다니는 학교로 리버풀 시 의회가 자체 예산을 투자해서 2012년 8월 건축을 시작하고, 2013년 9월 완공했다. 재정 상황이 여의치 않았던 리버풀 의회의 요청에 따라 다른 학교 프로젝트에서도 활용할 수 있는 확장 가능한 디자인 아이디어를 개발했다. 일명 리버풀 모델이다. 리버풀 의회는 맞춤형 교육에 적합한 공간 배치와 경제적 비용으로 건축 가능한 적응성 높은 단순한 대형 쉘 구조를 요구했다. 건물 내부는 건물 외부와 독립적으로 디자인해서 학교마다 개별적 요구나 상황에 따라 유연하게 재구성할 수 있도록 요청했다. 그동안 지원받아온 영국의 미래 학교 사업인 BSF 프로그램 Buliding School for Future의 권장 사항은 지나치게 많은 비용이 들었기 때문에 리버풀의 재정 상황에서는 그대로 적용할 수 없었다.

이 학교의 건축을 담당한 쉐퍼드 롭슨Sheppard Robson 사는 학교를 마을 느낌을 가진 크게 열린 대형 공간으로 구성했다. 중심에는 미사실이 있고 가설 부스 같은 학습 공간과 공연 공간으로 활용하는 거리가 있다. 내부적으로 건물은 학생과 교직원 사이의 물리적 장벽을 줄이는 개방적이고 편안한 디자인이 특징이다. 이러한 디자인은 사회적 관계와 공동체 의식의 형성을 돕는 동시에 학습 공간의 필요와 균형을 맞춘다. 중앙 광장 구역이 개방적이고 활기찬 느낌이라면 교실은 집중 학습을 위해 환기와 자연 채광을 신중하게 고려한 평화로운 공간이다.

노터데임 가톨릭 칼리지는 RICS North West상 최종 후보에 올랐고 Education Estates Awards를 수상했다. 새로운 학교에서 학생들의 무단 결석이 크게 줄었고, 도시에서 가장 인기 있는 학교가 되었다.

리버풀 모델을 적용한 두 번째, 세 번째 학교 아치비숍 벡 가톨릭 칼

리지Archbishop Beck Catholic College, 웨이버트리Wavertree의 아치비숍 블랜

치 학교Archbishop Blanch School는 이 학교 모델을 프로토 타입으로 활용

했기 때문에 훨씬 더 효율적으로 빠르게 건축할 수 있었다. 단 50일

만에 완공했다.

30장

학습 거리형 학교

복도를 활성화하기 위해 폭을 넓힌 확장 복도는 홀웨이Hallway를 거쳐 학습 거리로 발전해왔다. 전통 학교 복도가 3미터 내외인데 확장 복도는 폭이 5미터 이상이다. 이렇게 넓은 복도를 놀이, 학습, 작업, 휴식 등 다목적 2차 학습 공간으로 활용한다. "단순 통행만을 위한 복도는 없다."는 21세기 학교의 주요한 특징을 적극적으로 반영한 학교 공간 조성 모델이라 할 수 있다.

학생들을 만나게 한다

네덜란드 도르드레흐트Dordrecht의 예비 직업 중학교인 달튼 스쿨 Dalton School은 중앙 홀웨이에 광장을 조합한 사례다. 이 학교는 다양한 학교들과 교육 기관들을 모아놓은 학습 공원Leerpark이라는 교육 지구에 자리 잡고 있다. 이론 수업 건물과 직업 실습장 건물이 분리되어 있는데, 중앙 홀웨이를 중심으로 공간을 배치한 건물은 주 학습동이다. 3층 건물로 중공이 곳곳에 뚫린 중앙 홀 양쪽으로 복도와 교실, 정숙 공간, 특별 과목실들을 배열했고 3층까지 높고 크게 열린 광장을 한쪽에 끼워 넣어 공간의 역동성과 입체성을 부여한다. 현관 로비를 겸하는 이 광장은 계단실, 강당 등 주요 공간들이 둘러싸 도시의 광장처럼 학생들이 만나고 교차하며 학교라는 더 큰 공동체를 체감하게 하는 장소다.

학습 거리형 학교는 중심축을 이루는 넓은 통로를 따라 학교의 주요 공간들을 배치한 형태다. 홀웨이 방식과 유사하지만 중앙 통로의 규모가 더 크고 다른 복도나 공간으로 갈라진다는 점에서 다르다. 이러한 학교 유형은 내부 통행과 위치 파악이 단순하다. 중심축을 이루는 학습 거리는 통행도 통행이지만 학생과 교사들이 다양하게 활동할 수 있는 생활공간이자 학습 공간이다. 보통 한쪽 끝에 현관과 함께 광장을 배치한다. 학습 거리와 광장은 채광과 환기를 위해 층고를 높게 조성한다. 학습 거리형 학교를 디자인할 때 쉬는 시간이나 점심시간, 등하교 시간에 학생 이동이 몰리면서 병목 현상이 일어나지 않게 주의해야 한다. 교실과 주요 목적지인 식당이나 체육관까지의 연결과 이동을 면밀히 검토해 디자인해야 한다.

학생들의 공동체 의식을 조성하는 구조

미국 콜로라도 덴버에 있는 DSST[Denver School of Science & Technology] 몬트뷰[Montview] 중고등학교는 공립학교다. 학교의 본래 이름은 스탭레톤[Stapleton]이었다. KKK단 회원이었던 교장의 이름을 따른 것인데 이에 대한 지적이 많아 학교 이름을 최근에 바꾸었다. 이 학교는 미국 최초로 공개 등록된 STEM(과학, 기술, 공학 및 수학 융합 교육) 학교 중 한 곳으로 알려져 있다. 학생 규모는 400명 정도고, 유색인종과 스페인계 학생들의 비중이 높지만 덴버의 공립학교 가운데 학업 성취도가 매우 높아 졸업생의 100퍼센트가 대학에 진학하고 있다. 학교의 사명은 "교육 불평등을 제거하고 모든 학생들이 대학과 21세기 사회에서 성공할 수 있도록 준비하는 학교"이다.

학교는 2007년 철골 프레임 구조의 2층 건물로 지어졌다. 시공은 클리프 건축[Klipp Architecture]이 담당했고, 미국 건축 협회의 덴버 비평상[AIA Denver Chapter, Citation Award]과 CEFPI 학습 디자인 콘셉트상[Learning Design Concept Award]을 받았다. 디자인의 특징은 갤러리아라는 길고 넓은 학습 거리이다. 갤러리아[galleria]는 보통 유리 지붕으로 된 넓은 통로나 안뜰 또는 상점가를 일컫는다. 갤러리아는 이곳과 살짝 비켜선 듯 연결된 스튜디오와 교실들이 모여 있는 포드[pods]의 넓거나 좁은 입구 때문에 시각적으로 가벼운 단절과 확장을 느낄 수 있다. 바닥엔 카펫이 깔려 있고, 중간 중간 좌석과 테이블, 복사기, 보관함

과학실　　　　가사실

안뜰

갤러리아(다목적 중앙 홀웨이)

확장
교실

안뜰　　　　　　　　　　안뜰

과학실	교실	카페테리아
유연한 공용 학습공간	스튜디오	체육관
교사실	행정관리 지원	

이 설치되어 있다. 주 통행로이지만 놀이나 친교, 댄스, 가벼운 제작
공간으로도 이용한다. 높은 층고에 고측창이 있어 채광이 좋고 개방
감이 느껴지며 쾌적하다. 지붕은 철제 트러스와 직경이 큰 원형 덕트
가 노출되어 있다. 초입 부분에 2층으로 올라가는 철제 계단이 있는

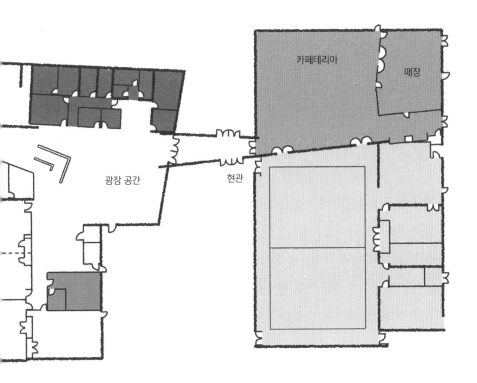

카페테리아

매장

광장 공간

현관

학습 거리(중앙 홀웨이)를 따라 학습 클러스터를 배치한 몬트뷰 공립 중고등학교의
공간 배치 ⓒDSST Foundations

데 2층에서 내려다볼 수 있다. 갤러리아를 따라가다 보면 선명한 색
상으로 구분되는 창고, 화장실, 다목적 스튜디오실의 투명창, 교실들
이 배치된 포드 입구, 과학실이나 가사실의 문들을 만난다.

학교는 다양한 인종의 학교 구성원들이 공동체성과 시민 의식을 형성하도록 큰 커뮤니티 공간들을 의도적으로 조성했다. 우선 가장 큰 공간은 체육관인데 노출 콘크리트 벽면과 단단한 나무 마룻바닥 때문에 거칠고 견고해 보이지만 체육 활동 외에 졸업식 등 대규모 행사를 위해 사용한다. 체육관과 바로 연결된 카페테리아 겸 식당 역시 종종 행사와 휴식을 위해 사용하는 공간이다. 현관에서 바로 접근할 수 있고, 두 면의 넓고 충분한 창들 때문에 밝고 개방적이다. 한쪽에 개인 용품 보관함과 매장이 있다. 바닥은 오염물을 쉽게 청소할 수 있도록 단단한 콘크리트 코팅 바닥으로 되어 있다. 최근엔 학생 수의 증가로 카페테리아와 체육관을 중심으로 기존 건물과 반대쪽으로 동일한 구조의 건물을 증축했다. 학교에서 가장 자주 사용하는 공간은 현관과 갤러리아 사이 로비 같은 광장이다. 여기서 수업이나 활동, 아침 조회를 한다. 바닥이 카펫으로 되어 있어 눕거나 앉을 수 있다. 방문객을 위한 안내 프런트가 있고, 그 뒤로 행정실과 지원실이 있다.

교실들은 세 개의 포드에 클러스터로 묶여 있다. 포드에는 일반 교실 둘, 교실 두 개 규모로 중간에 접이식 가벽이 있어 분리하거나 확장할 수 있는 교실 하나, 여러 교실 학생들이 사용할 수 있는 공용 학습 공간과 교사 협력실, 포드 입구 초입의 다용도 스튜디오를 한 클러스터로 조합하고 있다. 공용 학습 공간은 이동형 테이블이나 의자를 배치해 학생들이 쉬거나 친교를 나누거나 독서를 하는 공간이다. 한쪽 벽에 책이나 전시물을 비치하고 있다. 필요할 때 이동식 화이트보드를 배치해서 수업을 하기도 한다. 창에 롤 스크린이 있고, 천장의

        4부 학교 건축 유형

원형 레일을 따라 암막 커튼이 있어 시청각실로도 사용 가능하다.

스튜디오는 각각 크기나 형태가 조금씩 다른데 일종의 다목적실이다. 필요에 따라 전문적인 활동이나 수업을 위해 배정한다. 갤러리아 쪽에서 안을 훤하게 들여다볼 수 있어 수업에 참가하지 않는 학생들의 호기심을 자극한다. 이러한 시각적 투명성은 다소 수업을 산만하게도 하지만 한편으로 단조롭지 않은 분위기를 만들어낸다. 교실 곳곳에 화이트보드가 있어 토론과 발표를 북돋고, 넓은 창들이 있어 채광이 좋다. 교실마다 바로 야외 안뜰로 나갈 수 있는 철제문들이 있어 교실에서 수업과 활동을 확장하고 아이들의 신체 활동을 촉진한다. 포드 입구 주변에는 화장실이나 창고가 자리 잡고 있다. 포드의 이러한 구성은 학생들의 일상적인 소통과 친교를 촉진하고 공동체 의식을 갖게 한다.

학교 구성원이 건축 기획에 참여하다

브리스톨 메트로폴리탄 칼리지Bristol Metropolitan College는 2009년 영국 총리상인 '더 나은 공공 건물상 최종 후보'에 이름을 올린 학교다. 11~16세가 다니는 재학생 약 1천 명 정도의 제법 규모가 큰 중고등공립학교다. 기존 학교 건물은 건축가 찰스 다이어Charles Dyer가 1836년 지었지만 제2차 세계대전 중 파괴된 후 재건했다. 재건된 학교조차 세

월이 지나 낡으면서 철거하고 2006년 개축을 시작해서 2008년 완공했다. 말도 많고 성과도 많았지만 장기간에 걸쳐 야심차게 진행되었던 영국의 미래 학교 건축 프로그램Building Schools of Futures의 지원을 받았다. 미래 학교 건축 프로그램BSF은 2000년대 초반 시작해서 2020년까지 20년 동안 영국의 3,500개 중고등학교를 정보 통신 기술을 접목한 미래 학습을 지원할 수 있는 학습 공간으로 혁신하는 것을 목표로 삼았다. 사업 초기 물량 중심으로 추진했지만 계획대로 진행하지 못하면서 적지 않은 문제를 일으켰다. 가장 큰 문제는 민간 투자 방식 BTL으로 학교 건축을 추진한 점이다. 각계에서 교육 공간의 통제권을 자본에 넘겼다는 비판을 받았다.

브리스톨 칼리지는 2006년 개축을 시작하기 전 건축가와 교사를 비롯한 학교 구성원들이 함께 건축 기획에 참여했다. 그 결과 학생과 교직원 모두에게 높은 평가를 받았고, 영국에서 주요한 모범 사례로 꼽히고 있다. 학교의 중심을 학습 거리로 만들어 학교의 정체성과 역동성을 표현했다. 학습 거리에 식당을 두었고 점심시간 외에는 자유로운 휴식 장소로 활용한다. 지붕은 강철 구조로 학습 거리를 따라 곡선을 이룬다. 위에서 보면 물결 모양이다. 전체적으로 이 학교는 엔지니어링 벽돌과 금속을 주재료로 사용했다.

교실들을 학습 거리를 따라 딸기 형태로 매달린 세 개의 '학습 클러스터'에 배치하고 있다. 이곳이 주 학습 영역이다. 학습 클러스터는 2층 건물로 최대 300명의 학생을 수용할 수 있다. 학습 클러스터의

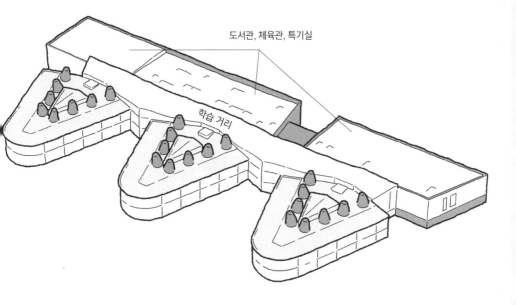

중앙 아트리움형 학습 거리를 따라 딸기 모양의 학습 클러스터를 연결한
브리스톨 메트로폴리탄 칼리지 ©Wilkinson Eyre Architects

각층은 다섯 개의 교실과 공용 프로젝트실, 두 개의 소그룹실, 두 개
의 계단실과 삼각형 모양의 중앙 아고라, 즉 공용 공간(학습 거실)을
포함하고 있다. 이중 두 개의 교실은 소그룹실을 사이에 두고 있다. 이
러한 구성은 개별 맞춤 교육, 그룹 작업, 협력 수업, 융합 수업 등 보다
다양한 미래 학습과 교사들의 협력을 지원하기 위해서다.

학습 클러스터 지붕의 원뿔형 돌기 같은 채광부를 통해 들어온 일
광이 교실까지 광섬유로 전달되기 때문에 역시 밝고 쾌적한 느낌이다.

학교는 자연 환기를 고려하고, 화장실에 빗물을 재활용하도록 했다. 목재 폐기물을 연료로 사용해서 열과 전력을 생산할 수 있는 바이오 매스 열병합 발전도 도입했다. 중앙의 학습 거리를 중심으로 학습 클러스터 반대편에는 학교의 공통 시설인 도서관, 체육관, 특기실들이 배치되어 명확하게 구역을 나누고 있다.

영국 버크셔 주 레딩에 있는 존 마데스키 아카데미John Madejski Academy 역시 브리스톨 메트로폴리탄 칼리지를 설계한 윌킨슨에어 WilkinsonEyre가 참여한 쌍둥이 학교다. 이 학교 역시 학습 거리와 학습 클러스터 조합인데다 딸기 형상의 클러스터인 점이 똑같다. 다만 중앙 학습 거리는 채광이 좋은 투명 지붕으로 바꾸어 실내 느낌보다는 건물과 건물 사이의 야외 거리를 천창으로 덮은 아틀리에 느낌이 강하다. 존 마데스키 아카데미의 건축 과정에서 주목할 것은 사전 기획을 통한 획기적 공기 단축이다. 이미 브리스톨 아카데미에 적용했던 모범 사례도 있었고, 예비 프로토 타입을 활용할 수 있었기 때문이다. 이 학교는 2007년 12월 토니 블레어 전 총리가 공식적으로 개교를 알릴 정도로 주목받는 프로젝트였고, 브리스톨 아카데미와 함께 이후 영국에서 주요한 모델 사례로 알려졌다.

31장

수직 빌딩형 학교

급격한 도시화와 인구 밀집으로 지가가 상승하면서 주요 도시에서 학교 부지를 확보하기가 점점 어려워지고 있다. 부지 구입비를 별도로 책정하던 과거와 달리 교육부가 학교 조성비에 부지 구입비를 포함시키면서 더욱더 도심이나 신규 주택 단지 내에 충분한 학교 부지 확보가 쉽지 않다. 이제 도심에서는 넓은 부지에 충분한 야외 공간과 여유로운 건물 배치는 상상도 못한다. 이런 상황에서 지가가 높은 고밀도 도시의 협소 부지에 수직 빌딩형 학교가 대안으로 등장하고 있다.

지가 높은 고밀도 도시의 대안

수직 빌딩형 학교는 일반 사무 빌딩처럼 단순히 분리된 층을 쌓아 올리는 방식이 아니다. 가능한 층간 공간 분리를 지양하고, 환기, 채광,

층간 수직 이동과 순환을 원활하게 하는 고유한 특징을 갖는다. 가장 눈에 띄는 점은 학교 건물 중앙에 저층부터 고층까지 수직으로 둔 중공 아트리움이다. 아트리움은 무엇보다 수직 빌딩형 학교에서 환기와 채광을 위해 필요하다. 다수의 도심 수직 빌딩형 학교들은 도시와 자연스런 연결성을 강조하며 학교의 일부나 건물 하부 공간 또는 중심의 아트리움을 도심의 주요한 공공장소로 개방한다.

1991년 개교한 홍콩의 싱가포르 국제 학교HKSIS는 3층 건물 초등학교로 시작했다. 9년이 지난 후 기존 건물 위에 4층을 더 증축하면서 중등 과정을 포함시켰다. 2011년 다시 증축하면서 현재 14층의 수직 빌딩 학교가 되었다. 싱가포르 국제 학교가 점점 고층화하면서 채광, 음향, 환기, 시각적 프라이버시가 중요한 이슈로 등장했다. 좁고 높은 학교 내에서 많은 초중등 학생들이 막히거나 충돌 없이 이동하는 문제도 중요한 이슈였다. 고층에 교실이 있는 학생들은 지상의 운동장으로 내려와서 활동하기가 점점 어려워졌다. 고층 빌딩 내에서도 학생들의 다양한 신체 활동을 촉진하고 불편이 없도록 고려해야 했다. 학교는 증축하면서 이러한 문제를 해결해갔다.

건물의 특징을 살펴보자. 홍콩의 기후 특성상 환기가 중요하기 때문에 건물 중앙에 아트리움을 두어 자연스런 환기가 일어나게 했다. 고밀도 빌딩형 건물이지만 소통과 개방성을 중요시해 층층이 분리된 사무실 구조를 피했다. 공간과 공간의 상호 연결성과 개방성은 더하고, 학교 전체에서 발생하는 상황을 쉽게 파악할 수 있도록 시각적 투명성을 놓치지 않았다. 건물 중앙의 아트리움은 아래부터 위까지 소리와 시선, 빛과 공기가 흐르는 공간이다. 이 때문에 시각적으로 모든 층들이 연결되고 풍부한 공간감을 느낄 수 있다.

아동 청소년들은 발달기에 빈번하게 자연 환경과 접할 수 있어야 하지만 수직 빌딩 학교는 생태 공간이 아무래도 부족할 수밖에 없다. 이 때문에 수직 빌딩 학교는 건물 곳곳에 테라스와 정원 등 녹지 공간을 조성한다. 고층부에서 운동장으로 접근이 어려우므로 건물 내 다양한 개방 공간과 놀이 공간을 구성한다. 옥상 운동장을 만들거나 놀이 공간과 수영장 등 실내 체육 시설을 마련한다. 그럼에도 불구하고 빌딩형 학교에서 활동 공간은 부족할 수밖에 없기 때문에 복도를 넓게 만들고 이곳을 최대한 활용한다.

공간 사용 극대화를 위한 방법

싱가포르 국제 학교에서 가장 복잡한 공간은 건물 지층의 하부 광장이다. 이곳은 도서관과 식당이 인접해 있어 빈번하게 휴식과 놀이 활동이 벌어지는 공간이 된다. 아트리움과 더불어 건물 하부와 연결된 광장은 가장 큰 공간이다. 광장 중앙에는 사교를 위한 라운지를 설치했다. 중간층은 과학 실험실이나 음악실 같은 특수 교실을 배치했다. 강당은 회의, 세미나 및 공연을 위해 사용되는데 200석 규모 소강당들을 조립해 대강당으로 만들거나 분리할 수 있다. 이외에 또 다른 대형 공간은 건물 최상층의 체육관이다.

제한된 부지와 공간 때문에 수직 빌딩형 학교는 학교에 요구되는 필수 공간들을 효율적으로 배치해야 한다. 제한된 공간을 효율적으로 이용하기 위해서 다수의 공간을 다목적으로 이용한다. 작은 계단식 공간은 발표 공간이자 수업, 휴식 공간으로 활용한다. 공간 부족을 해결하기 위해 초중등 학생들이 몇몇 공간들을 공동으로 이용하는데 초, 중학교 교실들 사이에 교량을 설치해 쉽게 이동할 수 있도록 했다.

수직 빌딩형 학교가 직면한 가장 큰 문제는 휴식 시간 많은 학생들의 수직 이동과 통행이다. 학생 수가 많기 때문에 승강기나 계단은 점심시간이나 휴식 시간에 혼잡하다. 고층 건물 위아래를 이동해야 하는데 쉽게 정체될 수 있다. 특히 저학년 학생들이나 장애를 가진 학생들이 이동하기 어려울 수 있다. 장애 학생이나 어린 학생들을 위한 전용 승강기를 두어 이 문제를 어느 정도 해결할 수 있다. 병목 현상을 완화하기 위해 일반 빌딩보다 더 많은 승강기와 계단, 더 넓은 중앙 계단이 필요하다. 종종 곳곳의 넓은 광폭 계단은 만남의 장소나 행사 장소로 활용할 수 있다.

도심 빌딩 학교의 또 다른 문제는 부모들이 학생을 기다릴 적절한 주차 공간이나 부모들의 대기 공간과 대규모 모임 공간의 부족이다. 이러한 문제를 해결하기 위해 확장 복도를 만들어 사회적 상호 작용을 위한 공용 공간 겸 대기공간으로 사용할 수 있다.

도심을 닮은 몬테소리 칼리지

네덜란드 암스테르담의 중고등학교인 우스트 몬테소리 칼리지 Montessori College Oost는 2000년 지은 수직 빌딩형 학교다. 겉모습은 대도시의 일반 빌딩처럼 보인다. 도시 학교의 공간적 제약을 극복하기 위해 학교 건물은 상업 빌딩처럼 만들었지만 내부는 이색적이다. 층간 개방성을 위해 이 학교도 중앙 아트리움을 포함했다. 1층에 들어서면 마치 대도시 터미널이나 공항 플랫폼에 들어온 듯한 착각에 빠진다. 중앙 아트리움을 가로지르며 이리저리 나 있는 계단과 교량형 연결 통로, 층을 따라 안쪽으로 향한 넓은 복도들은 마치 아울렛처럼 느껴진다. 이러한 중앙 아트리움 내의 넓은 복도와 사방으로 연결된 교량, 투명한 엘리베이터는 교실을 이동하는 학생들의 움직임을 모두 볼 수 있게 만들어져 있다.

몬테소리 칼리지는 학교 내부를 거리에서 일어나는 자연스런 친교와 자율적인 사회적 배움의 장소로 만들고자 했다. 중학생 이상의 청소년들은 학교가 아니라 길거리에서 다른 청소년들을 만나 사귀고, 친구나 선배, 어른들로부터 배우고 새로운 도전을 한다. 이러한 비공식적인 사회적 교류와 학습이 학교 내에서도 일어나도록 학교의 중심 공간을 도시의 거리나 터미널 플랫폼처럼 만들었다. 1,200명이 넘는 학생들을 교실에만 가둬둘 수 없는 상황에서 현실적인 해결책이다. 물론 각층에는 보통 교실들과 다양한 크기의 학습, 활동 공간이 마련되어 있지만 내부 공간에 제약이 있기 때문에 의도적으로 교실 바깥 공간을 도시처럼 꾸미고, 이어서 더 넓은 학교 외부의 도시 공간과 연결하였다.

청소년들은 학교의 아트리움과 넓은 복도 곳곳에서 공연, 파티, 공예 활동, 발표를 할 수 있다. 수업에 참여하지 않을 경우도 다양한 경험과 활동, 자발적 학습이 일어나도록 곳곳에 테이블과 의자를 배치했다. 공용 공간 중 계단식 관람석 공간이 바닥 공간의 반을 차지한다. 자연스럽게 교실 밖에서도 가르치는 것이 가능하고, 교실 밖은 만남의 장소이자 활동의 장소로 활용한다.

32장

타운형 학교

타운형 학교는 마을 같은 학교다. 학교를 주변 마을과 어울리게 만들기도 하고 개별 교실이나 클러스터 단위의 학습 공간을 마을 주택들처럼 배치해 서로 연결한다. 가장 공적 공간인 '중심 공간' 주위를 학교의 가장 중요한 '건물'인 도서관이나 강당이 둘러싸고 있다. 중심부에서 통로나 외부 거리를 통해 이어진 건물들은 더 개별적인 학습 공간들로 연결된다. 학교 내 야외 동선은 골목과 거리처럼 구성되어 있어 학교 내 생활을 자연스럽고 역동적으로 만든다. 분리된 건물과 건물 사이 야외 동선을 통해 학생들이 이동해야 하기 때문에 비나 눈이 오는 날을 대비해서 차양 통로를 설치하는 경우가 적지 않다.

지역 소멸을 대비한 학교

아사지 소중학교朝地小学校·中学校는 오이타 현大分県 분고오노 시豊後大野
市 아사지에 있는 학교다. 인구 감소와 지역 소멸에 대비한 '마을 만들
기 사업'의 상징으로 만들어졌다. 이 학교는 콘크리트가 아닌 목재로
지어졌는데, 학교를 짓는 데 들어간 목재는 모두 지역산 백향목을 사
용했다. 지역의 목조 문화를 재인식하고 향토애를 느끼게 하기 위해
서다. 일본 학교 건축은 근대의 목조에서 산업화 시기를 지나며 콘크
리트 구조로 변화되었다. 그러다 다시 목재로 학교를 지을 수 있게 된
데는 목재 산업 육성을 통해 지역 경제를 발전시키려는 일본 정부의
적극적인 지원과 정책에 힘입은 바 크다.

일본은 2010년 '공공 건축물 등에서 목재의 이용 촉진에 관한 법
률'을 제정해서 지원하기 시작했다. 농림수산성도 '차세대 임업 기반
조성 교부금'으로 학교 건축에 목재 사용을 지원하고 있다. 내진성을
높인 현대적 목조 건축 기법의 발달과 목구조의 내화, 방화, 화재 확
산 차단 방법이 획기적으로 발전한 것도 크게 작용했다.

아사지 학교는 실내외를 연결해 학생들이 자연과 접촉을 많이 하
고, 역동적인 마을 같은 풍경을 만들고자 했다. 그 결과 학교는 운동
장이 있다는 점을 빼고는 전체적으로 목조 주택 타운하우스처럼 느
껴진다. 학교는 여러 채의 작은 건물과 보다 큰 특별 학습과 활동을
위한 학습 공간과 도서관, 강당, 체육관이 각각 별도로 분리되어 있

다. 각 건물이 분리되어 있기 때문에 지역 주민들에게 개방할 때도 불편함이나 안전에 대한 우려가 적다. 분리된 작은 건물들은 각각 세 개의 교실과 마루가 깔린 다목적 공간, 화장실, 사물 보관실, 교사실과 테라스를 포함한다. 이 건물들 사이로 주민들이 마을을 거닐듯이 지날 수 있고, 외부인의 출입 관리는 건물 단위로 이뤄진다. 학습 공간들을 나눈 또 다른 이유는 아무리 방염 기술이 발전했다 해도 나무로 지은 학교라 화재 확산을 지연하기 위해서다. 각 학습 공간의 내부 공간은 채광과 환기에 유리하도록 많은 창을 냈고, 내부도 일본식 집처럼 미닫이문을 적극 활용하고 있다.

지바 시千葉市 미하마 우타세 소학교美浜打瀬小学校는 도시로 열린 학교다. 학교는 격자형 건물 배치로 여러 골목 같은 통로를 품고 있다. 학교에 담이 없어 공원과 운동장이 경계 구분 없이 이어져 있다. 학교의 3면은 도로와 인접해 있다. 여느 학교와 달리 도로에서 골목 같은 통로를 따라 학교로 쉽게 들어갈 수 있다. 교문이 따로 없는 셈이다. 지역 주민들이 학교를 통과해서 건너편 도로나 교차로에 접한 광장 쪽으로 갈 수 있다. 보안에 취약할 수 있지만, 많은 주민들이 수시로 학교 내 골목길을 지나며 지켜보는 사람들이 늘어나기 때문에 더 안전해졌다고 한다.

자연의 아름다움을 학교 건축과 통합하다

2018년 미국 코네티컷 주 노스헤븐North Haven의 초지와 습지, 야생화 초원, 숲 등 식생이 풍부한 넓은 부지에 슬레이트Slate 초중등학교가 새로 지어졌다. 학생 수 95명 내외인 작은 사립학교인데 자연과 깊이 연결된 평생 학습자, 주변 세계에서 아름다움과 예술을 추구하며 경이로움, 호기심, 협력을 소중히 여기는 사람을 양성하는 것을 학교의 사명으로 삼고 있다. 가슴 설레는 아름다운 교육 비전이다. 슬레이트 학교의 설립자들은 교육 비전을 구현할 수 있도록 주변 자연의 아름다움과 풍요로움을 학교 건축과 통합하고자 했다. 풍경과 어울리는 학교 건물은 그 비전을 가시적으로 표현하고 있다. 야외와 실내, 놀이 공간과 교실, 자연 세계와 인간 세계가 경계 짓지 않고 연결되어 있다.

울창한 숲이 우거진 부지의 가장 안쪽 모퉁이에 작은 농가 주택과 같은 학교 건물들이 있기 때문에 진입로에서 한참 걸어 들어가야 한다. 나지막한 건물이고 주변의 울창한 삼나무 때문에 학교는 도로에서 거의 보이지 않는다. 넓은 잔디 마당으로 조성된 안뜰을 중심으로 교실들을 분리했다. 보통 안뜰은 영국식이나 예일식 학교의 전통 요소로 고딕풍 건물로 둘러싸여 매우 폐쇄적이고 단절되어 있는데, 슬레이트 학교는 주변 자연과 끊이지 않은 열린 안뜰을 조성했다. 이 안뜰에서 습지와 숲이 우거진 학교 밖 경관을 엿볼 수 있고 주변의 생태계와 서식지로 바로 나아갈 수 있다. 이 학교 설계자들은 학교를 지으

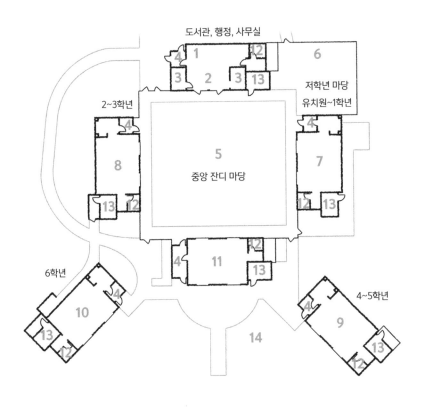

도서관, 행정, 사무실

4 1
3 2 3 13
12
6
저학년 마당
유치원~1학년

2~3학년
4
8
5
중앙 잔디 마당
4
7

13 12
12 13

6학년
4
10
11
12
13
4~5학년
4
9
13

13
12
14

13
12

1 리셉션, 행정실   6 놀이터   11 다목적 교실
2 도서관   7 유치원, 1학년 교실   12 휴식 공간
3 사무실   8 2~3학년 교실   13 설비실
4 큰 현관   9 4~5학년 교실   14 정원
5 중앙 잔디 마당   10 6학년 교실

열린 중정을 중심으로 농가 주택 같은 건물들을 배치한 슬레이트 학교
©Patriquin Architects

면서 가능하면 자연에 대한 영향을 줄이고, 생태적 경관을 보존하고
자 했다. 의도적으로 학교 건축물을 최소로 줄이고, 대신 야외를 학
습 환경의 연장이자 중요한 부분으로 삼았다.

이 학교에는 독립된 여섯 채의 건물이 학교의 중앙 안뜰 주위로 분
산되어 있다. 도서관과 행정실, 사무실이 한 건물에 있고, 다목적 교
실이 별도 건물에 배치되어 있다. 네 채의 교사를 각각 두 학년이 사
용한다. 교사는 일종의 학습 클러스터인데 내부에 큰 교실, 작은 공
간, 설비실, 현관, 휴식 공간이 있다. 건물마다 대형 창문과 문이 있어
각 교실을 중앙의 잔디 마당, 정원, 놀이터 및 기타 공간으로 직접 연
결한다.

학교를 건축하면서 설계자들은 곳곳에 아이들이 호기심과 아름다
움을 느낄 만한 요소들을 배치했다. 박공지붕, 우수관을 대신하는 구
리빛 빗물 사슬, 일주기 조명, 노출 골조와 기계적 요소들은 아이들
의 호기심을 자극한다. 박공지붕은 나비의 날개처럼 펼쳐져 있고, 빗
물 사슬을 통해 모인 빗물을 돌 정원의 폭포수로 활용하고 지하 집수
정으로 모아서 재사용한다. 일주기 조명은 자연 채광처럼 실내조명이
시간대에 따라 자연의 빛과 같은 톤과 색상으로 변한다. 건축 골조와
기계적 요소가 노출되어 있어 학생들의 궁금증을 유발한다. 학교 건
물은 그 자체가 교재가 된다.

건물 내부에 복도가 없다는 점도 이 학교의 특징이다. 잔디 마당
을 향해 이어진 파고라가 복도를 대신한다. 실내 공간과 잔디 마당을

연결하는 중간 공간으로 다양한 학습과 활동, 놀이를 위해 사용한다. 안뜰을 감싸면서 차양이 있는 통로 역할을 하는 파고라는 그늘을 제공하고 비를 피할 수 있는 공간이기도 하다. 학교의 야외 공간은 단순히 운동장이 아니라 어디나 호기심과 활동, 학습을 자극한다. 텃밭, 흙 놀이를 위한 진흙 주방, 삼나무 놀이터, 아이들이 두드릴 수 있는 단풍나무, 따고 먹을 수 있는 사과나무, 새들과 작은 포유동물과 베리 관목이 아이들을 유혹한다. 이러한 야외 공간 요소들은 모두 교육적으로 의도한 것이다.

33장

정원 학교

1992년 유엔은 브라질에서 환경과 관련한 국제회의 후 리우데자네이루 선언을 발표했다. 이 선언은 21세기 지속 가능한 개발 계획과 교육에 특별한 관심을 표명하고 있다. 리우데자네이루 선언 후 많은 국가에서 지속 가능성을 교육 주제에 포함시켰다. 기후 위기와 환경 파괴는 이제 가장 중요한 위협이 되고 있기 때문이다. 한국도 교육 과정에 생태 전환 교육을 포함시켰다.

지속 가능성을 위한 교육

지속 가능한 그린 학교를 지향하는 학교 중에는 운동장을 풍부한 식생을 포함한 학습 정원으로 만드는 곳들이 있다. 구기장, 체육 활동 공간 외에 비구조적 자연주의 놀이터, 잔디 마당, 야외 학습장, 텃밭 정원, 나비 정원 등 보다 다양한 구역들을 포함한다. 축구장과 육상 트랙 중심이었던 운동장은 아이들이 자연 세계에 대해 이해하고 배울 수 있는 공간으로 바뀐다. 학습 정원과 학교 숲 개념을 도입한 학교들은 담장 주변 식재를 바꾸어 조경 요소가 운동장 중앙으로 들어오게 하고 다른 공간들과 어울리게 해서 그늘과 자연이 풍부한 공간으로 바꾸고 있다. 다양한 바닥재와 재료를 사용해 야외 시설들을 구성하고 풍부한 인지와 관찰 환경을 제공한다.

현대 도시 아동들은 접촉하고 접근할 수 있는 물리적 경계가 축소되었다. 안전에 대한 우려, 관리 강화, 고도로 구조화된 생활, 도시 자연의 축소, 자유롭게 놀 수 있는 시간 단축, 디지털 오락 의존 때문에 일상에서 어린이가 자연과 접촉하고 야외에서 활동할 기회가 줄었다. 도시 아이들이 자연과 다시 연결될 수 있는 안전한 공간은 학교다. 그렇기에 운동장 이상의 풍부한 학습 환경과 실내에서 배운 내용을 야외에서 확장하고 심화할 수 있는 공간을 조성한다. 야외에서 아이들의 호기심을 불러일으키고, 상상력을 자극하고, 탐험을 유도하고, 발달할 수 있는 기회를 제공한다. 성장기 아이들은 도구를 가지고 제작 활동이 가능한 열린 공간, 야외 환경과 상호 작용할 기회가 필요하다.

학교 운동장을 격한 신체 활동과 획일적인 놀이 장비와 축구장 일변도로 구성하는 것은 다양한 경험을 제한하는 것이다. 이러한 문제의식 속에 학습 정원의 가치에 주목하는 이들이 늘어나고 있다. 학습 정원은 배우고 활동하는 데 더 건강한 조건을 만들고, 학교를 보다 친

환경적인 공간으로 만든다. 그뿐 아니라 교사와 어린이가 모두 학교에 대해 더 큰 애착심을 갖게 한다. 학습 정원은 학생들이 친구들과 함께 활동적으로 자연에 접촉할 수 있는 기회를 제공한다.

학교의 야외 공간은 아이들에게 더 많은 자기 주도성과 주체성을 확인하고 키울 수 있는 기회와 시간을 갖게 한다. 교사의 지도하에 적절한 수준의 신체적 모험을 안전하게 경험할 수도 있다. 야외 활동은 무엇보다 아이들이 자연과 일상적으로 접촉하며 자라도록 한다. 나무, 식물 및 기타 천연 재료와 접촉함으로써 아이들은 자연과 그 계절적 변화와 성장 과정을 발견할 수 있다. 정원으로 꾸민 학교의 야외 공간은 풍부한 학습 환경을 제공하며 실내에서 배울 수 있는 내용을 확장하고 심화할 수 있다.

운동장을 정원으로

미국 오클랜드 통합 학군은 정원 교육OUSD Garden Education을 강조한다. 오클랜드는 도시 어린이들이 자연을 접촉할 권리를 충족시키고, 학생들이 환경에 대한 책임 의식과 지역 사회와 세계에 대한 이해를 갖도록 학습 정원의 필요성을 강조한다. 오클랜드는 교육구 내 다섯 학교를 시범학교로 지정해 아스팔트로 덮여 있던 운동장을 학습 정원으로 바꾸었다. 최근 코로나 바이러스의 영향으로 실내보다 환기가 잘되는 야외에서 수업과 활동이 늘어났다. 아직 학습 정원으로 바꾸지 못한 곳에서도 간이 야외 천막 교실이나 활동 공간을 조성하도록 권장하고 있다.

시범학교 중 한 곳인 캘리포니아의 멜로즈 리더십 아카데미Melrose Leadership Academy도 학교 운동장을 생태 학습 정원으로 바꾸고 있다. 변화의 목표는 학교를 보다 친환경적으로 만들고 아이들이 야외에서 배울 수 있도록 하는 것이다. 이 작업을 위해 오클랜드 학군의 교육감은 "The Trust for Public Land, Green Schoolyards America"라는 단체, 지역 사회와 협력하고 있다. 멜로즈 리더십 아카데미의 학습 정원은 관찰 정원과 다양한 놀이 요소, 운동장 차양과 좌석, 식물 터널, 데크 야외 교실, 구기장, 잔디 마당을 포함하고 있다.

덴마크 슬랑게홉Slangerup의 킹게 학교Kingoskolen는 2001년에 완공된 덴마크의 대표적인 연못 정원 학교다. 300명 정도의 학생들이 다닌다. 교직원, 지방 자치 단체, 건축가들의 긴밀한 협력의 결과로 덴마크의 대표적인 연못 정원 학교가 되었다. 학교 디자인의 주요 개념은 명확한 영역 구분과 지속 가능성, 풍부한 자연환경이다. 학교 건물은 인공 연못 주변에 배치되어 있다. 이 연못에는 지붕의 빗물이 모인다. 연못은 건물 어디서든 복도를 통해 접근할 수 있고, 멋진 전망을 볼 수 있다. 연못 주변에는 풍부한 식생으로 둘러싸인 정원과 테라스가 있다. 날씨가 좋을 때는 학생과 교직원들이 정원 주변에 앉아 점심을 먹는다. 연못 주변에 자연 과학 센터와 체험장, 예술과 창작 활동을 위한 워크숍 하우스, 도서 미디어 센터, 행정 관리 홀이 배치되어 있다.

자연 과학 센터와 체험장에서는 실험과 실습, 체험 활동을 하며 학교 전체의 난방과 환기 시설을 눈으로 확인할 수 있다. 풍속과 풍향, 외부 및 내부 온도 변화도 이곳에서 확인할 수 있다. 이렇게 건축과 시설이 교육의 교재가 된다. 전체적으로 학교는 환기가 원활하도록 설계되어 있다. 지붕의 굴뚝처럼 돌출된 직사각형 고측창이 환기구 역할을 하고 있다. 고측창과 환기구 때문에 교사와 직원들의 알레르기와 두통이 줄어들었다.

일반 학습 교실은 중앙 연못 정원과 연결된 복도를 따라 좌우에 배치되어 있는데, 학습 주택 개념의 클러스터로 조성되어 있다. 각 학습 주택은 일반 교실들과 교사 휴게 공간을 포함한 공용 공간, 화장실, 테라스가 있다. 교실 네 개가 조합된 학습 주택과 세 개 교실이 조합된 학습 주택이 혼합되어 있다. 네 개 교실을 포함한 학습 주택에는 소그룹실과 창고가 없고, 세 개 교실을 포함한 학습 주택은 소그룹실과 창고를 포함한다. 각 교실 내부에는 분위기와 느낌이 다른 외부로 돌출된 선룸 같은 차별화 구역이 있다. 이곳은 채광이 좋고 밖을 내다볼 수 있다.

34장

주택형 학교

주택형 학교는 농산어촌의 작은 학교나 도심의 소규모 특수학교, 유치원이나 초등학교에 적합한 유형이다. 가정집처럼 아늑하고 안정감을 갖고 있다. 외관도 주위의 주택이나 건물과 유사한 형태가 일반적이다. 주택형 학교는 공용 공간인 거실 주위로 학습 공간을 배치한다. 작은 학교일 경우 지역의 보건소나 어린이집, 마을 복지 시설과 통합하기도 한다. 점점 인구가 줄면서 학교의 통폐합이 우려되는 농산어촌에서 마을의 작은 학교를 유지할 수 있는 좋은 대안이다.

지역 공동체의 거점이 된 학교

스코틀랜드 사우스에어셔South Ayrshire에 2014년 커크 마이클Kirkmichael 초등학교가 신축되었다. 학교가 지역 공동체 거점 센터를 겸하도록

1970년대에 지은 기존 낡은 학교를 허물고 새로 지은 것이다. 작은 시골 마을 학교를 유지하기 위한 지자체의 결정이었다. 학교에서 교육, 보건, 사회 복지 전문가들이 함께 일하며 상호 긴밀히 협력하고, 취약 가정의 어린이와 청소년 지원 서비스를 제공한다.

이 학교는 75명의 학생을 수용할 수 있는데, 학교 건물은 주변의 주택과 자연스럽게 어울린다. 주변 경관과 주택, 학생 수, 지역 정서를 고려했다. 이 지역의 전통 농가처럼 하나의 지붕 아래 여러 채의 주택을 이어 붙인 듯한 외관이다. 학교 내부는 여러 공간들이 연결되어 있다. 개방적이고, 학습 영역과 비공식 휴게 공간이 서로 보완하고 있다. 방과 후에나 방과 중에 지역 주민들에게 강당을 개방한다. 주민들은 학교가 공동체 유지와 발전, 복지와 평생 학습을 지원하는 학습 센터로서 지역 사회의 거점이 되기를 바란다.

1 주 출입구	6 주방	11 휴식 공간, 도서실, 다목적 공간
2 학교 사무실	7 직원실	12 학생 지원실
3 교장실	8 창고	13 보육실
4 평생 학습실	9 설비실	14 보육실 입구
5 놀이방/식당	10 교실	

복도 없이 공간과 공간이 서로 연결된 커크 마이클 초등학교 ⓒHolmes Miller

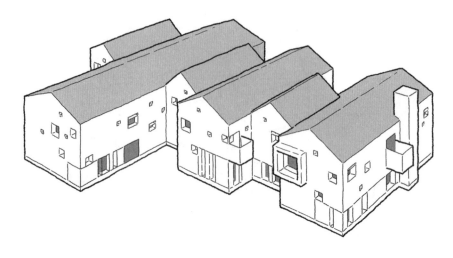

주변 주택을 닮은 박공지붕이 있는 건물을 이어 붙인 쇠고르 학교

덴마크의 켄토프테Gentofte 시에 2008년 완공된 쇠고르 학교 Søgardsskolen는 학습 장애아동을 위한 특수학교다. 이 학교는 필수 학습 공간과 건축 기획 워크숍에 참여했던 교사, 학생, 학부모들이 제안한 사항을 반영했다. 각 교실에는 장애학생을 위한 화장실과 샤워실이 별도로 딸려 있다. 체육관과 교실은 가까이 자리 잡고 있다. 자유롭게 활동할 수 있는 공용 활동 공간들이 곳곳에 배치되어 있다. 디자인의 주안점은 학교 내 공간들을 일관되게 전체로 연결해서 학교 부서 간에 자연스러운 협력이 일어나도록 장려하고, 규모나 형태에서 도드라지지 않고 주변 주택들과 잘 어울리도록 하는 데 있다. 학교 건

물은 주변 주택처럼 박공지붕에 규모가 큰 단일 건물이 아니라 작은 주택들을 연결한 형태다.

학교 시설로 이용되는 마을

브라질 상파울로에 2016년 '이웃'이란 뜻을 가진 바이호 학교Escola do Bairro가 마을 골목에 들어섰다. 다양한 문화적 배경을 가진 1~10세 아동 52명이 다니고 있다. 정말 작은 학교다. 오래된 건물을 철거하고 지은 이 실험적인 마을 학교는 주택가 한가운데서 다른 주택들과 자연스럽게 어울린다. 학교 정문은 전혀 학교라고 알아챌 수 없을 정도다. 마을이 살아있는 학교이자 학교의 확장이라는 생각을 바탕으로 마을과 도시, 이웃, 삶의 모습을 아동과 어린이에게 적절하게 소개한다.

학교는 학생들이 마을 활동에 참여하게 하고, 그 속에서 놀고, 표현하고 성장하는 경험을 갖게 하는 데 주안점을 두고 있다. 학교는 작지만 다양한 공간 경험을 제공한다. 이곳은 학교 건축과 풍경을 세 번째 교사로 간주하고, 브라질의 시골, 도시 및 현대 건축의 특징을 균형 있게 표현한다. 내외부 모든 공간은 기본적으로 다목적이며 다양한 탐색, 발견, 인지 및 어린이 학습의 기회를 제공한다. 곳곳에 작은 마당이 있고, 지붕이 있는 포장 바닥, 발코니가 있다. 내부 학습 공간은 개방적이며 습식 및 건식 활동을 모두 지원한다. 모든 교실에 개수대가 있다. 놀이와 개인 활동, 소규모 또는 대규모 그룹의 학습과 작업을 위한 다목적 공간도 마련했다. 작은 도서관도 조성했다. 큰 문들과 발코니, 넓은 창은 공간들을 개방적으로 만들고 서로 연결하면서 환기를 돕는다.

교실에서는 일반적인 수업 외에도 공작, 바느질, 그림, 음악 등 다양한 활동을 시도하고 탐색할 수 있다. 이동식 무대가 있고, 악기, 사진과 다양한 물건, 야외 식물 등 어린이와 아동들이 호기심을 가질 물건과 작품을 탐색할 수 있다. 학교 시설이나 공간이 부족해지면 인근 지역의 여러 시설들을 적극적으로 활용한다. 학교가 마을에 있다는 사실은 단지 위치만의 문제가 아니라 마을의 시설들, 그리고 사람들과 연결되어 있다는 것을 의미한다.

35장

지역 센터형 학교

학령인구 감소로 인한 학교 통폐합과 지역 소멸이 문제가 되면서 지
방 정부는 공공시설의 총량을 조절하고 줄여나갈 수밖에 없는 어려
움에 봉착했다. 학교는 이 과정에서 지역 공동체의 교류와 협력, 교육,
일상의 구심점으로서 새로운 역할을 요구받고 있다. OECD는 향후
대다수 학교가 지역 공동체의 센터 기능을 강화하는 방향으로 학교
시설을 복합화하게 될 것으로 전망한다. 이러한 상황 속에서 속속 등
장하는 학교 모델이다.

공공시설 통폐합으로 탄생

지역 센터형 학교는 가르치는 곳 이상으로 인근 주민 모두를 위한 문
화 센터 역할을 한다. 미국에서는 지역 센터형 학교를 공동체 학교라

고도 부르는데, 미국 전역의 170여개 공동체 학교가 CCS^{Coalition for}

Community Schools라는 대표 연합 조직에 속해 있다. 미국 외에도 공동체 학교는 현재 6대륙 2만 7천 개 학교가 채택하는 모델이다. 이러한 학교 모델이 확산한 배경에는 이민, 빈곤, 불평등, 범죄, 사회 갈등, 전쟁, 인구 감소가 있다.

세계적인 공동체 학교 조직으로는 ICECS^{The International Centre of} Excellence for Community Schools가 있다. 본부는 영국에 있고, 2009년부터 Charles Stewart Mott 재단이 지원하고 있으며, 영국의 국가 기술 지원 제공 기관인 ContinYou가 확장 학교를 지원한다. 영국에서 2만 3천 개 학교가 확장 학교 프로그램을 운영하는데, 방과 후에 학교에서 사회 복지 서비스, 보육, 의료 서비스를 제공하고, 성인과 가족, 학생들을 위한 교육 프로그램도 운영한다. 네덜란드에서는 공동체 학교 모델을 창문 학교^{Vensterscholen}라고 부른다. 문화, 교육, 복지, 돌봄, 스포츠 시설과 기관이 연계된 다기능의 지역 문화 센터형 학교 모델이다.

지역 사회와 학교가 공간을 공유하는 모델에는 여러 종류가 있다. 학교 내 교육 시설을 지역 주민들이 이용하거나, 학교 내 부지에 공용 복합 시설을 따로 조성하거나, 학교에 인접한 지역의 공공시설을 학교가 이용하거나, 지역의 교육과 다양한 사회 기관들을 포괄하는 지역 센터형으로 조성하는 모델이 있다. 학교 기반, 지역 기반, 협력 기관, 서비스 내용에 따라 다양하게 분류할 수 있다. 어떤 경우든 기본적으로 학생 안전, 시설 관리와 운영 분담, 업무 외 시간의 주민 이용, 주민 이

세계의 공동체 학교 모델

모델	활동 내용	주도	공간 기반
Beacon Community School	어린이, 청소년 및 성인을 대상으로 하는 학교에서 운영하는 지역 문화 센터 모델이다. 청소년의 방과 후 활동 및 청소년과 성인을 대상으로 교육 지원(과외, 숙제 지원, 독서 동아리, 삶의 기술, 직업 탐ㅅ핵과 전환, 시민 참여 커뮤니티 구축, 레크레이션/건강 및 피트니스, 문화 예술: 음악, 춤, 연극)	지역 청소년 사회 문화 센터 주도/학교 협력	학교
Children Aid Community School	보건, 의료, 건강, 영향 관련 복지 서비스, 어린이 학습 지원 서비스 결합. 가정의 자립 지원 포함, 간호사, 음식 지원 복지사, 텃밭 활동가, 교사, 방과 후 학습 지도, 다양한 문화 예술 전문가들 결합	CIS(구호 기관) 지원/지역 교육청 협력	학교
Communities in Schools	청소년 돌봄을 위해 청소년을 성인 또는 지역 전문가와 연결하고, 맞춤형 관계를 형성하는 데 주력한다. 학교에 방과 후 청소년 공간을 마련하여 다양한 역량 개발을 위한 학습을 지원한다.	CIS(구호 기관) 단체/지자체 협력	학교
21C School	보육 및 가족 지원 서비스 모델. 학교를 연중 조기 보육 서비스를 제공하는 지역 복지 센터로 전환한다.	지역 보육 서비스 기관 또는 보육 서비스 제공자와 협력	학교
United Way Bridges to Success	저소득 계층 자녀의 조기 교육을 지원하고, 학생들의 학업 성취도를 향상시키거나 중단된 학업을 계속하도록 지원하며, 가족과 지역 사회를 연결하여 자급자족을 촉진한다.	United Way 지원/BTS 학교 현장 팀, 지역 단체, 학부모, 전문가, 교사 협력	지역
대학 지원 커뮤니티 학교	방과 후 학교 지원 및 지역 사회 대상의 서비스를 제공한다. 대학이 주도하며 교육, 연구 및 지역 시민 사회와 학생들을 발전시킬 수 있는 기회와 지역 문제 해결의 기회를 제공한다.	대학 센터 주도, 학교 협력	학교/지역
Vensterscholen (Window School)	초등학교, 탁아소, 유치원, 커뮤니티 센터, 도서관, 청소년 가족센터 등을 지구 내에서 통합하여 통합적이고 다양한 아동, 청소년, 성인 프로그램을 지원한다. 북유럽에서 점차 MFC(Multi Functional Centre)로 통합되고 있다.	지역 주도	학교/지역
ContinYou Extended School	정규 수업일 중 정규 교육 과정 이상의 아동 지원 서비스를 학교 내에서 제공한다. 아침 식사, 숙제 클럽, 스포츠, 미술, 연극, ICT, 부모와 가족을 위한 프로그램 등을 위해 학교 건물을 지역 주민이 이용한다.	ContinYou 지원	학교

용 공간의 별도 수납 또는 보관에 대한 고려가 필요하다. 특히 학교와 지역 시설을 통합하는 경우 학교 영역, 학교-지역 주민 공용 영역, 지역 주민 전용 영역, 24시간 개방 영역을 명확히 구분할 필요가 있다.

학교 영역에는 교실, 실험실, 교직원실, 행정실 및 외부인 출입을 제한하는 특정 공간들을 포함한다. 학교 교직원과 학교 학생들만 사용할 수 있어야 한다. 학교-지역 주민 공용 영역에는 체육관, 강당, 공연장 또는 공연이 가능한 다목적실, 전시 공간, 회의실, 도서관, 운동장, 일부 특별 교실을 일반적으로 포함한다. 지역 주민 전용 영역과 24시간 개방 영역은 수업 시간이나 방과 후, 주말에도 지역 주민과 학부모가 접근할 수 있는 공간이다. 그러나 이 접근 권한은 주민 다수에게 허용

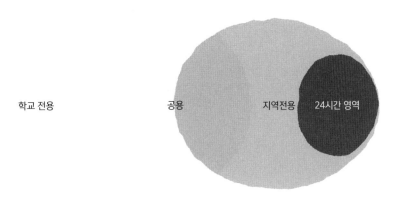

시설 복합화 학교의 공간 영역 구분

하기보다는 책임성 있는 지역 주민 조직이나 협력 기관에 위임해 관리하도록 한다.

공동체 학교의 운영 사례

공동체 학교의 구체적 사례들을 살펴보자. 뉴욕 앨런 루리 학교Ellen Lurie School는 1993년에 개교한 초등학교로 주로 도미니카 공화국 이민자들로 구성된 공동체에 교육 서비스를 제공한다. 이민자들의 학습 장벽을 완화하기 위해 뉴욕 아동 지원 협회Children's Aid Society of New York와 협력해 운영한다. 이 협회는 건강 및 가족 사회 서비스를 제공한다. 학교에는 유아들을 위한 별도의 입구와 운동장이 있다.

중앙에 위치한 가족실family room은 학부모들의 회합과 워크숍에 사용한다. 학교와 아동 지원 협회 직원, 학부모, 자원 봉사자가 가족실을 운영한다. GED, ESL 및 컴퓨터 사용과 같은 성인 대상 수업이 가능하고, 청소년 성, 행동 관리, 가정 학습 지원 방법과 같은 양육 주제 수업도 진행한다. 부모가 긴급 지원, 식품, 주택, 법률, 고용과 같은 주요 사회 지원 서비스를 받을 수 있는 방법이나 이민자들에 대한 혜택과 세입자 권리 및 이민에 대해서 도움을 받을 수 있다. 한편 아동 지원 협회는 마운트시나이Mt. Sinai 병원과 협력해 일반 내과, 치과, 정식 건강 클리닉을 운영한다. 이곳에서는 예방 의학을 강조하며 매년 건강 검진과 아픈 어린이를 위한 응급조치를 실시한다. 학교 활동과 주민 서비스의 통합은 교직원과 관리자 간의 광범위한 협력의 결과다.

샌프란시스코 텐더로인 공동체 학교Tenderloin Community School는 유아부터 초등학생을 위한 학습 공간 외에도 가족 지원 센터, 건강 센터, 상담실, 성인 교육 센터, 주차장 및 취학 전 아동 발달 센터가 통합되어 있다. 인근 지역의 주민 대부분은 동남아시아, 중남미 이민자다. 학생의 3분의 2는 영어뿐 아니라 광둥어, 스페인어, 베트남어, 타갈로그어, 러시아어를 포함한 모국어를 사용하고, 영어가 능숙하지 않은 편이다. 이 학교를 설립하는 데는 텐더로인 중심부에 있는 주민 조직 BAWCCBay Area Women's and Children's Center가 큰 역할을 했다. 이 단체는 학교가 교육 및 지역 공동체 활동의 장소여야 한다고 주장했다. BAWCC는 학교 내 공동체 공간에 사서, 컴퓨터 및 컴퓨터 실습실 강사, 치과 진료소 직원, 정원 코디네이터, 방과 후 클럽을 운영하는 교사에 대한 추가 급여, 클럽 자료 및 장비를 포함하는 프로그램, 장비 및 서비스에 자금을 지원한다.

지역 센터형 사례

네덜란드 동부 아른헴Arnhem 시의 재개발 주거 지구 프레시하프Presikhaaf에 MFC 프레스하펜Presikhaven으로 불리는 새로운 다기능 커뮤니티 센터가 들어섰다. 이 센터는 미래 학교와 공공 기관의 변화 방향을 가늠케 한다. MFC는 3층 건물로 교실 열 개가 있는 공립 초등학교, 한두 개의 교실이 있는 가톨릭 초등학교, 방과 후 보육 시설이 있는 탁아소, 놀이 공간, 아른험 시 지구 사무실, 커뮤니티 센터, 일종의 교육 복지 기관인 라인란트Rijnland 재단, 청소년 센터, 겔더란트 Gelderland 경찰서, 프레시하프 도서관, 아른험 체육관을 포함한다. 시민들이 이용하는 도서관, 체육관, 경찰서 등 각종 공공시설들은 주로 건물 1층에 배치되어 있다. 특히 도서관은 건물 한쪽 끝 계단에서도 접근할 수 있지만 중앙 홀에서 바로 접근할 수 있다. 도서관은 폴딩 도어를 열어 광장과 연결할 수 있다. 1층은 전체적으로 아트리움 중앙 광장과 계단실을 중심으로 조성되었다. MFC에 통합된 두 학교는 2층과 3층에 배치되어 있다.

미국 메인 주 노스 버릭North Berwick의 노블 고등학교Noble High School는 2001년 9월에 문을 연 지역 교육 사회 센터형 학교다. 학교를 설립할 때 지방 정부와 협력해서 인근 세 마을의 중심이 되는 지역 교육 사회 센터에 학교를 포함시켰다. 지역민들과 관계자들의 동의를 끌어내기 위해 약 1년간 사용자 참여 기획 과정을 거쳤다. 3번의 공개 포럼을 개최하고 수많은 발표회, 설문 조사를 실시하고, 20명으로 구성된 '미래 계획 위원회'를 구성하고, 학생들도 아이디어를 내도록 했다. 이러한 과정을 거쳐 설립된 노블 고등학교가 포함된 지역 교육 사회 센터에는 학생들의 수업 공간 외에 학부모들이 이용할 수 있는 평생 학습관과 별도 출입구가 있다. 여기에 지역 병원도 있다. 지역 병원과 협약을 통해 간호사가 매일 학교에 출근한다. 1천 석 규모의 극장은 학교와 지역이 함께 사용한다. 어설픈 학교 강당이 아니라 정교한 조명 및 사운드 시스템을 갖추고 있어 학생들의 공연은 물론 전문 공연을 모두 상연할 수 있다. 학생뿐 아니라 지역 주민들도 학교의 도서관 및 미디어 센터, 시청각 센터, 지역 방송 제작 스튜디오, 두 개의 체육관 및 피트니스 센터를 이용할 수 있다. 이처럼 노블 고등학교가 포함된 지역 교육 사회 센터 내에는 학교, 종일 보육원, 평생 학습관, 지역 병원 및 기타 교육 기관 및 지역 사회 공용 시설들이 통합되어 있다.

5

내일의 교육

36장

교육 비전과 공간 조성

학교 공간 조성 사업은 각 학교의 고유한 비전과 교육 목표에 맞춰 학교의 교육 활동을 기능적으로 지원하기 위한 사업이다. 그러나 대다수 우리나라 학교의 비전과 교육 목표는 복사해 붙인 듯 서로 큰 차이가 없다. 대개 '창의', '꿈', '도전', '미래', '인재', '민주', '인성', '자주', '행복', '협력', '소통' 등 좋은 말들을 나열한다. 획일적 교육의 영향이다.

공간의 고유성을 만들어내려면

지역 환경과 조건, 맥락을 반영하는 지역 공동체 학교로서 자리 잡지 못한 현실의 반영이기도 하다. 학교마다 교육 공동체가 자율적으로 교육 과정을 운영하지 못할 뿐 아니라 교사들이 끊임없이 교체되기 때문이다. 미래 교육에 맞게 학교 공간을 혁신할 때 선행하는 교육 기획 과정에서도 학교 비전은 기존 교육 계획서의 내용을 반복하는 경우가 대다수다. 학교가 속한 지역 사회 분석과 학교 비전과 교육 목표, 그리고 공간 기획의 논리적 연결이 미흡하다.

"학교가 자동차라면 교육 비전은 엔진이자 내비게이션이다."

비전은 학교의 모든 교육과 활동에 우선순위를 결정하고 수업과 활동에 방향성을 갖게 한다. 예산, 시간 및 기타 자원 할당에 영향을 미쳐야 한다. 학교 비전과 목표는 학습 과정을 안내하고 형성하는 지침이다. 그러나 우리의 교육 현실은 학교의 비전과 목표는 학교 웹사이트에 형식적으로 소개될 뿐 실제 수업과 무관한 경우가 너무 많다. 차별성 있는 교육 비전을 만들기 위해서 학교의 교육 공동체는 다음과 같은 질문에 답해야 한다.

· 지역 환경과 지역의 사회적, 경제적, 교육적 조건은 어떠한가?
· 지역적 조건 속에서 학교의 교육은 어떤 특성을 강조해야 하는가?
· 앞으로 지역과 학교에 어떤 변화가 일어나야 하는가?
· 미래를 위해 준비해야 할 것은 무엇인가?
· 지역 속에서 학교가 어떻게 성장하기를 상상하는가?
· 무엇을 바꾸어야 하는가?

학교는 섬이 아니다. 지역 공동체 속의 학교로서 고유한 기회, 도전, 약점 및 강점이 있다. 도시 학교인지 시골 학교인지, 인구가 증가하는지 감소하는지, 다문화 가족과 학생들의 비중은 어떠한지, 지역 경제는 성장하는지 쇠퇴하는지, 특수 아동의 비율은 어떠한지, 방과 후 수업의 내용은 무엇인지, 돌봄과 복지, 교육과 문화에 대한 지역의 요구는 무엇인지, 학력 수준과 학업 성취도는 어떠한지, 주변 공공시설은 학교 교육과 어떤 연관성을 가질 수 있는지 등을 분석해 학교의 비전과 목표에 반영할 수 있다. 학교의 비전은 결국 학교와 지역 사회가 바라보는 미래이기 때문이다.

지역에 맞는 비전 수립이 필요하다

비전은 간결하고 기억하기 쉽고 명확한 문장으로 작성해야 한다. 학생, 교사, 교직원 모두가 기억할 수 있어야 한다. 교육 목표는 비전보다는 긴 설명이 필요하다. 행복, 학력 향상, 개성 발현, 진로 개발, 꿈 실현 등 진부한 단어들은 피하는 게 좋다. 모두 다 중요하지만 너무 뻔한 표현으로는 차별성을 드러낼 수 없다. 너무 많은 내용은 아무것도 말하지 않는 것과 같으니 간결하되 구체적으로 표현하는 것이 좋다.

영국 데본 플리머스 지역에 있는 마린 아카데미 초등학교Marine Academy Primary School는 2013년 신축한 학교다. "모든 학생들이 잠재적인 가능성을 발휘하고, 생애 최상의 기회를 가질 수 있도록 우수한 기본 교육을 제공하는 학교"가 비전이다. 교육 목표는 다소 의아하다. "우수하고 충분한 전통 기본 교육을 제공하는 데 초점을 맞춘 학교 만들기"이다. 이 학교는 특별 프로그램과 교육이 아니라 전통 기본 교육을 강조한다. 학교의 소재 지역은 잉글랜드계 백인이 다수이지만 소수의 이중 언어를 사용하는 이주민들이 함께 살고 있는 빈곤 지역으로 학생들의 기초 학력이 매주 낮은 곳인 점을 반영한다. 마린 아카데미 초등학교가 신축되기 전까지 이 지역 학생들의 출석률은 낮고, 학력 수준도 전국 평균 이하였다. 주민들의 자존감은 매우 낮았지만 부모들은 아이들이 양질의 기본 교육을 제대로 받기를 원했다. 학교 신축을 주도한 교장과 교사들은 지역 사회 학생들의 상황을 고려해서 아주 전문적인 특별 교육보다는 기본 교육에 집중하는 학교를 만들고자 했다.

마린 아카데미 초등학교는 건축 방향을 지역 내 세대 간 교류를 촉진하는 학교로 설정하고 초등학교와 중등학교를 통합했다. 캠퍼스 내 체육관과 일부 시설은 초·중등학교가 함께 이용한다. 학교가 포함된 교육 캠퍼스 내에는 지역민들이 함께 이용할 수 있는 극장, 댄스 스튜디오, 음악실, 미장원, 개방형 레스토랑도 있다. 이곳은 노인과 주민들, 지역 사회 단체들이 회의나 식사 모임을 위해서도 사용할 수 있다. 이러한 방향 설정은 학교가 학생들 교육만이 아니라 낙후 지역 재생을 목표로 한 프로젝트라는 점을 반영한다.

영국 브리스틀 대성당 초등학교Cathedral Primary School의 표어는 "다양한 목소리 하나의 하모니"이다. 학교의 비전은 "브리스틀에서 세계적 수준의 합창단을 육성하는 학교"이다. 학교의 사명 선언서를 살펴보면 이 학교는 "음악, 예술, 무용, 스포츠 및 드라마 분야에서 다양한 민족적 배경을 가지고 있는 학생들이 자신의 재능을 최대한 발휘하도록 한다."는 교육 목표를 갖고 있다. 이 학교의 이러한 표어, 비전, 교육 목표는 대성당 초등학교의 흑인과 소수 민족 학생들이 45퍼센트에 이르는 점을 반영한다. 학교의 교육 공동체 구성원들은 다양한 민족적, 문화적 배경을 가진 학생들의 상호 이해와 소통, 협력과 화합이 가장 중요한 교육 목표여야 한다고 보았고 목표를 달성하기 위해서 서로 다른 소리를 가진 악기들이 어울려 하모니를 만드는 경험을 제공하는 음악 교육이야말로 가장 효과적 수업이라고 여겼다.

대성당 학교는 "학교가 위치한 브리스틀 중심부 인근의 문화 및 역사적 명소에서 풍부한 학습 기회를 제공한다."는 또 다른 교육 목표가 있다. 도심지의 협소한 건물을 사용하고 있는 대성당 학교가 주변 공공시설들을 최대한 활용해야 하는 상황을 반영한다. 학교 인근에는 브리스틀 시의회와 공원, 대성당, 중앙도서관, 박물관, 수족관, 미술관, 브리스틀 대학, 밀레니엄 광장, 원형 극장, 마스터 아카데미 체육관, 야외 체육관 등이 자리 잡고 있다.

브리스틀 대성당 학교는 교육 비전과 목표를 감안해 건물 리모델링 방향을 "음악 전문성을 표현하는 학교 만들기"로 정했다. 이를 위해 도서관 지하를 합주와 연주 연습, 합창, 행사, 휴식을 겸할 수 있는 다목적 홀로 바꾸었다. "통풍과 채광이 잘 되는 학교 만들기"는 또 다른 방향 중 하나였다. 학교는 고성능 광섬유 조명 케이블 시스템을 적용해서 천창을 통해 들어온 자연광을 4층부터 다목적 홀까지 전달할 수 있게 만들었다.

장애 학생들을 위한 공간 구성

영국 노샘프턴셔의 데븐트리 힐 학교Daventry Hill School는 2016년 9월 개교했으며 4~18세 연령대의 장애 학생들이 다니는 특수학교다. 교육 비전은 "장애를 가진 학생들이 안전하게 전문적인 돌봄과 교육을 받을 수 있고, 독립적인 생활 기술을 발달시키고 지역 사회 적응 기회를 가질 수 있는 학교"이다. 이 비전에 따라 학교는 모든 학생들이 교육 과정에 참여할 수 있도록 전문 ICT 설비와 소프트웨어를 최대한 활용한다. 조만간 사회로 나아가 다른 사람들과 함께 그리고 자립적으로 생활해야 할 고학년 학생들이 생활 기술을 익히는 데 초점을 맞추고, 지역 사회와 교류하고 적응하는 것을 중요하게 여기고 있다.

따라서 특수학교이지만 전체 지역 사회에 개방하는 학교를 지향했다. 개교 후 학교는 주변 지역 주민들을 초대하는 데 다양한 전략을 사용했다. 고학년 학생들이 사용하는 카페나 다목적 홀을 지역 주민에게도 개방해서 장애를 가진 학생들과 지역 주민들의 교류를 장려하고 있다.

학교를 신축하면서 이 학교의 교장은 매년 장애 학습 집단의 구성과 특성이 예측할 수 없을 정도로 달라진다는 점에 주목했다. 특수학교의 건물과 공간은 이러한 장애 학생 유형의 변화에 적절하게 대응할 수 있도록 유연하게 조성할 필요가 있었다. 초기에는 다중 학습 장애PMLD, 중증 학습 장애SLD 학생들을 대상으로 공간을 설계했지만 현재 학생들은 자폐스펙트럼 장애ASD, 사회적, 정서적, 정신적 장애 SEMH 및 이염백색질장애 학생들이 다니고 있다. 사실 장애 유형에 따라 요구되는 건물과 공간은 상당히 다르다. 특수학교의 교실에는 식음료대, 개수대, 보통 화장실과 샤워실이 포함되어 있고, 감각실, 정숙실, 안전실, 작업 요법/신체 요법실, 생활 기술 교육실, 휴게실, 언어치료실, 의료실 등 다양한 지원 공간을 포함할 필요가 있다.

37장

학교 모델과 공간 구성

학교 모델을 구분하는 기준은 명확히 합의되거나 정의된 바는 없다. 다만 학교의 교육 철학이나 과정, 방식에 따라 구분할 수 있고, 교사와 학생들의 조직 방식에 따라 분류할 수도 있다. 어떤 모델이냐에 따라 공간의 특징이 바뀐다. 그렇기에 학교 건축을 입안할 때 모델이 필요한데 아직 우리에게는 이렇다 할 모델이 부재하다.

학교 조직에 따른 분류

우선 학교 조직에 따라 다음과 같은 모델을 이야기할 수 있다. 이 모델은 교육 개념, 교육 과정들을 반영하고, 이에 따라 학습 공간 구성과 디자인이 달라진다.

부서 모델

학과목에 따라 교사나 학생 조직, 학습 공간, 교육 과정을 분리하는 방식으로 학제 간 경계가 분명한 대학, 고등학교, 중학교의 지배적인 학교 조직 모델이다. 이른바 공장 모델이라 불리며 19~20세기 주요 학교 모델로, 표준화된 교육 과정과 교수법, 동일 수업 시간과 교과 과정 진행이 특징이다.

통합 모델

과목에 따라 조직과 공간, 교육 과정을 분리하지 않고 통합하는 방식이다. 학부나 과목에 따라 부서가 있을 수 있지만 교육 시설과 공간은 학제 간 융합 프로젝트 수행과 교육을 고려해 근접 배치하거나, 두 교실 사이에 공용 작업 공간이나 학습 공간을 배치해 교류와 연결을 지원한다. 공용 공간은 특정 과목과 연관되지 않은 소규모 공간으로 휴식 공간이 될 수도 있다. 또한 주제 기반 공간, 세미나실 등을 다른 과목 교실과 연결하거나 근접 배치한다.

통합 모델을 전면 적용하지 않는 학교에서도 특별 교실 영역에서 통합 모델을 일부 수용하는 것이 큰 흐름이다. 융합 수업의 필요성이 높은 과목 교실이나 실습장들을 근접 배치하고 그 사이에 공용 작업 공간과 토론 공간 등 경험의 교류와 프로젝트의 통합을 위한 공간을 배치한다. STEAM 스튜디오, 다빈치 스튜디오, 학습 아틀리에, 학습 전경이 통합 모델을 지원한다고 할 수 있다.

프로젝트 모델

융합 주제이든 과목별 주제이든 주제 관련 프로젝트와 수업을 지원할 목적으로 교사와 학생을 조직하고 학습 및 프로젝트 공간을 구성하는 방법이다. 21세기 학교에서 프로젝트 수업은 가능한 교사보다는 학생들이 프로젝트에 대한 자율성을 갖도록 한다. 학생들은 자신 또는 팀 프로젝트를 관리하고 책임지며, 협업, 실습, 연구, 경험, 발표, 전시 등 활동을 한다. 이 모델에서는 전통적인 학급 교실 또는 과목별 교실이 아니라 프로젝트 수행을 위한 학생 협업 공간과 작업 공간으로 학습 공간을 구성한다. 프로젝트 기반의 학습 모델을 선택하는 학교는 학습 전경이나 학습 스튜디오, 스팀 스튜디오로 공간을 구성하는 경우가 많다.

아카데미 모델

아카데미 모델은 특정 테마 또는 등급 기반 학습 조직이 특징이다. 학교 내 조직은 부서 모델 또는 통합 모델로 조직될 수 있다. 한 학교 내 주제별 아카데미들은 각각의 고유한 등급 기반 학업 코스에 따라 교육 프로그램을 진행한다. 또한 이를 지원하기에 적합한 방식으로 공간과 시설을 분리하거나 구성한다. 대개 기관의 중앙 통로나 홀을 따라 주제 아카데미마다 별도로 배정된 테마 공간과 그 내부에 별도의 학습 공간을 배치한다. 아카데미 모델은 학교 내 작은 학교 모델과 유사하다.

소규모 학습 커뮤니티 모델

개별 맞춤 교육을 지원하기 위한 모델이다. 주제별, 학년별, 계열별로 100~120명 규모로 조직하는데, 조직된 학생 및 교사 집단은 소규모 학습 커뮤니티 공간에 머문다. 커뮤니티 공간은 교실, 회의실, 소그룹실, 작업실, 화장실, 교사실, 중규모 공용 공간과 비공식 공간 등을 포함하는 학습 클러스터 또는 학습 전경 방식으로 구성한다. 학제 간 융합 프로젝트 수행, 개별 학생의 학업 진도를 위한 공통 계획 시간과 평가 시간, 학습 커뮤니티 내에서 교사들의 협업과 협력 수업, 협력 지도를 강조한다.

학교 내 학교 모델

소규모 학습 커뮤니티 모델과 유사하지만 학습 커뮤니티 내 전체 학교와 분리된 행정과 지원 기능을 갖는다. 실질적 학교 교육 과정 설계, 학사, 교무 행정 및 지원에 부분적이긴 하지만 자율성과 권한, 인원, 공간을 포함한다는 점이 소규모 학습 커뮤니티와 다르다. 전체 학교 내에 운영의 자율성을 갖는 작은 학교들이 존재한다는 의미다. 자연스럽게 각 학습 커뮤니티는 분리된 건물을 사용하거나 분리된 층을 사용한다. 보통 학년별, 주제별, 계열별로 작은 학교의 공간을 구성한다. 작은 학교 모델 또는 학습 주택 모델로도 부른다.

팀제 학교 모델

팀제 학교 모델은 학습과 수업을 위한 학생과 교사 조직을 가장 작은 소모임으로 구성하는 학교다. 캐나다 교육학자 놈Norm과 캐시 그린 Kathy Green은 1980년대 말 캐나다에서 최하위였던 온타리오 주의 더 럼Durham 학군을 "세계에서 가장 혁신적인 학군"으로 바꿔냈다. 놈 과 캐시 그린은 소모임을 기본으로 하는 학습 구조와 교사들의 협력 틀, 교사 훈련 프로그램을 학교에 도입했다. 소 모임으로 조직된 학생 은 물론 교사도 동료와 함께 목표를 가장 효과적으로 달성할 수 있는 방법, 원활한 의사소통이 얼마나 중요한지, 서로를 지원하고 책임지는 방법을 배우며 발전한다.

이러한 팀 기반의 협력 학습 모델은 필수적으로 학습 인원의 규모 와 학습 방식, 학습 주제 등 학교 문화에 큰 영향을 끼친다. 당연히 학 습 공간에도 영향을 끼친다. 놈과 캐시 그린의 협력 학습과 교사 연수 프로그램, 이른바 더럼 프로세스Durham Process는 독일로 전파되었다. 현재 독일의 그린 연구소Green Institut에서 더럼 프로세스와 함께 교실 에서 공동 작업, 협력, 팀 학습, 학습 리듬, 학습의 가시화 작업, 전환 학습 등에 대해 연구하고 확산하는 활동을 지속하고 있다.

팀제 학교 사례

독일 뒤스부르크의 코너플라츠 종합학교Gesamtschule Kornerplatz 는 팀제 모델과 협력 학습 개념을 도입했다. 교사들은 팀으로 협력하며 가르치고, 학생들도 협력 학습을 기본으로 배운다. 이 학교의 교장Martina Zilla Seifert 은 "교육과 학습은 사람들이 긴밀하고 분명한 관계를 발전시킬 때에만 성공할 수 있다."라고 말한다. 학교는 900여 명의 학생 중 70퍼센트 정도가 이민자의 자녀이고, 미흡한 독일어 수준을 고려해서 협동 학습, 프로젝트 지향 학습, 연극 및 음악 프로젝트를 통한 다문화 학습을 교육 과정의 중심으로 삼고 있다.

일주일 중 하루는 주제 요일이다. 2017년 이후로 학생들은 매주 화요일 하루를 동료들과 협력하며 다양한 프로젝트를 위해 사용한다. 예를 들어 스포츠나 레저 박물관 견학하기, 천 가방 디자인하고 제작하기, 지역 자선 활동 기관과 함께 봉사하기, 청소년들의 인기 관심사인 랩 프로젝트, 모자 만들기, 연극 프로젝트 등의 활동을 한다. 프로젝트는 주제별 팀으로 진행되며 학제 간 활동으로 기획되어 있다. 각 프로젝트는 독어, 자연 과학, 사회, 실용 철학, 예술의 융합을 지향한다. 이를 통해 학생들은 실제 세계에 대한 포괄적인 이해와 다양한 관점을 갖는다. 이 학교의 공간 구성은 기본적으로 소규모 팀 프로젝트 활동과 수업, 생활을 지원하는 데 초점을 맞추고 있다.

직업학교 사례

학교 모델에 대한 이해를 돕기 위해 교육 목적과 교육 내용이 일반 학교에 비해 명확한 특징을 갖는 직업학교와 학습 공간의 구성 사례도 살펴볼 필요가 있다. 이탈리아 볼차노 자치주 사우스티롤의 엠마 헬렌스타이너 학교LBS Emma Hellenstainer는 주립 직업 전문학교다. 호텔 경영, 호텔 서비스, 요리, 제빵, 정육, 식품 산업을 가르친다. 이 분야의 실무적 지식과 이론, 실기, 경험을 쌓을 수 있는 기회를 제공하고 해당 분야 전문 인력 양성을 목표로 삼고 있다. 대다수 직업학교들이 그렇듯 이론, 실습, 견습(인턴제), 교환 프로그램을 진행한다. 특별히 이 학교를 소개하는 이유는 이 학교가 LiElernen in Eigenverantwortung이라는 자율책임 모델을 갖고 있기 때문이다. 개별적인 직업 기술 능력과 주체적인 학습 관리 역량을 개발하기 위한 교육 모델이다.

교사는 과목마다 과목 소개, 학습 목표, 교육 내용과 수준이 포함된 학습 패키지를 만든다. 각 과목별 수준은 기본 지식, 심층 지식, 전문 지식 세 단계로 나누고, 평가는 수준별로 이뤄진다. 이러한 수준 평가는 직업학교들의 특징으로 보인다. 주로 시험, 숙제, 발표, 자발적 제출, 학습이나 실습에 대한 자기 조직화를 평가한다. 이뿐 아니라 학생들은 스스로 실습 공간, 수준, 사회적 형태(학습 집단), 수업 또는 실습 시간을 선택할 수 있다. LiE라는 자율책임 학습 모델에 따라 학생들의 자기 관리 능력을 키우기 위한 조치이다. 여기서 주목할 점은 감각 능력을 지원하기 위해 '감각 원리 및 기법에 대한 입문 모듈', '지방 및 오일 감각 모듈', '곡물 감각 모듈', '고기 감각 모듈', '초콜릿 감각 모듈', '특수 감각 훈련 과정'이 있다는 점이다.

38장

교육 철학과 학습 공간

"교육은 통을 채우는 것이 아니라 불을 지피는 것입니다."

아이들은 배우려는 욕구가 있다. 배움의 시작이 자신일 때 호기심을 갖고 적극적으로 배우려 한다. 이것을 강조하는 학습 방법이 자기 주도 학습이다. 자기 주도 학습에서는 대화와 토론이 중요하다. 아이들은 친구들과 협력 작업을 하며 더욱 발전할 수 있고 자극받을 수 있다. 놀이를 통해 다른 어린이나 어른들과 함께 지식, 기술 및 태도를 습득한다. 이러한 교육 철학을 정립한 이가 셀레스틴 프레네Celestin Freinet이다.

프레네 학교의 시작

그는 1896년 10월 15일 알프 메리팀Alpes Maritimes의 프렌치 가French

Gars의 농가에서 태어났다. 제1차 세계대전에서 총상을 입고 요양하는 동안 학업을 중단하고 1920년에 르바슐르Le Bar-sur-Loup에 있는 마을 학교에서 교사로 일하기 시작했다. 그는 아이들이 학교에서 제공하는 교재에 거의 관심이 없다는 것을 발견했다. 아이들이 관심을 가지도록 그는 아이들과 마을의 장인들을 방문하고 그 지역의 자연을 탐색했다. 아이들은 학교 밖에서 얻은 경험에 자극을 받고, 열정을 보였다. 직조 장인과 목수를 방문한 이후에는 아이들이 스스로 베를 짜고 목수 일을 흉내 냈다. 아이들은 어른을 흉내 내며 삶의 기술을 배우고 익혔다. 이렇게 아이들과 함께한 체험 교육의 경험이 허공에 사라지지 않도록 기록했는데, 이것이 프레네 학교에서 교육의 기초가 되었다.

프레네는 아동들이 지역 환경과 사람들과 삶에 관심을 갖도록 노력했다. 또한 학생의 부모와 가정 상황에도 관심을 갖고, 그들의 일상을 개선하기 위해서 노력했다. 프레네는 교육 위원회와 갈등을 겪은 이후 독립적인 마을 학교를 설립했다. 이 학교가 프랑스 교육부로부터 인가받은 후 프레네의 교육 철학은 널리 확산되기 시작했고 유럽 곳곳에 프레네 학교들이 늘어났다.

이 가운데 벨기에 엔트워프Antwerp의 릴Lille과 헤런탈스Herentals의 작은 프레네 학교 두 곳이 있다. 두 학교는 비슷한 디자인으로 지어졌다. 넓은 교실, 높은 천장, 풍부한 채광이 특징인 아담한 학교인데, 학교와 같은 모양의 온실 같은 유리 건물이 나란히 들어서 있다. 공용 공간으로서 놀기, 책 읽기, 식물 가꾸기 등 여러 활동을 지원하기 위한 공간이다. 차양이 없지만 볕을 피할 수 있는 그늘을 제공하는 큰 나무들이 온실 밖에 서 있다. 교실마다 뒤편 정원으로 연결된 유리문이 있어 실내외를 연결한다.

덴마크의 농민학교

덴마크의 쉔더마크 학교는 1973년 슬라겔세slagelse의 농민 자녀들을 위해 세워진 초등학교다. 1970년 덴마크의 작은 마을 슬라겔세의 시 유지를 대형 건설사가 매입한 후 이곳에 살던 농민들을 내쫓기 시작했다. 총격이 있을 정도로 극렬한 반대에 부딪힌 시의회는 농가 철거 반대 폭동을 진정시키고 농민들의 빠른 이주를 위해 학교를 세웠다. 학교 이름은 지역 농민들을 일컫는 쉔더마켄Søndermarken을 따라 지었다. 쉔더마크스콜렌Søndermarkskolen은 농민 학교란 뜻이다. 현재 이 학교에는 0학년(유치원생)부터 9학년까지 550명의 학생이 다니고 있다.

쉔더마크 학교의 교육 목표는 어린이의 사회성 함양과 농촌 생활에 필요한 다양한 실용 기술을 익히도록 하는 데 있다. 학교는 아이들이 자신의 삶을 살아가는 법을 배우도록 하고, 개방적이고 민주적인 방식으로 사회의 다른 사람들과 협력하며 지역 공동체에 참여하도록 권장한다. 모든 어린이들은 풍부한 음악 교육과 예술, 체육 활동을 보장받는다. 동시에 농촌에서 필요한 다양한 생활 기술을 배우며, 부분이 아니라 전체를 보는 법을 배운다. 학교에서 아이들은 목공, 요리, 가사, 봉제 등 생활 기술을 배운다.

쉔더마크 학교의 교육 철학과 특징은 학교 공간에 잘 반영되어 있다. 학교는 전체적으로 농장 같다. 학교 안에는 전통 농장과 같은 구조물들이 있고, 이곳에서 불 피우기를 비롯한 농장 일을 체험할 수 있다. 학교 건물은 붉은 색의 낮은 건물들로 조성되었는데, 실외 활동을 강조한 공간 구성을 보여준다. 하우스Haus라 불리는 네 채의 일반 학습동과 가사, 제작, 물리 화학, 봉제, 시각 예술 교실이 있는 기다란 전문 학습동, 행정실, 교무실, 양호실, 음악실, 식당을 포함하면서 다른 일반 학습동과 이어진 건물동, 체육관 겸 강당이 배치되어 있다.

건물과 건물 사이 통로와 넓은 마당이 있고, 곳곳에 정원과 놀이 시설, 소규모 구기장이 분산되어 있다. 축구장은 학교 바로 옆 지역 체육 센터의 공공 축구장을 함께 사용한다. 건물 사이 외부 통로는 축제 공간으로도 자주 사용한다. 하우스라 불리는 건물마다 실내 교실들은 대개 크고 작은 보조 공간들을 공유한다. 교실들은 천창이 있어 채광이 좋은 넓은 공용 공간 주위로 배치되어 있다. 공용 공간은 수업, 행사 등 다양한 목적을 위해 사용한다. 교실 내부에서 주목할 점은 칸막이가 있는 개별 부스가 창가에 따로 설정되어 있는 점이다. 각 개별 부스에는 콘센트와 인터넷 접속 포트 등 멀티미디어와 IT 기술을 활용할 수 있을 뿐 아니라 개별 작업과 학습을 할 수 있다.

공립학교지만 자체 교육 계획을 실행하는 예나플란 학교

튀링겐 예나Jena의 예나플란 학교Die Jenaplan-Schule는 주립 마을 학교로 1991년부터 시작했다. 베를린 장벽이 무너진 후 이념 교육을 중단하고 예나 대학 교육학과의 학과장이었던 피터 페터슨 박사의 혁신적인 교육 철학을 수용하면서 대표적 공립형 혁신 학교로 바뀌었다. 공립학교이지만 국가 교과 과정을 어느 정도 벗어나 학교 자체의 교육 계획인 예나플란을 마련했다. 학교의 특징은 무학년제, 연중 수업, 개인 및 그룹 학습, 과목 수업과 융합 교과이다.

한 주 동안 학생들이 선택한 프로젝트에만 집중할 수 있는 프로젝트 주간은 대표적인 그룹 학습과 융합 과정이다. 예나플란 학교는 개교 처음부터 프로젝트 주간을 운영했다. 1년에 한 번 5일 동안 학교를 거대한 워크숍 공간으로 전환한다. 모든 교실과 공간에서 학생들은 프로젝트 작업에 참여한다. 유치원에서 고등학생까지 다양한 연령대의 30여 그룹이 각자의 프로젝트를 수행한다. 프로젝트 주간은 주제 설정, 계획에서 실행에 이르기까지 완전히 학생들이 주체적으로 운영한다. 교사는 프로젝트 그룹에 참여하지만 관찰자의 역할만 한다.

처음부터 이러한 방식은 아니었다. 개교 몇 년 동안은 교직원이 프로젝트 주요 주제를 설정하고 학생들이 참여하는 식의 프로젝트 수업이었다. 2007~08학년도부터 학생 자치회에서 다양한 프로젝트 주제를 제안하고, 교직원들이 승인해 운영하는 방식으로 진화했다.

2015~16학년도부터는 학생회가 학생들의 주제 제안을 받고, 학생들이 투표해서 프로젝트 주제를 선정하고, 운영하는 방식을 도입했다.

조금 더 프로젝트 주간에 대해 살펴보자. 9월 주말 수양회에서 학생회는 다가오는 프로젝트 주간의 주요 주제에 대해 두 가지 기획안을 작성해서 학교 총회에서 발표한다. 이때 모든 학생이 기획안에 대해 투표한다. 프로젝트 주간에 그룹 리더로 활동하고자 하는 어린이와 청소년은 11월 지원을 할 수 있다. 12월에 프로젝트 리더들에 대한 짧은 교육 과정이 이어진다. 3월에는 모든 그룹 리더가 자신의 프로젝트를 포스터와 함께 발표하는 "가능성의 시장"이 열린다. 전체 학생들에게 프로젝트 참여를 독려하고 홍보하는 행사다. 학생들은 관심 있는 프로젝트를 선택한 다음 참가 이유를 적은 편지와 함께 참가 지원서를 제출한다. 그 다음 부활절 연휴 전 주에 프로젝트 주간을 시작한다. 보통 금요일에 시작해서 다음 목요일까지 계속된다. 금요일에는 각 그룹원들이 아침 식사를 함께 하며 공동 프로젝트 작업에 대해 논의한다. 다음 주 목요일 저녁에는 각 프로젝트 그룹이 전시회에서 프로젝트 결과를 발표한다. 매년 프로젝트 주간에 대한 영화를 만들고 그 후에도 볼 수 있다.

학생 주도 프로젝트의 교육 효과

자기 조직적이고 자기 주도적인 프로젝트 주간에 학생들은 공동 작업을 통해 공동체성과 협력을 배운다. 전체적으로 학교 공동체를 강화한다. 학생들은 스스로 선택한 질문에 따라 학습이 어떻게 이뤄지는지 배운다. 프로젝트를 계획하고 실행하고, 자신감 있게 발표하고, 어려움을 이겨내고, 책임감을 배우고, 자기 효능감을 발견하는 방법을 배운다. 학생들은 자신과 타인에 대한 책임을 지고, 프로젝트 그룹 리더의 역할을 알고, 학제 간 융합 작업을 수행한다. 새로운 역할을 경험하고, 완전히 다른 방식으로 학생 상호 이해를 하게 되며 사회관계 기술을 발달시킨다. 작업, 대화, 놀이 및 축하의 구성 요소로 구성된 예나플란 교육의 기본 개념은 프로젝트 주간에도 반영된다. 교사들도 프로젝트 주간 동안 새로운 것을 배운다. 교사들은 학생들에게 권한과 책임을 넘겨주는 법을 배워야 하며, 그룹의 지도자가 아닌 참여자이자 관찰자로서 학생들을 경험할 기회를 갖는다.

예나플란 학교에서 프로젝트 주간은 교사 중심이 아닌 철저히 학생 중심 접근법을 따른다. 이러한 접근은 일부 교사들에게 쉽지 않은 경험이자 도전이었다. 그러나 다양한 프로젝트의 결과와 수준, 프로젝트 주간의 목표와 학교 교육 목표의 통합을 통해 교직원들도 이를 수용할 수 있었다. 프로젝트 주간의 성공을 위해 교사들은 열린 마음과 다소 예상치 못한 결과에 대한 호기심, 미지의 작업에 참여할 수 있는 용기, 학생에 대한 신뢰와 의지를 가져야 한다.

학생들이 교사들의 예상보다 훨씬 더 주체적이고 지혜롭다는 것을 교사들은 깨달았다. 프로젝트 주간 동안 한 교사는 무대 연극 그룹을 관찰했다. 놀랍게도 학생들은 다양한 규칙을 세우면서 연극 연습을 시작했다. 가장 중요한 규칙 중 하나는 연극 연습 중에는 휴대전화를 치워두는 것이었다. 놀랍게도 학생들은 아무도 이에 대해 이의를 제기하지 않았다. 오히려 프로젝트 그룹의 모든 구성원이 동의하고 즉시 자신들이 세운 규칙을 지켰다.

이러한 이 학교의 무학년제와 그룹 프로젝트 학습은 학생들을 하향 평준화하지 않고 오히려 학업 성취를 높이는 결과를 냈다. 학생들은 서로 격려하고 도우며 피상적인 경쟁 압력 없이 자유롭게 학습할 수 있고, 자신의 학습 동기와 의욕을 강화하기 때문이다. 학생들은 복도, 계단, 도서관, 학생 카페, 학교 운동장, 심지어 교무실 등 어느 곳에서나 작업할 수 있다. 이 학교는 혁신적 교육 철학과 교육 성과를 인정받아 '2006년 독일 좋은 학교 상'을 수상했다. 예나플란 교육 협회에 따르면 독일에는 약 70개의 예나플란 학교가 있고, 네덜란드를 비롯한 여러 유럽 국가와 일본에도 예나플란 학교가 있다.

피터 페터슨의 혁신적인 교육 철학과 예나플란 학교의 공간 구성은 어떠한 상관관계가 있을까? 예나플란 학교들의 학습 공간 디자인의 특징은 무엇인지 질문할 필요가 있다. 우선 예나플란 학교는 학생들의 '생활공간으로서 학교 디자인'이 특징이라 할 수 있다. 이곳은 가

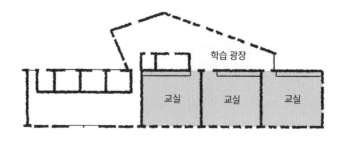

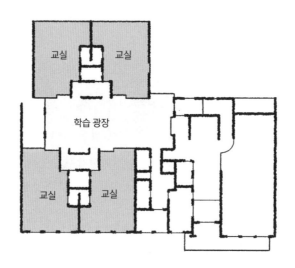

능하면 아이들의 자유로운 놀이 공간처럼 공간을 구성한다. 예나플란
학교에서는 교사와 아이들이 하나의 원을 만들어 대화와 학습을 진
행하기 때문에 교실 내에서 세 가지 학습 형태를 지원할 수 있는 다

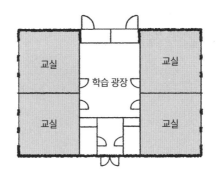

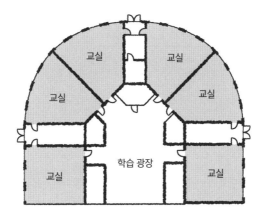

예나플란 학교의 학습 공간 유닛. 교실과 학습 광장 외 화장실,
창고 및 부속 공간들이 하나의 세트로 조합되어 있다. ⓒSciencePG

섯 가지 유형의 원형과 '대화', '일', '놀이', '행사' 등 네 가지 활동을 공
간적으로 지원할 수 있어야 한다. 특히 예나플란 학교는 가구 배치와
공간 설정을 세심하게 고려한다.

39장

특색 교육을 위한 공간 구성

특색(중점) 교육에 대한 오해를 바로 잡을 필요가 있다. 특색 교육을 방과 후 프로그램이나 소수가 신청해 참여할 수 있는 특기 프로그램 또는 동아리 프로그램 정도로 이해하는 경우가 적지 않다. 우리나라 학교의 공간 혁신 사업인 그린 스마트 미래 학교 사업의 사전 기획은 교육 기획과 공간 기획을 포함하고 있다. 이때 학교의 차별적 특색 교육을 발굴하고, 이를 지원할 수 있는 공간을 기획하도록 되어 있다. 특색 교육에 대한 이해가 정확하지 않으니 단발적인 방과 후 프로그램이나 특기 프로그램, 동아리 프로그램을 백화점 상품처럼 나열하는 경우가 적지 않다. 2006년도부터 수상하기 시작한 독일 좋은 학교 상을 받은 학교들의 특색 교육을 살펴보면 다음과 같은 공통점이 있다.

· 모든 학생들이 참여할 수 있는 교육 프로그램으로 지속할 것.
· 단일 교사가 아닌 여러 교사 또는 타기관 전문가와 함께 진행하는 협력 프로

젝트.

· 정규 교육 과정의 여러 과목과 연결된 융합 프로젝트로 운영.

· 학교 교육의 차별성과 특색을 드러내며 교육 전반의 변화에 영향을 끼칠 것.

· 지역 사회의 문제를 해결하거나 학교의 주요 교육 목표와 연관성을 가질 것.

특색 교육과 지역 문제의 연결

뮌스터의 바르트부르크 초등학교Wartburg Grundschule는 특색 교육을 통해 지역 문제에 대응한다. 이 학교의 교장은 바르트부르크 학교가 독일 내 최상의 14개 학교 중 한 곳이라 말한다. 인구 30만 중 10퍼센트가량이 외국인인 뮌스터 시의 이 학교는 '모두를 위한 학교'를 표방한다. 무엇보다 이질성을 기피나 배척의 대상이 아닌 학습 기회로 인식한다. 이 학교는 누구나 환영하고, 아무도 배제하지 않는다고 선언한다. 말뿐 아니라 학생들의 이질성을 통한 배움을 공동 학습에 적용한다. 아이들에게 다름을 다루는 법을 가르치고, 다름은 풍요로운 기회라는 것을 알아가게 한다. 학교가 강조하는 교육 목표는 다음과 같다.

· 아이들은 다양성 속에서 서로를 존중하는 법을 배웁니다.

· 아이들은 도움을 받고 스스로 돕는 법을 배웁니다.

- 아이들은 다른 사람들이 도움이 필요할 때 건설적으로 개입하는 법을 배웁니다.
- 아이들은 자신의 학습 과정에서 스스로를 평가하고, 목표를 설정하고, 이러한 목표를 성공적으로 추구하는 법을 배웁니다.
- 아이들은 개인적 학습 성장을 위해 협력 작업을 사용하고 가치를 부여하는 법을 배웁니다.
- 우리는 모두를 위한 학교입니다!

바르트부르크 초등학교는 이러한 교육 목표와 개념을 보다 충실히 실행하기 위한 특색 교육으로 모든 학생들에게 기악 수업의 기회를 제공한다. 여러 가지 다른 소리를 내는 악기들이 어울려 아름다운 연주가 되기 위해서는 하모니가 필수적이다. 이러한 기악 합주의 특성을 통해 인종, 민족, 기질, 성별, 경제적 차이와 다름을 인정하고 조화롭게 어울리는 방법을 가르치고 체감케 한다. 이 학교에는 타악기, 현악기, 관악기 수업이 있는 최초의 종일 학교라는 타이틀이 따라붙는다. 각 학습 주택의 3~4학년들은 모두 악기를 다룰 수 있도록 교육한다. 특이한 점은 호주, 유럽, 아프리카, 아시아 대륙의 이름이 붙은 각 학습 주택 소속 별로 배우는 악기가 다르다는 점이다. 수준이 높은 아이들은 추가적인 기악 과외 수업을 받을 수 있다. 기악 외에도 합창단이 운영되고 있고, 고전과 문화 학습을 연극과 결합한다.

학교 건물 역시 독일 초등학교 건축 분야에서 주목 받고 있다. 학

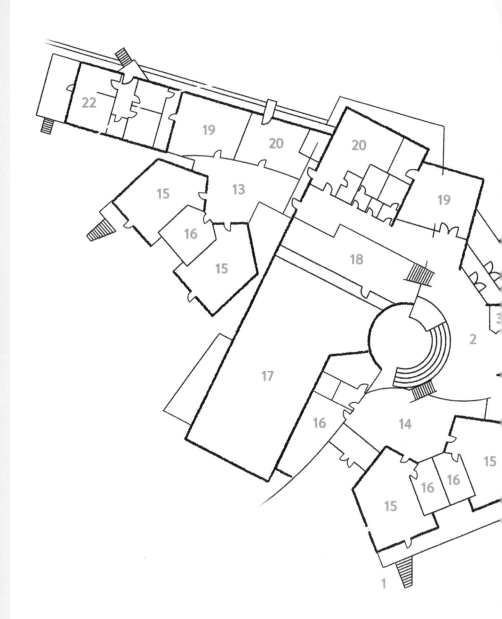

1 바람막이	7 업무실	13 반나절 공용 공간(소광장)	19 음악실
2 광장	8 교장실	14 종일 공용 공간(소광장)	20 작업실
3 관리실	9 교사 도서관	15 교실	21 야외 작업실
4 보건실	10 초등학교 작업장	16 보조 교실	22 관리인 숙소
5 주방	11 자전거 보관	17 체육관	
6 감독실, 대의원실	12 활성 복도	18 학생 도서관	

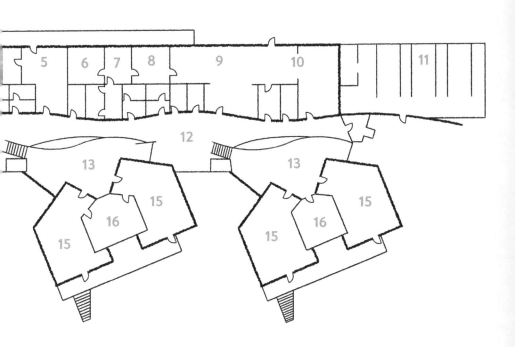

바르트부르크 학교의 공간 배치 ⓒBoockhoff, Rentrop, Hannover

교 건물은 학습 주택이라 부르는 건물 네 채와 이 건물들을 뒤편에서 연결하는 긴 복도로 구성되어 있다. 전체 학교는 큰 건물이지만 긴 후면 복도와 연결된 각 학습 주택은 평평한 지붕, 큰 유리 입면, 나무 테라스가 있는 2층으로 바로 올라가는 계단이 있는 빌라 주택을 연상시킨다. 학습 주택마다 두 개의 교실과 한두 개의 보조 교실, 공용 공간(소광장)과 별도의 정원이 있다. 이곳이 학습 주택의 운동장 역할을 한다.

학습 주택 내의 교실은 직사각형이 아니라 학생들이 소파와 쿠션에서 책을 읽고, 잠시 물러나 쉴 수 있는 후퇴 공간과 틈새 공간이 마련된 구부러진 교실이다. 각 반 교실에는 컴퓨터와 칠판, 벽 쪽의 열린 학습 자료 선반이 있다. 긴 복도는 활성 복도로 아이들의 예술 작품이 걸려 있는 전시장이자 갤러리 역할을 한다. 학습 주택은 각각 아프리카, 아시아, 호주, 유럽의 이름을 붙였다. 학습 주택마다 저학년부터 고학년까지 함께 사용한다. 사실 각 학습 주택을 독립적인 작은 학교라 불러도 될 정도다. 무엇보다 이 학교는 음악 특색 교육을 위해 음악실 외에도 다목적의 체육관, 체육관 옆의 중앙 원형 계단 광장, 각 학습 주택 별로 배정된 소광장, 교실과 보조 교실을 기악 연습과 합주, 개별 연습을 위해 사용할 수 있다.

클라라 슈만 학교의 현악 중심 수업 배경

비영리 사립학교 법인, 란 에듀케이션Rahn Education이 독일과 해외에서
운영하는 40여 학교 중 한 곳인 라이프치히의 클라라 슈만 초등학교
Rahn Education Freie Grundschule Clara Schumann는 "완전히 다른 종일 학교,
학교가 예술을 만나다."라는 표어를 내세운다. 음악 예술 학교 모델로
유명하다. 독일의 천재 피아니스트이자 작곡가, 음악 교육자였던 클
라라 조제핀 비크 슈만의 이름을 딴 것으로도 충분히 짐작이 가능하
다. 게다가 기본 학비가 무료다. 기업과 독지가, 학부모, 정부의 지원
을 받아 운영되기 때문이다. 레기나 파울Regina Pauls 교수와 요하나 메
츠Johanna Metz 교수가 주장한 "음악과 예술을 중심에 둔 통섭 교육" 방
식을 추구한다.

이 학교는 "예술 활동을 통해 아이들은 풍부한 상상력과 감성을
갖게 되며, 예술 활동은 아이들의 발달에 중요하다."는 교육 개념을
갖고 있고, 아이들의 "창의적, 예술적, 사회적 기술을 전체적으로 발
전"시키는 것을 교육 목표로 삼고 있다. 여느 학교들처럼 일반 교과를
가르치지만 다른 학교와 달리 이 학교에 다니는 모든 학생들은 필수
로 합창, 기악, 무용, 댄스, 말하기와 연극 등 다양한 예술 수업을 받
는다. 음악 예술 분야 필수 수업들을 살펴보자. 1~4학년은 '확장 음
악 수업' 또는 '현악 수업', '합창반 수업', '댄스', '말하기와 행동(연극
관련)', '영어' 수업을 필수로 참여한다. 3~4학년은 '오케스트라', '예술

적 디자인', '강렬한 댄스', '극장', '사진과 필름', '라디오 연극'. '예술과 공예', '합창단', '초등 음악 작곡' 중 선택할 수 있다.

별도 비용을 내야 하는 유료 특별반으로는 현악반을 운영한다. 음악에 관심이 많은 아이들은 현악반에 지원할 수 있다. 약 26명의 아이들이 모두 현악기를 함께 배울 수 있다. 현악반 수업은 1주일에 2회 2년 동안 진행된다. 이 학교가 현악을 강조하는 이유 중 하나는 다른 어떤 것과도 비교할 수 없을 정도로 현악기 연주가 뇌의 네트워킹을 빠르게 촉진하기 때문이다. 또한 현악 연주는 지적 능력, 대 근육 및 미세 운동 기술, 감정 및 감각을 높은 수준으로 향상시킨다. 집중력이 약한 어린이의 경우 집중력에 긍정적인 영향을 미치고 음악적 재능, 연주 및 창의성을 크게 향상시킨다. 음악 표현 놀이를 통해 외향적으로 만들고, 조화, 성실, 정서적 안정, 상호 이해, 협력 등 자기 조절과 관계 기술을 배운다.

방과 후 수업으로 학생들은 다양한 음악, 예술, 무용, 언어, 공예, 수공예, 스포츠 및 게임 분야의 70개 워킹 그룹 중에 선택할 수 있다. 방과 후 수업으로는 스페인어, 아랍어, 라틴어 및 프랑스어와 같은 언어에서 축구, 야구, 핸드볼, 유도, 요가, 배드민턴, 체스, 댄스와 같은 스포츠와 그림, 도자기, 동석 디자인, 목공과 같은 창작 워크숍, 조각, 책 및 그림, 만화 디자인에서 연극, 합창단, 밴드 및 요리까지를 망라한다. 특별한 점은 이 학교는 종일 학교로 운영되기 때문에 정규 수업이 끝나고 진행되는 방과 후 수업에 모든 학생들이 참여한다는 것이다. 음악, 예술 교육은 정규 수업 및 방과 후 활동, 음악 학교까지 서로 얽혀 있고 학제 간 수업으로 진행한다. 이외 숙제 지도 반은 오후 2시 15분부터 3시까지 운영한다.

연극 수업을 통한 통합적 교육

브레멘의 보르히쇼헤Borchshohe 초등학교에는 우리에게 익숙한 수업이 없다. 대다수 수업은 프로젝트로 운영한다. 프로젝트 수업을 강조하는 이유는 학교 사명 선언서에 잘 나와 있다.

> "우리는 모두를 위한 학교입니다. 열정이 있는 사람이라면 누구에게나 배울 수 있습니다."
> "우리는 서로 함께 배웁니다. 부분적인 지식이 아름다운 이야기를 만들지만 지혜는 전체를 보는 데서 나옵니다."
> "우리는 사람들의 독특함을 인정하는 배움과 생활의 장소입니다. 우리가 학습에서 그들의 강점에 초점을 맞추면서 어린이는 개별적으로 격려와 도전을 받습니다."

배움의 열정과 동기를 갖게 하는 교육, 획일성을 거부하고 개성을 살리는 개별 교육, 종합적이고 융합적 교육을 강조한다. 이 학교의 교사들은 학교는 지식만 배우는 장소 그 이상이기 때문에 전통적인 수업이 아닌 프로젝트 교육을 학교 교육의 필수로 운영한다고 밝히고 있다. 이들은 학습은 읽기, 산수 및 쓰기의 기본 기술을 습득하는 것 이상이며, 여기에 더해 학생들의 개별적인 관심과 재능을 발전시키고자 한다. 수업은 학년별 수업, 학년 통합 수업, 개별 학습, 그룹 수업으로 구성되고, 수업 시간도 40분 단위로 정하지 않고 각 수업마다 다른 시간을 사용할 수 있다. 학생들은 멘토와 함께 자신만의 주간 학습 계획을 주체적으로 세우고 평가한다. 평생 학습자로서 스스로 학습을 관리하고 습관을 들이기 위해서이다. 이 학교에서 교사는 더 이상 지식 전달자가 아니다.

보르히쇼헤 학교 수업의 가장 큰 줄기가 되는 특색 교육 프로그램은 연극 수업이다. 모든 학교 아이들이 연극 프로젝트에 참여해 다양한 역할과 분야를 맡는다. 아이들의 발달에 이러한 연극 중심의 프로젝트는 큰 영향을 끼친다. 아이들은 복잡한 주제와 문제를 장난스럽게 경험하고 동시에 외국 문화와 언어를 재미있게 행동 중심적으로 접근한다. 음악과 춤을 통해 아이들은 정서적으로 쉽게 다가가며 학습의 지속성을 높인다. 과목 수업에서 연극과 관련된 주제를 배운다.

이러한 연극 특색 프로그램은 2005년부터 시작했다. 브레멘 북부 중독 예방 위원회와 이 학교는 2005년 꼭두각시 연극 프로젝트를 시도했다. 이 연극 프로젝트에 참여한 학생들은 놀라울 정도로 학업 성취와 역량의 발전을 보였다. 2010년에는 전문 연극 팀의 도움으로 타

타툭Tatatuck이라는 연극 프로젝트를 진행했다. 이때 학생들은 연극을 하고, 의상을 만들고, 세트를 제작하고, 조명, 카메라, 음향기기를 조작하는 등 많은 일에 참여했다. 대성공을 거둔 후 학교는 한 걸음 더 나아가 '도주와 추방'이라는 어려운 주제를 다룬 연극에 도전했다. 너무 어려운 주제라 다들 우려가 있었지만 결과는 감동적이었다.

보르히쇼헤 학교의 공간 구성은 의외로 단순하다. 대다수의 학습 공간은 1층에 배치되어 있고, 2층에 대형 강당이 있다. 우리로 치면 교실에 해당하는 학습 공간은 여섯 개이고, 중간 중간에 소그룹 실이 있다. 세 교실마다 폭이 넓은 확장 복도를 활용한 공용 공간 두 곳이 있다. 이 공간을 활용해 좁은 교실에서 해결할 수 없는 활동과 수업, 연극 연습을 할 수 있다. 이곳은 놀이, 휴식, 사교, 활동, 작업 공간으로 활용한다. 한쪽 편에 특별 교실들이 모여 있다. 도서관에는 편하게 앉을 수 있는 빈백 소파와 구석진 좌석 공간이 있다. 강당의 무대가 낮고, 강당 모서리에 수업을 위한 계단 좌석이 있다. 강당도 행사나 체육만을 위해 사용하지 않고 다양한 프로젝트 수업의 발표장이자 연습 공간, 프로젝트 그룹의 수업 공간으로 사용한다.

통섭 교육을 지향하는 실험학교

독일 비스바덴Wiesbaden의 헬레네 랑게 학교Helene-Lange-Schule도 연극 특색 교육 프로그램으로 유명한 공인 실험학교다. 이 학교는 전체론적 교육 개념, 즉 한때 우리 교육계에서도 자주 거론되었던 통섭 교육을 바탕에 두고 있다. 학생들이 자신만의 학습 리듬에 맞춰 틀을 벗어나서 생각하고, 현실 세계의 다양한 요소와 실제 다양한 분야에 걸친 지식의 연결을 알아가도록 하는 것을 교육 목표로 삼는다.

헬레네 랑게 학교는 1990년 중반부터 연극 프로젝트로 학교의 새 지평을 열었다. 현재는 연극 외에도 영화, 드라마를 중점 교육 프로젝트로 삼고 있다. 이러한 중점 교육 프로젝트는 주당 네 시간 배정되어 있는 열린 수업(자유 주제 수업) 시간에 진행한다. 이때 교사들도 프로젝트 참가자로 참여하고 지원한다. 프로젝트 수업은 학제 간 경계를 넘는 융합 수업의 일부이다. 모든 학생들은 연극 또는 영화 프로젝트 중 하나에 참여한다. 이 프로젝트를 통해 학교는 학생들에게 높은 자율성, 협업, 신뢰, 책임감을 요구하고, 학생들은 이 프로젝트에 참여해서 언어 능력과 다양한 분야의 전문적 기량을 발전시킬 수 있다. 매주 5~6학년과 9~10학년은 연극 영화 워크숍에, 8학년은 영어 드라마 과정에 참여한다.

학생들은 여름 방학 직전 어떤 프로젝트를 선택할지 결정한다. 팀을 이룬 학생들은 의견을 모아 학교 프로젝트 선발 위원회에 제출하고, 그 후 어떤 연극을 할지 결정한다. 프로젝트 기간은 대략 8주이다. 전문 감독이나 영화 제작자의 도움을 받을 수 있고, 언어 수업 중 또는 수업 시간 후 맡은 역할의 대사를 익힌다. 그 후 5주간의 집중 프로젝트 주간 동안 감독의 지도 아래 매일 연극 연습을 한다. 세트를 만들고 의상과 소품을 제작한다. 학생들은 총 8회에 걸쳐 연극 작품을 무대에 올린다. 영화 프로젝트의 경우 먼저 영화 세트의 다양한 일을 현장에서 배운다. 영화감독과 함께 적절한 영화 주제를 찾고, 집중 주간 동안 다양한 소규모 팀에서 일한다. 카메라, 음향, 연기 등 특정 영역은 모두가 책임을 진다. 프로젝트 기간 동안 학생들은 몇 편의 단편 영화를 만든다. 학생들이 만든 영화를 학교의 모든 교사와 학생들이 볼 수 있도록 상영한다. 무엇보다 이러한 프로젝트 중 5주 집중 주간 동안은 다른 수업들은 유보하고 오직 프로젝트에 집중할 수 있다.

프로젝트 수업 외에 개별 과제를 다루는 독립 수업이 학년별로 조금 다르지만 주 6시간이 주어진다. 모든 과목에서 자신이 선택한 주제를 개인별로 수행해야 하지만 종종 모둠으로 진행할 때도 있다. 물론 필수 과목 수업이 있고, 21세기 기술 발전과 지식 활동 방식의 변화를 반영한 미디어 수업도 있다. 학생들은 다양한 학교 내외 인턴십 프로그램과 작업 그룹에도 참여하며 사회를 알아가고 자신의 가능성과 효능을 발견한다.

헬레네 랑게 학교의 공간 구성은 어떠할까? 연극, 영화, 드라마 등 특색 교육 프로젝트에 전 학생이 참여하기 때문에 학교 전체의 작은 몇몇 연습실이나 연극실만으로 충분한 연습과 활동, 공연 공간을 확보할 수 없다. 이런 이유로 이 학교는 학년별 학습 공간을 보다 유연성 높은 학습과 활동 공간으로 디자인했다. 각 학년별 영역에는 네 개

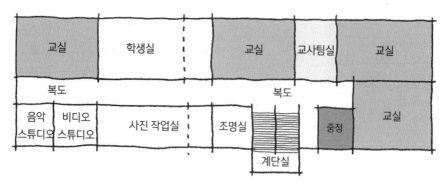

교실	학생실		교실	교사팀실	교실

복도　　　　　　　　　　　　　　복도

| 음악 스튜디오 | 비디오 스튜디오 | 사진 작업실 | 조명실 | | 중정 | 교실 |

계단실

비스바덴 헬레네 랑게 학교의 학년별 공간 구성 ⓒKerstin Friedrich

의 교실, 다목적 활용이 가능하고 내부에 폴딩 도어로 여닫는 가변 확장형 학생실이 있다. 교사실과 자료실 외 연극, 영화 드라마 연습 및 수업, 활동 등을 지원하기 위해 사진 작업실, 조명실, 음악 스튜디오, 비디오 스튜디오를 포함하고 있다.

40장

독서 학교 모델과
저술, 출판 특색 교육

"100개의 학교가 있다면 100개의 학교 모델과 비전이 필요하다."는 말이 있다. 우리는 무엇에 집중하며 학교의 특색 교육과 모델을 만들 수 있을까? 이런 질문을 던지며 다양한 사례들을 찾아보다가 독서 학교 교육 모델을 채택한 학교를 발견했다. 무엇보다 독서 학교 모델을 채택한 학교가 고등학교란 점에 매우 놀랐다. 우리나라에서 독서 교육은 초등학교 사서나 중학교 국어과 교사의 담당 프로그램이나 이벤트, 방과 후 프로그램으로 축소된 듯하다. 읽기, 쓰기, 말하기가 배움의 기본인 만큼 학교 교육의 변화의 중심이 되는 융합 프로젝트로서 독서를 특색 교육 프로그램으로 채택한 학교가 우리 주변에도 나올 수 있기를 바란다.

독서 학교의 지향점

뮌헨의 투르더링 고등학교Gymnasium Trudering는 "항해할 곳을 모르는 사람에게 유리한 바람은 없다."라는 몽테뉴의 문장과 "마음으로 목표에 집중하자마자 많은 것들이 목표를 향해 다가온다."는 괴테의 문장으로 학교의 비전과 교육 철학을 설명한다. 이 학교는 "더 읽기, 더 이해하기!"를 중요하게 생각하는 독서 학교 모델을 채택하고 있다. 독서 학교 모델은 읽기와 쓰기를 포함한 문해력을 효과적인 학습과 성공적인 진학의 기초로 가정한다. 독서는 소설과 비소설을 포함하며, 모든 과목과 관련한 서적까지 포함한다. 당연히 사서나 특정 과목 선생님만이 아니라 모든 과목의 교사가 독서 교육 프로그램에 개입하고 참여한다.

학생들의 문해력을 높이기 위한 프로그램은 책을 교실로 가져오는 것부터 시작하는데 그 방법은 과목마다 다르며 수업마다 다르다. 각 과목 교사가 제안하는 책 목록은 제안일 뿐이다. 교사는 학생들에게 다른 제안을 할 수 있고 학생들이 다른 책을 제안할 수도 있다. 학급 친구가 새 책을 재미있게 소개하며 서로 책을 교환하거나 독서 욕구를 키운다. 책을 교실로 가져와 독서의 동기를 부여하는 방법은 여러 가지가 있다.

· 책 상자 : 학생들이 책 상자를 디자인하고 책의 내용과 관련된 물건으로 채운

다. 학생들은 자신들이 디자인한 책 상자를 수업에서 발표한다.

· 독서 일기 : 정한 날짜까지 각 학생들은 독서 일기(독후감)를 쓴다.

· 독서 대화 : 한 시간 동안 학생들은 새 책에서 배운 내용을 공유하며 가장 좋아하는 장면 또는 가장 좋아하는 사실을 공유한다. 학생들은 독서 경험을 교환하고 포스터, 사진, 작은 게임 장면을 디자인한다.

· 북 토크쇼 : 다양한 책을 소개하고 비평하는 북 토크쇼를 기획하고 진행한다.

· 독서 동아리 : 4~5명의 학생이 책에 대해 이야기를 나누는 독서 동아리를 운영한다.

· 독서 발표 : 개인 또는 그룹으로 읽은 책과 관련된 발표를 한다.

· 요약/발췌 쓰기 : 읽은 책의 요약문 또는 발췌문을 쓴다.

· 기타 : 책을 위한 시/노래 쓰기, 책을 위한 그림/춤 만들기, 리뷰 쓰기, 독서의 밤 등

투르더링 고등학교의 독서 프로그램에서 가장 중요한 것은 학생들이 모든 과목과 관련된 책을 읽는 것이다. 독서 프로그램은 채점 없이도 수행할 수 있다. 주안점은 읽기 능력을 향상시키고 책을 읽는 것이 재미있을 수 있다는 것을 경험케 하는 것이다. 물론 이 학교가 독서로만 수업이 구성되는 것은 아니다. 다양한 언어 과목, 과학, 기술, 예술 관련 수업을 진행한다.

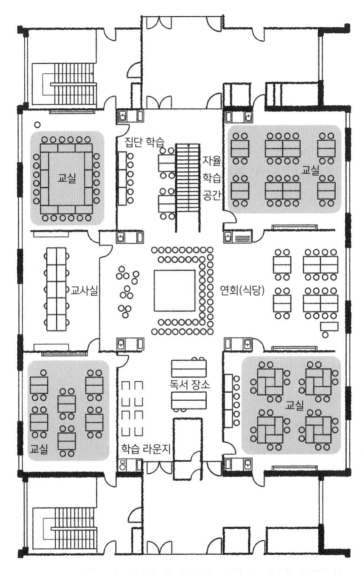

교실

집단 학습

자율 학습 공간

교실

교사실

연회(식당)

독서 장소

교실

학습 라운지

교실

가변적으로 사용할 수 있고 다양한 비공식 공간을 포함한 투르더링 학교의 학습 섬
ⓒschüermann-dettinger architekten

독서 학교의 학습 공간

독서 학교 모델을 채택한 투르더링 학교는 교육 모델을 지원하기 위해 어떻게 학습 공간을 구성했을까? 이 학교의 공간 특징은 "학습 섬"이라 부르는 클러스터형 공간과 곳곳에서 책을 읽고 토론하고 휴식할 수 있는 다양한 형태와 규모로 조성된 비공식 공간이다. 학습 섬은 중앙의 확장 복도를 중심으로 주변 교실 네 개를 묶은 클러스터이다. 확장 복도는 다목적의 공용 공간으로 사용되는 데 언뜻 복도인지 조금 넓은 여유 공간인지 구분이 잘 되지 않지만 곳곳에 혼자 또는 그룹별로 모일 수 있도록 다양한 가구나 오브제를 이용해 조성했다. 어떤 곳에는 붙박이 좌석이 있고 어떤 곳은 상자 같은 공간이거나 푹신한 빈백 소파나 책걸상이 놓였다. 이 비공식 공간이 조성된 벽면 곳곳에 화이트보드가 부착되어 있어 독서 토론과 발표를 촉진한다.

학습 섬 내 소그룹 공간은 폴딩 도어를 열어서 확장 복도로 크게 연결되며 더 큰 대형 공간을 조성할 수 있다. 이곳에서 통합 학습이나 유연한 활동이 가능하다. 학습 섬에 있는 교실의 특징은 무엇보다 벽체 곳곳의 화이트보드다. 독서 발표 등 그룹 발표 활동을 촉진하기 위한 장치다. 책걸상도 언제든지 그룹별 모둠 활동이 편리한 디자인이다. 수업은 학습 섬 단위의 그룹 수업, 동료 학습, 개별 학습으로 진행한다. 이외 전체 학생들의 사교와 대규모 행사를 위한 체육관, 넓은 강당, 광폭 학습 계단과 연결된 로비가 있다.

초등학교의 책 만들기 프로젝트

뉴햄프셔 킨Keene에 있는 시몬즈Symonds 초등학교의 책 만들기 프로젝트는 학교 전반에 걸친 특색 교육 프로그램으로 심화 학습과 연결하고 있다. 학교는 2014~15년도에 프로젝트에 집중했는데 학생들의 참여를 독려할 뿐 아니라 즐거움과 개인적 동기를 갖도록 학업과 예술을 책 만들기와 혼합했다. 이 아이디어는 미술 교사 존 바스John Bass로부터 시작했는데, 존 바스는 교육 과정과 미술 교육을 통합했다.

모든 아이들은 자신의 책을 만드는 프로젝트에 참여했는데, 책의 내용은 아이들이 직접 그리거나 쓰지만 책의 스타일, 편집, 디자인은 학교에 상주하는 예술가의 도움을 받았다. 지역 예술가 학교 상주 프로그램의 일원이었다. 학년별로 책의 스타일과 주제를 결정하고 아이들은 책의 내용, 그림, 제본, 편집 등 책 만들기의 모든 과정에 참여한다. 필요한 지식, 정보, 기술을 습득할 뿐 아니라 자신이 알고 있는 내용을 정리하고 글과 그림으로 표현한다.

이때 교사들은 각 학년 수준에 맞게 샘플 책을 미리 아이들에게 보여주고 시작한다. 예를 들면 4학년 교사들이 에너지에 관한 팝업북을 만들기로 결정했다. 마침 에너지에 관한 과학 단원을 막 마쳤기 때문이다. 많은 아이들이 창의적이고 그림 그리기를 좋아하지만 모든 아이들이 책 디자인에 익숙하지는 않기에 일부 교사는 학생들이 그림을 그리거나 지도에 글을 입력하거나, 인터넷에서 찾은 이미지를 잘

라내어 책에 붙여 넣는 등 다양한 방식으로 책의 내용을 만드는 방법을 허용한다. 완성된 책들은 각 교실의 책상 위에 전시하고, 학부모와 친구들에게 자랑한다.

지식 활동과 창의적 기술이 필요

파주타이포그라피 학교에서 대학 과정의 학생들을 위한 기술 교육과 책 만들기 교육을 결합한 경험이 있다. 마침 학교가 출판 도시 내에 있었고, 책 출판과 디자인, 예술에 특화된 학교였기에 그리 어려운 일은 아니었다. 학생들에게 로켓 매스 히터rocket mass heater(구들 의자, 구들 침대 같은 것) 이론을 가르치고, 1주일간 실제 로켓 매스 히터 제작 워크숍을 진행했다. 이 과정에 참여했던 학생들에게 제작 이론, 제작 과정, 결과물에 대한 소개를 담은 소책자를 만들게 했다. 결과는 매우 만족스러웠다. 서울 혁신 센터 내에 있던 크리킨디 센터에서도 청년들을 대상으로 멘토링 교육을 하며 기술 교육과 자료 만들기를 결합시켰던 적이 있다. 이때 참여한 청년들에게 제작한 적정 기술 기물에 대해 사회적, 인문적 배경, 기술 이론, 구조, 제작 과정, 결과물을 자료로 만들게 하고 발표토록 했다. 이 과정에 참여한 청년들도 만족스러워했다.

책 집필은 주제 선정, 자료 수집과 정리, 목차, 내용 집필과 교정, 교열, 퇴고 과정에서 상당히 집중적이고 체계적인 지식 활동을 하게 된다. 책 만들기는 편집과 인쇄, 제본 과정에서 시각적이고 창의적이고 기술적인 작업이 필요하다. 이러한 책 만들기를 교육 과정과 적절히 통합할 수 있다면 꽤 특색 있고 효과적인 교육 모델을 만들 수 있다.

이러한 모델을 적용하려면 학교는 어떤 공간과 설비가 필요할까? 저자의 서재, 도서관, 출판사, 인쇄소, 제본소 등을 살펴보면 어떨까? 요즘에는 다양한 온라인 출판 프로그램이나 출판 소프트웨어도 쉽게 사용할 수 있다. 어떤 프로그램을 사용해보면 좋을까? 어떤 과목과 책 만들기 프로그램을 결합해볼 수 있을까?

우선 텃밭 가꾸기나 요리 교육, 목공, 과학, 스포츠, 미술 과목과 책 만들기 프로그램을 결합하면 재미있을 듯하다. 가만히 생각해보면 사회, 역사, 국어 모든 과목과 독서, 책 쓰기와 책 만들기 프로그램을 결합하지 않을 이유가 없다. 자신이 관심을 갖는 주제와 관련된 책들을 읽고, 실제 실행을 해보고, 자신의 책을 쓰고 만들어본 경험을 가진 학생의 삶은 아마도 그 이전과 이후로 나뉘지 않을까? 적어도 나는 나의 첫 책을 쓰기 이전과 이후로 삶의 많은 부분이 바뀐 것은 분명하다.

41장

야외 활동 중심 교육 과정과 학교 모델

근대 교육은 처음부터 실내와 야외에서 교육과 활동을 강조했다. 아이들이 건강하게 자라고 호기심과 탐구심을 갖고 배우려면 자연과의 접촉이 중요하다고 생각했기 때문이다. "자연 속으로 나가는 것"은 사회관계 기술, 창의성, 아이들의 협력 능력을 증진시킨다. 두려움과 불안감을 극복하고 자신의 한계에 대해 탐색하게 한다. 숲은 운동하고, 미끄러지고, 세우고, 보고, 서로 배우는 장소로서 많은 이점을 제공한다. 이러한 생각에 따라 숲과 야외 활동, 놀이와 신체 활동을 강조한 교육 모델이 등장했다.

치료 목적으로 시작된 숲 학교

숲 학교는 전염병이 창궐하던 시기 아픈 아이들을 위한 치료 목적의 혁신적인 모델이었다. 야외에서 활동과 학습을 운영하는 학교로, 20세기 초 베를린 외곽에서 시작된 숲 학교 운동의 성과다. 이후 유럽과 다른 대륙으로 숲 학교가 퍼져 나갔다.

1904년 베를린에서 일했던 소아과 의사 베른하르트 벤딕스Bernhard Bendix와 베를린 교육청 헤르만 노이페르트Hermann Neufert가 베를린 인근 샤를로텐부르크 숲 속에서 몇 주간 도시의 아픈 아이들을 치료하는 동시에 학습을 계속할 수 있도록 숲 학교를 설립했다. 당시에는 폐결핵을 앓는 아이들이 많았다. 숲 학교는 아이들의 상태를 호전시키는 데 좋은 성과를 냈다. 의사들은 숲 학교가 결핵 퇴치에 성공하려면 아이들을 가정과 분리해서 상당한 기간 교육하고 치료를 지속할 수 있는 '완전한 학교'로 발전해야 한다고 생각했다. 이후 숲 학교 내에 기숙사 막사가 들어섰고, 여름에는 단기 기숙학교로 탈바꿈했다. 숲 학교는 치료와 영양 개선과 더불어 놀이, 스포츠, 다양한 유형의 가벼운 육체노동, 독서, 연극 및 음악, 전시회, 축제, 응급처치 및 기타 교육 과정을 제공했다.

샤를로텐부르크의 숲 학교는 1923년부터 아픈 아이들만이 아닌 일반 아이들까지 교육하는 연중 학교로 승인을 받았다. 현재 독일이나 오스트리아의 숲 학교는 정규 학교들로 학교 건물이 있고, 전통적인 실내 교육과 더불어 야외 활동과 환경 교육을 강조한다. 체육 수업의 일부를 숲에서 진행하기도 한다. 산림 산업과 연관성을 갖거나 산림 기관과의 긴밀한 협력을 통해 수업을 확장하기도 한다. 이외에도 숲 활동, 숲 속 캠프 등 특별한 프로그램을 진행한다.

정규 과정 학교가 된 야외 학교

현대 정규 학교가 채택하는 야외 학교 모델은 야외 활동과 정규 교육 과정을 통합한다. 에를랑겐Erlangen 의 페스탈로치 학교Pestalozzischule 는 야외 학교 모델을 선택한 학교다. "아이들이 밖에서 배우고 봉우리를 오르는 곳"이라는 매혹적인 콘셉트를 내세우는 이 학교는 코로나 확산에 대한 대응으로 야외 학교 모델을 확대했다. 이전에는 몇몇 학급에서만 시행한 야외 학교 모델을 학교 전체로 확대한 것이다.

이 학교가 채택한 모델은 스칸디나비아 야외 학교Udeskole 를 기반으로 독일 바이에른 주에 맞게 변형한 야외 학교Draußenschule 를 참조하고 있다. 교실의 이론 학습과 교실 밖의 체험 학습을 결합하는 일종의 프로젝트 수업이다. 모든 아이들이 2주마다 하루 종일 야외에서 직접 실제 세계를 경험할 수 있다. 야외 학교 모델은 행동 중심 학습인데 학생 각자가 책임감을 갖고 참여하게 하고, 자유롭게 창의성을 발휘하면서 협력하며 교류하도록 하는 데 목표를 두고 있다. 야외 학교 프로그램으로는 오두막 짓기와 도구 및 측정 단위 다루기, 모닥불 만들기와 화재 대비, 불끄기 등이 있다.

페스탈로치 학교가 참조하는 독일 바이에른 야외 학교는 야외 학교 모델을 전 교육 과정에 반영한다. 학습은 주로 야외에서 진행하지만 수학, 독일어, 과학, 미술, 기술, IT 등 대다수 교과 과목을 간과하지 않는다. 다만 보다 역동적인 야외 환경 속에서 수업 과제를 다룬다. 야외 학교라고 해서 실내 수업이 없는 것은 아니다. 스칸디나비아 모델을 따라 정기적으로 야외 학습과 실내 수업을 순환한다.

이러한 유형의 야외 학교 교육은 운동량이 많은 아이들에게 특히 도움이 된다. 수년간의 실제 경험에 따르면 정기적으로 자연 속에 있으면서 경험을 공유하고 이동하는 동안 더 많은 대화를 하면서 아이들과 교사, 아이들 사이의 관계가 향상된다. 이것은 사회관계 기술을 강화할 뿐만 아니라 학습에 매우 긍정적인 영향을 미친다.

야외 학교의 수업이 무학년제로 진행된다는 것도 주목할 특징이다. 학년별 수업은 약 180년 전 프로이센 학교에 역사적 뿌리를 두고 있다. 당시에는 지적 발달이 신체적 성장과 연결되어 있다고 가정했다. 이러한 가정은 이미 20세기 초 개혁 교육가들에 의해 심하게 비판을 받았다. 그럼에도 오늘날까지 학년별 수업이 관행이 되어 계속되고 있다. 사실 모든 어린이가 같은 속도로 모든 과목을 잘 따라가지 못한다. 학년별 수업에서 일부 어린이는 지루함을 느끼거나 절망감을 겪게 된다.

무학년제 혼합 학습 그룹에서 다양한 연령과 수준의 기술과 경험, 지식을 가진 학생들의 교류는 아이들에게 새로운 학습 욕구와 충동, 호기심을 일으킨다. 무학년제 혼합 학습 그룹에서 아이들은 종종 더 많은 것을 배운다. 더 빨리 배운 아이가 뒤처진 아이들을 가르치며 어린 아이들 사이에서 비공식적 학습이 일어난다. 무학년제 학습 그룹 내에서도 학생들은 개별 과제를 부여받고 부족한 부분은 공동 학습 경험을 통해 보완한다. 혼합 연령 학습 그룹은 상호 도움, 협력, 배려, 관용 및 결속력을 위한 다양한 기회를 갖는다.

야외 놀이 담당을 둔 아이비데일 학교

숲 학교나 야외 학교를 표방하지는 않지만 야외 놀이 활동을 강조하는 초등학교들이 있다. 영국 런던의 아이비데일 초등학교Ivydale Primary School는 2018년부터 야외 놀이와 학습 프로그램인 OPALOutdoor Play and Learning 프로그램에 등록하면서 야외 놀이 중심 학습 프로그램을 강화했다. OPAL은 10년 전부터 시작한 놀이 학습 프로그램이며 영국의 많은 학교에서 채택하고 있다. 아이비데일 학교에서 놀이 시간은 학교 수업 시간의 20퍼센트나 된다. 정규 교육 과정에 놀이 학습 프로그램을 포함한 결과다.

  학교는 놀이 시간을 통해 아이들이 스스로 알아가고 배울 수 있는 기회를 제공한다. 놀이를 통해 아이들은 사회화, 협력, 조정, 회복력, 창의성, 상상력 및 협상 능력 등을 발달시킨다. 교사가 수업을 통해 가르칠 수 없는 것들을 아이들이 스스로 체득해나갈 수 있도록 환

2층

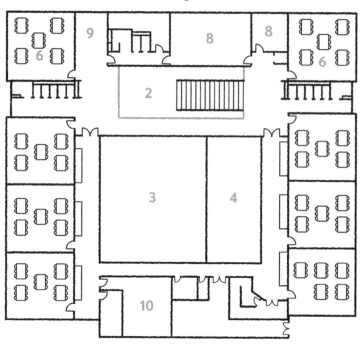

1 입구 로비   4 스튜디오   7 야외 교실   9 도서관 | 휴게실
2 아트리움   5 주방   8 행정 | 교무   10 특별교실
3 다목적 홀(체육관 | 식당)   6 교실

경과 계기를 제공하고 지원하는 것이다. 아이비데일 초등학교는 매주 놀이 행사를 개최한다. 이러한 야외 놀이 중심 프로그램을 위해 학교 는 교장, 지도 교사, 놀이 교육 과정 담당, 놀이 행정 관리, 놀이 큐레

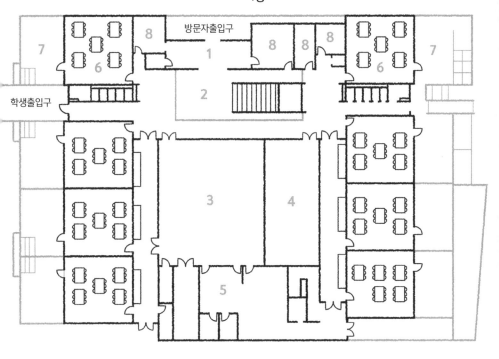

방문자출입구

학생출입구

아이비데일 학교의 공간 구성. 모든 교실은 곧바로 야외로 나갈 수 있는 문이 있고,
안쪽으로 복도와 다목적 홀로 연결된다. ⓒHawkins Brown

이터, 부모 대표가 참여하고 놀이 활동가 연맹의 지원을 받는 별도의
놀이 운영 그룹을 조직하고 운영한다. 이들 놀이 활동가들은 점심시
간 아이들의 놀이를 지원하고 관리한다.

야외 놀이 활동을 강조하는 아이비데일 초등학교의 공간은 어떤 특징이 있을까? 이 학교는 2층 정방형 건물이다. 건물 중앙에 넓고 층고가 높은 체육관 겸 식당인 다목적 홀이 자리 잡고 있다. 중앙 다목적 홀은 이동 가벽으로 분리하거나 확장할 수 있는데 분리할 경우 좁고 긴 부분을 스튜디오 공간으로 활용한다. 다목적 홀 바로 옆 현관 가까이에 길고 넓은 아트리움을 배치했다. 아트리움 역시 층고가 높고 천창이 있어 밝고 쾌적하다. 이곳의 광폭 학습 계단은 이동, 독서, 휴식 공간으로 활용한다. 학습 계단 하부 부분은 도서실로 꾸며져 있다.

　복도와 교실들은 다목적 홀 주위로 건물 바깥을 향해 배치되어 있다. 2층 복도에도 천창이 있고, 2층 복도 바닥에 1층으로 뚫린 채광구들이 곳곳에 있어 1층 복도도 어둡지 않다. 자연스럽게 공기와 소리, 빛이 위아래로 흐른다. 교실들은 획일적이지만 창가에 돌출된 좌석과 통창을 사용해서 밝고 쾌적하다. 특별 교실들은 2층에 배치되어 있다. 이 학교는 모든 교실에서 안쪽으로는 다목적 홀로 쉽게 접근할 수 있고, 밖으로는 운동장으로 쉽게 나가도록 공간을 배치했다. 야외 활동과 신체 활동을 촉진하기 위한 공간 배치다. 야외 영역은 펜스 구기장과 넓은 마당, 단차가 있는 입체적 지형으로 조성된 놀이터, 조경 정원 구역 등 다양한 야외 활동과 놀이를 촉진하는 학습 정원 겸 놀이터가 균형 있게 자리 잡고 있다.

학생을 선수로 키운다

초등학교와 달리 놀이보다는 스포츠 활동에 열심인 청소년들이 다니는 중고등학교에서 야외 활동을 강조할 경우 스포츠 커리어 학교 모델은 주목할 만하다. 싱가폴 스포츠 커리어 학교는 모든 학생 선수를 챔피언으로 키우는 전문 체육 학교이다. 이 학교에서는 다양한 스포츠 관련 자격증을 취득할 수 있는 스포츠 커리어 교육 프로그램도 운영한다. 일종의 학교 내 학교이다.

일반 중고등학교에서도 스포츠 분야 직업에 대한 전망을 가질 수 있도록 실습과 자격증 획득, 취업의 기회를 제공하는 스포츠 커리어 프로그램을 체육 수업, 방과 후 활동, 동아리 활동과 결합할 수 있다. 그 분야 진출을 꿈꾸지 않는 학생들도 이 과정에 참여할 수 있다. 고양시의 덕양중학교는 학교 내 스포츠 커리어 프로그램을 특색 교육 중 하나로 설정하고 학생 자전거 동아리 활동과 결합해 자전거 자격증 취득 프로그램을 시작하고, 향후 점진적으로 다양한 스포츠 분야로 확대해나갈 계획이다.

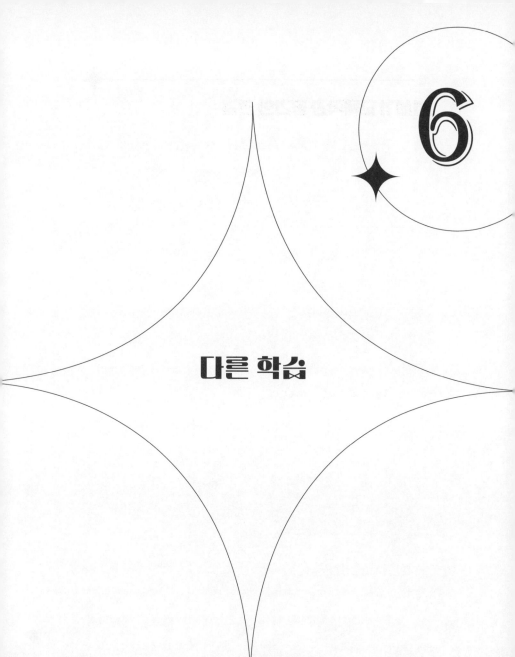

6

다른 학습

42장

21세기 교육학과 공간의 연결

21세기 교육은 지식 전달 중심에서 역량 개발 중심으로 바뀌고 있다. 사회와 기술은 급변하고 있고, 생활과 직업 현장에서 요구되는 지식은 폭발적으로 확대되고 있다. 과거에 암기한 지식은 너무 빠르게 구시대의 지식으로 바뀐다. 그뿐 아니다. 평균 수명의 증가로 일생 동안 과거보다 더 오래 일해야 하고, 더 많이 직장을 바꾸고, 더 다양한 일에 종사하고, 더 복잡하고 다양한 문제를 해결해야 한다. 끊임없이 자기 주도적으로 학습해야 하고, 문제를 파악하고 창조적으로 해결해야 한다.

역량 강화를 위한 교육 시스템이 필요

현대 학교와 사회와 직장에서 개인의 역량만으로 해결할 수 있는 일은 줄고 있다. 동료와 협력해서 배우고 과제를 해결해야 한다. 이를 위해 서로를 이해하고 상호 소통하는 사회관계 기술은 중요한 역량이다. 사람마다 관심, 가치, 기질, 장기, 강점이 다르다. 자신에게 적합한 미래 직업의 방향을 설정하여 집중하고 자신을 개발할 수 있어야 한다. 이뿐 아니다. 다양한 스트레스와 심리적 어려움을 관리하고 벗어날 수 있는 자기 회복 능력 역시 중요하다. 현대 사회는 다양한 민족적, 문화적 배경과 나와 다른 기질과 개성을 갖고 있는 사람들과 함께해야 한다. 이 때문에 다양성에 대한 수용과 포용력 역시 너무 중요한 사회적 역량이다.

이러한 이유로 21세기 교육은 단순 지식이 아닌 '아는 방법에 대한 학습 역량(자기 주도 학습 역량)', '실행 방법에 대한 학습 역량(실행 역량)', '자기 개발을 위한 학습 역량(자기 개발 역량)', '함께 하기 위한 학습 역량(사회관계 역량)'을 중요시한다. 학교 건축에 참여하는 기획가나 건축가는 이러한 21세기 교육의 아젠다를 이해하고 어떻게 건축적으로 지원할 수 있을지 제시해야 한다.

현대 학교들은 교육 시스템을 바꾸고 있다. 과거 고정적 교육 시스템을 탄력적인 교육 시스템으로 혁신하고 있다. 집체 교육을 위한 반별 학습 조직은 개별, 그룹, 통합 학습 조직과 학습 인원으로 수시로 변한다. 40분 45분 단위 수업, 100분 120분 이상의 연속된 블럭 수업, 주제 요일제 수업, 주제 학기제 수업 등 다양한 시간적 리듬을 적용한다. 티칭Teaching에서 코칭Coaching으로 교사의 역할이 바뀐다. 이제 교사들이 학생들을 대하는 자리는 교탁 앞이 아니다. 전통적인 수

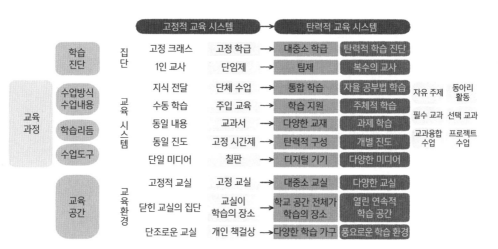

21세기 현대 학교의 교육 문화와 시스템의 변화 ⓒ일본교육시설연구소, Play AT 연구소

업 도구인 책 이외에도 노트북, 태블릿, 학습 소프트웨어, 인터넷 웹 사이트 등을 도구로 활용한다. 교육 과정의 변화는 당연하다. 이러한 변화에 맞추어 학습 공간의 변화는 너무도 당연하다.

　현대 학교는 과거 그 어떤 때보다 다양한 학습 공간의 조합, 공간과 공간의 연결성, 학습 인원, 활동, 내용에 따라 유연하게 활용할 수 있는 공간적 가변성을 중요시한다. 학습 공간의 재구조화는 학교 건축만의 변화가 아니라 학교의 교육 목적, 유형, 교육 과정, 학습 집단, 수업 리듬, 수업 도구, 학습 공간을 포함하는 교육 시스템과 그 안에서 학생과 교사들의 행위와 활동, 문화를 바꾸는 사업이라는 점을 충분히 이해해야 한다. 학교 건축은 역사적으로도 단지 건축적 과제가 아니라 교육학과 건축의 대화이자 협력의 결과, 교육 기획과 공간 기획의 연결의 결과였기 때문이다.

미래 교육 공간을 보여주는 리세오 유로파 학교

교육과 건축의 연결은 어떻게 구체화될까? 리세오 유로파 학교Liceo Europa School는 하나의 대답이 될 수 있다. 이 학교는 스페인 사라고사 Zaragoza에 있는 다중 언어, 다중 지능 교육을 중시하는 사립 국제 학교다. 2009년 이래 아라곤 지역 최초의 유니세프 친화 학교이기도 하다. 이 학교의 교육 선언은 "우리의 궁극적인 목표는 유능하고 책임감 있고 행복한 시민을 양성하는 것입니다."이다. 리세오 유로파 학교의 독특하고 혁신적인 학습 환경은 코펜하겐의 그 유명한 로잔 보쉬 스튜디오Rosan Bosch Studio가 디자인했다. 로잔 보쉬 스튜디오는 리세오 유로파 학교를 디자인할 때 데이드 손버그 박사의 저서 《가상공간의 모닥불 : 21세기 학습을 위한 원초적 은유campfires in cyberspace:primordial Metaphors for learning in the 21st Century》에서 언급한 은유적 학습 공간을 충실하게 따른 듯하다.

데이비드 손버그는 21세기 학교에 필요한 공간으로 모닥불, 웅덩이, 동굴, 산 정상, 생활공간을 꼽았다. 모닥불 공간은 교사/전문 강사/이야기꾼으로부터 배우는 공간이다. 여러 사람이 한 사람에게 집중해 청취하는 공간으로 교실, 강의실, 학습 스튜디오, 무대, 학습 연구실 등이 이에 해당한다.

웅덩이 공간은 동료로부터 배우는 공간이다. 회의실, 비공식 공간, 카페, 프로젝트실, 소그룹실, 사교 공간이다. 자연스럽게 동료들이 모이고 만나는 공간으로 중간에 끼어들거나, 빠져나갈 수 있고, 서로의 생각을 자유롭게 교환하는 비공식성이 높은 장소다.

동굴 공간은 자신에게 배우는 공간으로 학습 부스, 벽감 공간, 정숙 공간, 틈새 공간이나 개별 공간이 이에 해당한다. 혼자 조용히 성찰하거나 탐구나 독서, 창의적인 작업에 집중할 수 있는 장소로 시각적으로나 물리적으로 또는 음향적으로 분리된 작은 비공식 공간이다.

생활공간은 실제 세계로부터 배우는 공간으로 프로젝트실, STEAM실, 메이커스페이스, 다목적 공간, 학습 연구실, 체험실, 작업 공간, 광장 공간, 야외 공간, 조리실 등이 해당한다. 학생들이 배운 내용을 적용하고 의미를 창출할 수 있는 공간으로 학생 주도로 실제 학습 경험을 할 수 있는 몰입형 공간이다.

산 정상 공간은 발표, 공유를 통해 배우는 공간으로 발표 좌석, 발표 무대, 전시장, 공유 공간, 갤러리가 이에 해당한다. 배우고 익힌 내용을 혼자 또는 여럿이 나머지 학생들이나 교사, 학부모를 대상으로 발표하고 공유하는 장소다.

미래 학교에 요구되는 은유적 공간에 기반해서 디자인된 리세오 유로파 학교의 새로운 학습 공간은 상상력이 풍부하고 독특한 풍경을 구성하는 다차원 건축과 학습 전경 구성, 독특한 학습 가구와 오브제들이 특징이다. 저학년 학습 공간에서 학생들은 색색의 산, 매혹적인 계곡, 마법 상자 앞에서 수백 가지의 공간 경험을 할 수 있다. 중학생을 위한 학습 공간은 유리 교실과 양쪽에 계단 좌석을 배치한 아고라를 포함한다. 이러한 공간은 융합적 학습과 학습 인원 규모의 유연한 변화, 협동적 사고와 다양한 학습 유형을 지원한다.

건축과 교육의 상호이해를 위해

교사들은 건축과 공간에 대한 이해가 부족하고, 건축가들은 21세기 교육과 학교에서 학습과 활동에 대해 잘 알지 못한다. 이 때문에 종종 학교 건축 기획에서 교육과 건축의 대화와 협력은 실패하고 결과물은 미래 교육을 제한하는 방해물이 되곤 한다. 학교의 학습 공간을 기획할 때 21세기의 교육학적 변화를 추상적인 수준이 아닌 좀 더 구체적인 수준에서 상세하게 이해하고, 각 교육학적 변화 요소에 대응해 지원하는 공간 디자인적 의미를 충분히 파악하고, 표현할 수 있어야 한다. 앞서도 언급한 바와 같이 우선 학습의 리듬(시간), 학습 규모(인원)의 유연화, 학습 주제의 융합화, 학습 유형의 다양화, 교사와 학생의 관계 변화에 대응하는 공간 디자인적 의미를 이해해야 한다.

구체적 학습에서도 실제적 융합 학습, 개별 맞춤 학습, 자기 주도 학습을 위한 학습 습관 모델링, 협력 프로젝트와 학습, 정보 조사 기반의 학습, 프로젝트, 주제 기반 학습, 평가와 성찰 자료 기반 학습, 실용적 실행 학습 등 미래 학교의 새로운 학습 접근이 갖는 공간적 의미를 파악해야 한다. 이러한 바탕에서 다음과 같은 교육 기획과 공간 기획을 연결하기 위한 질문들을 수렴하고 종합해 함축적이고 구체적인 디자인으로 그 해답을 제시해야 한다.

· 학교 교육 공동체 구성원들의 기존 공간에 대한 개선 및 요구 사항은 무엇인가?
· 21세기 미래 교육의 변화를 지원할 수 있는 공간 특징과 공간 디자인은 무엇인가?
· 각 학교의 교육 비전, 교육 목표는 무엇이고 이를 지원하기 위해 어떤 공간이 필요한가?
· 각 학교의 교육 모델과 특색 교육 프로그램을 실행하기 위해 요구되는 공간은 무엇인가?
· 선진 사례의 조사와 견학의 시사점은 무엇이며 어떤 점을 적용할 것인가?
· 어떠한 교실 모델, 특별 교실 모델, 2차 학습 공간으로 구성하고 배치할 것인가?

교육학적 변화				
학습 리듬(시간)	유연한 학습 규모(인원)	맞춤 학습과 학습 주제 융합	다양한 학습 유형	관계의 변화
동일 단위 수업 시간이 아닌 블럭 수업, 주제 요일제, 주제 주간, 주제 학기제 등 수업 시간 유연화	학년, 표준 학급 외 다양한 규모의 학습 커뮤니티, 학습팀, 무학년제 등	개인 맞춤형 학습 주제와 활동 선택권의 확대, 학제를 넘어서는 융합 주제 프로그램	집체 강의 외 실습, 토론, 실행, 개별 작업, 발표, 온라인 등 다양한 학습 유형	강의와 지도 중심에서 교사의 역할이 코칭을 중심으로 학생 간에는 동료 지도, 선배 멘토링 등 촉진

공간 디자인적 의미				
긴 학습과 활동 시간 동안 학습 자세, 위치, 이동, 학습 태도, 활동 변화를 수용하는 복수의 내부 구역을 포함한 공간 구성 필요	개별, 소그룹, 중규모, 대규모 등 다양한 인원 규모를 수용할 수 있는 다양한 규모의 공간들을 조합하거나, 가변 확장할 수 있는 공간 필요	소인수 활동을 지원할 수 있는 예약 공간과 융합 수업의 다양한 활동과 학습 변화를 지원할 수 있는 복합적 공간 조성	강의, 토론, 작업, 발표, 대면, 비대면 등 다양한 학습 유형에 맞춰 좌석 배치와 시설, 장비를 지원할 수 있는 다목적, 다기능 공간	1:1 지도와 상담 또는 그룹 협력 작업을 촉진할 수 있는 다양한 규모의 적절한 분리된 비공식 공간 필요

교육학적 변화			
보다 넓은 맥락에 대한 이해와 질문	개별 학습 욕구에 대한 지원	학습 습관 개발	협력적 학습
실제 삶과 현실 세계에 대한 이해와 사회적 맥락과 관계된 학습 경험	개별 학생의 자질과 역량에 집중한 맞춤 학습 지원	학업 계획, 과정, 성취, 평가 내용을 교사와 학생이 공유하며 자기 학습을 관리할 수 있는 역량 개발	개인의 기여와 효능감을 느낄 수 있는 그룹 또는 팀에서 활동에 대한 팀 단위 평가

공간 디자인적 의미			
대면/비대면 교육 지원 시설, 적응성 있고 가변 가능한 공간	동료와 학습 코치(교사)의 도움을 받을 수 있고, 개별 학습과 작업이 가능한 자율 공간	1:1 상담 또는 학습, 개별 또는 소그룹 활동을 지원하는 다목적의 비공식 공간	그룹 또는 팀의 상호작용과 토론을 촉진할 수 있는 공용 공간과 소그룹 공간

교육학적 변화			
(정보) 조사 기반 학습	프로젝트 기반 학습주제 기반 학습	평가, 성찰, 자료 기반 학습	실용적 실행 학습
학생의 학습 요구와 동기에 기반한 조사와 탐색	학제 융합 주제 학습, 탐색, 창작, 시험	학습 정보와 자료, 도서에 대한 접근과 이용 가능성	실행 탐구, 직업 체험, 기업 현장 경험 등

공간 디자인적 의미			
개인 또는 그룹을 위한 실험, 조사, 검색 공간	학과별 공간이 교차하는 스튜디오 스타일 공유 공간	혼자 또는 짝을 이뤄 조용히 집중할 수 있는 음향 조건과 시설을 갖춘 개별 공간	외부 기관과 협력을 촉진할 수 있는 공간

교육학적 의미와 공간 디자인의 연결 ⓒPlay AT 연구소

43장

지속 가능한 개발을 위한 유네스코 학교

유네스코 학교는 "지속 가능한 개발을 위한 교육" 모델에 따라 운영되는 학교다. 유네스코 교육 모델은 전체적인 변화, 다양성의 수용, 학생들의 잠재력 개발과 발견, 지식, 실행, 협력, 안정을 중요시한다. 이러한 유네스코의 모델을 기반으로 한 '출발하는 학교Schule im Aufbruch'는 독일의 51개 학교가 가입되어 있는 교육 네트워크다. 이 학교 네트워크는 2012년에 전통적인 학교 교육을 비판적으로 검토하면서 등장했다. 우리는 '출발하는 학교'의 교육 개념과 학습의 특징을 통해 21세기 학교에서 수업이 어떻게 바뀌어야 하는지 살펴볼 수 있다.

우리의 생활 방식을 바꾸는 디자이너를 길러내는 학교

우선 수석 교사이자 교육 혁신가이며 '출발하는 학교'의 지도자인 마

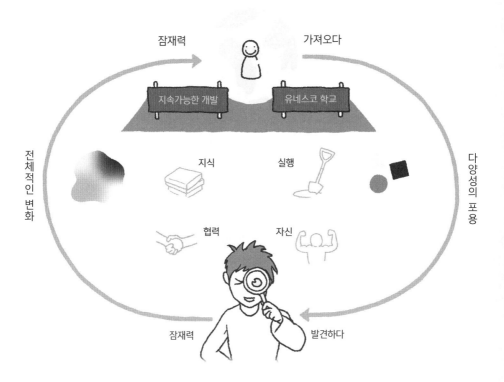

유네스코의 지속 가능한 개발을 위한 교육 개념 ⓒSchule im Aufbruch

그렛 라스펠트Margret Rasfeld의 말을 들어보자. 그녀는 "빠르고 복잡한 세상에서 자연과 인류는 셀 수 없이 증가하는 붕괴의 위험에 직면해 있습니다. 사회의 많은 영역에서 우리의 생활 방식을 의식적이고 지속 가능하게 다시 디자인하는 포괄적인 변화가 필요합니다. 이를 위해서 중요한 미래 기술의 개발이 필요합니다. 오늘의 학생이 내일의 디자이너입니다. 지속가능한 변화가 일어나기 위해서는 우리의 모든 공립 및 사립학교가 어린이와 청소년의 잠재력 개발을 핵심 과제로 이해해야 합니다."라고 주장하며 오늘날의 학교가 청소년들을 내일의 디자이너로 키워내야 한다고 강조한다. '출발하는 학교'의 학교상은 다음과 같다.

· 학생들이 자신의 잠재력을 발견하고 개발하는 곳입니다.
· 발견의 기쁨과 창의적 사고를 보존하는 곳입니다.
· 학생들은 답을 얻는 대신 질문하는 법을 배웁니다.
· 학생들이 관계를 맺고 지역 사회에 참여하는 느낌을 갖습니다.
· 학생들이 미래에 대한 '실제' 질문을 다룹니다.
· 학습을 '이해'하고 학생들이 자기 효능감을 경험하는 곳입니다.
· 학생들의 생활환경과 연결되어 '세계'의 다양한 문제를 살펴봅니다.
· 학생들이 자기 교육 과정의 주제를 경험할 수 있습니다.
· 학습을 적극적인 습득 과정으로 이해합니다.
· 교사들은 스스로를 학습 동반자로 간주합니다.

'출발하는 학교' 네트워크에서 주장하는 학습의 차별성은 프로젝트 학습, 도전적인 여행 학습, 자기 주도 학습, 참여를 통한 학습과 책임, 실제 세계의 학습과 경험, 학습 동반자로서 교사, 신뢰와 감사 관계를 바탕으로 한 성적 처리, 학교의 건물과 공간, 학습 평의회에서 드러난다.

프로젝트 학습

소규모 팀에서 학생들은 실제 생활환경과 관련된 통합 주제 가운데 각자 학습 주제를 선택해서 몇 주에 걸쳐 독립적으로 연구한다. 학생들은 학습 주제를 다루며 다양한 측면에서 협력 학습을 경험하며, 개인의 능력과 팀워크의 효율성을 체감하며 자신감을 갖는다. 프로젝트 수업을 위해 '자유의 날Frei Day'이라는 시간이 주어진다. 학생들은 네 시간 동안 성적 평가에 대한 부담 없이 자신의 관심사와 관련된 프로젝트를 수행할 수 있다. '자유의 날'은 미래에 대한 질문의 날이기도 하다. 매주 학생들은 네 시간 동안 자신의 질문을 다룬다. 어린이와 청소년은 기후 변화, 빈곤 및 지속 가능성과 같은 글로벌 문제를 현지 상황에 적용하고 현지에서 변화를 가져오는 프로젝트를 시작한다. 그렇게 함으로써 자기 주도적인 학습 능력과 사고력을 키우고, 기존 지식을 통합한다.

도전적인 여행 학습

학생들은 약 3~6개월 동안 집중적인 여행 준비를 한 후, 약 2~3주 동안 일정한 규모로 몇몇 교사들과 함께 알프스를 여행하거나 유럽의 여러 곳을 정해서 여행에 나선다. 우리의 수학여행과 달리 학생 주도 그룹 여행이다. 학생들은 함께 여행하는 동안 각자 자신의 한계를 넘어서고, 팀 역량을 키우고, 상호 공감하고 소통하며 문제를 해결하고 발견해나간다.

자기 주도 학습

잠재력을 발달시키는 학습 문화는 아이들을 가르치지 않을 때 성공한다. 자신의 관심사를 정하고 학습 경로를 스스로 결정하면서 학생들은 다양한 능력과 잠재력을 창의적으로 발견해나가며 성장한다.

참여를 통한 학습과 책임

실제 세계에서 책임을 지는 민주주의 역량을 발휘한다. 이때 마음챙김과 공경, 비전에 대한 용기와 강인한 마음을 형성할 수 있다. 학생들은 3주 동안 소그룹으로 1주 두 시간 이상의 정규 교육 과정으로 지역 사회의 시민 사회 과제에 참여한다. 학생들은 정기적으로 동료들과 협력하며 탁아소, 노인 센터, 생태 프로젝트 및 기타 여러 곳의 활동에 참여한다. 고학년 학생들은 팀을 이뤄 이주민 비중이 높은 학교로 가서 저학년 학생들의 수업을 돕거나 숙제를 지원하고, 프로젝트를 수행한다.

실제 세계의 학습과 경험

아이들이 평생 학습 능력을 갖추려면 학교 학습에 활력과 생명을 불어넣어야 한다. 동시에 학교는 현실 세계로 나아가야 한다. 이때 질문이 중요하다.

학습 동반자로서의 교사

잠재력 개발의 관점에서 교사는 영감을 주는 대화 파트너이자 도전적인 동반자 및 격려하는 지지자이다.

신뢰와 감사하는 관계를 바탕으로 한 성적 처리

학생들의 잠재력을 개발하는 데는 신뢰, 격려 및 감사하는 마음이 필요하다. 따라서 학생들의 학업 성취, 즉 성적을 처리하는 방식이 달라져야 한다. 좋은 관계가 동기 부여, 헌신 및 성공적인 학습에 중요하다는 것을 이해해야 한다.

학교의 건물과 공간

교실은 가능한 다양한 학습 활동을 지원하고 자극할 수 있도록 유연해야 한다. 집중 작업 및 그룹 작업, 발표, 집체 교육, 활동 수업, 휴식 등이 가능한 공간으로 조성한다. 특히 아이들에게 학습 사무실 공간이 제공된다. 학습 사무실에서 아이들은 자신의 진도와 수준에 맞춰 자기 주도적 방식으로 자신의 주제와 과제를 다룰 수 있다. 이러한 공간은 동기 부여와 개인적인 책임을 촉진한다. 학습 사무실에는 다양한 작업 자료가 제공된다. 학습 자료는 학습 모듈을 사용해 미리 구성되어 있으므로 학생들이 학습 자료를 통해 독립적으로 탐색할 수 있다. 각 학생은 언제 무엇을 할 것인지 스스로 결정할 수 있고, 혼자 또는 그룹으로 과제를 수행할 수 있다.

학급 평의회(학급 회의)

학급 평의회는 토론 포럼이자 책임 공동체로서 학급을 강화하는 계기이다. 가장 중요한 질문은 "어떻게 함께 잘살 수 있습니까?"이다. 여기서 우정, 왕따, 외부인 또는 도덕적 용기와 같은 주제를 다루며 갈등에 대한 해결책을 찾는다. 학급 평의회는 사회적, 도덕적 학습 과정, 특히 관점의 변화를 촉진하므로 청소년기에 우익 극단주의 및 인종 차별적 편견에 빠지는 것을 효과적으로 예방할 수 있다. 좀 더 확장된 학교 집회를 개최한다. 학교 집회는 모든 참가자가 공동체로서 서로를 경험할 수 있는 계기이다. 학교 집회는 공연, 토론, 발표, 장기자랑 등 다양한 행사를 의미한다. 가능한 매주 정해진 날 개최한다.

이미 우리나라에 유네스코 학교로 등록한 학교들이 10여 곳이 넘는다. 그러나 이러한 유네스코 학교에 요구되는 수업으로 실제 변화와 교육의 차별성을 발전시켜 나가는 학교는 찾지 못했다. 왜 그럴까?

44장

자기 주도 학습의 실제

스스로 학습하는 습관과 능력, 자신의 학습 계획, 학습 과정, 학습 방법과 성취에 대해 스스로 평가하고 관리할 수 있는 자기 주도적 학습 능력의 개발은 21세기 교육의 주요 목표 중 하나다. 학교 졸업 후에도 지속해서 학습해야만 많은 현실 문제를 해결하고 사회 변화에 대응하며 살아갈 수 있다. 게다가 과거보다 직업이나 직장을 변경하게 되면서 지속해서 학습하고 자신을 개발해야 하는 시대이기 때문이다.

자율 학습이 중심인 초등학교

독일 니더작센 주의 남서쪽 끝에 위치한 쥐스터레쉬Süsteresch 초등학교는 첫 수업부터 자율 학습으로 시작한다. 아이들은 오전 7시 50분까지 등교한 후 우선 110분 동안 자율 학습과 활동을 할 수 있다. 아이들은 참고할 수 있는 다양한 학습 자료와 교사들의 도움을 받아가며 자율 학습 시간 동안 무엇을 할지 스스로 결정한다. 아침 자율 학습 시간이 끝나면 두 명의 어린이가 각각 20분씩 각 그룹에서 자율 학습이나 활동 내용에 대해 발표를 한다. 이 학교에서 자율 학습 발표는 개별 자율 학습에서 집체 학습으로 넘어가기 위한 장치다. 발표 시간을 통해 아이들을 격려하고 각자의 개별 학습을 촉진한다. 10분 정도 휴식하고 40분 수업을 진행한다. 종일 학교이기 때문에 보통 점심 후 신체 활동을 중심으로 놀이 시간을 갖고, 2시부터 다시 자율 학습 시간을 가진 후 3시에 하교한다.

하교 시간은 획일적이지 않고 부모들의 사정이나 학생의 연령에 따라 달라질 수 있다. 오전 11시 30분, 오후 1시 10분, 오후 2시 또는 오후 3시에 부모들이 아이들을 데리러 학교에 온다. 이처럼 이 학교의 수업은 학생들의 개별 자율 학습 활동이 중심이지만 개별 학습과 집체 학습의 균형을 유지한다. 이를 위해 이 학교는 교실 외에 다양한 학습 스튜디오를 조성하고 있다. 음악 및 신체 활동실, 도서실, 탐색 실험실, 라디오 녹음 및 방송실, 제작실, 그림의 집(미술실), 컴퓨터실, 중앙 광장을 포함한 여덟 개의 학습 스튜디오를 학생들은 자율 학습과 활동, 휴식과 만남을 위한 공간으로 사용한다. 이외 소그룹실과 복도, 교실에서도 자율 활동을 할 수 있다.

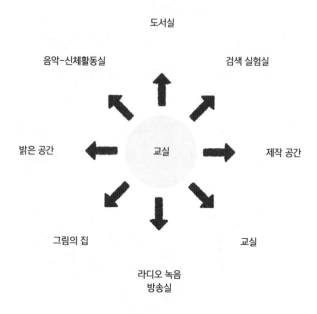

도서실

음악-신체활동실   검색 실험실

밝은 공간   교실   제작 공간

그림의 집   교실

라디오 녹음
방송실

쥐스터레쉬 초등학교의 상호 연결된 학습 공간

시간과 공간을 학생 중심으로

아이들이 어떻게 학교에서 잘 배우고 지낼 수 있을까? 자신만의 시간
적 리듬을 갖고 자신만의 공간을 가질 때이다. 시간과 공간의 개념을
바꾸면 학교 전체가 바뀐다. 분위기가 바뀌고, 완전히 새롭고 생산적

인 수업 환경을 만들 수 있다. 이러한 교육 개념에 따라 포츠담 몬테소리 학교Montessori Oberschule Potsdam는 학생 각자의 자기 주도적 시간과 자율적으로 사용할 수 있는 공간으로 학교를 바꾸었다.

먼저 학습 시간의 변화에 대해 살펴보자. 이 학교에서도 학생들은 매일 아침 개인 자율 학습과 자율 활동부터 시작한다. 자율 학습 시간은 세 시간 블럭이다. 자율 학습 이후 1~6학년 아이들은 매일 오후 2시 30분까지 수업을 하고 숙제는 없다. 소위 '발표 시간'에 교사는 새로운 수업 내용을 개별 어린이, 소그룹 때로는 전체 학생들에게 설명한다. 고학년 학생들은 늦어도 오후 3시 30분까지 90분 단위로 수업이 있다. 점심시간은 모든 학생들이 느긋하게 먹을 수 있도록 85분이나 된다.

자기 주도 학습을 지원하는 학습 공간은 어떻게 디자인 되었을까? 아이들과 청소년들이 자발적으로 배우게 하려면 먼저 편안함을 느낄 수 있는 환경을 마련해야 한다. 공간 안에서 자유롭게 움직일 수 있고, 시각적, 인지적, 촉각적 요소들이 갖춰져 있고 실용적인 기능을 제공해야 한다. 자연과 연결되고 쾌적해야 한다. 무엇보다 학생들이 학습 장소와 적절한 활동과 과제를 스스로 선택할 수 있을 때 주체적으로 행동하고 스스로 책임을 질 수 있다. 이러한 공간 철학을 바탕에 두고 몬테소리 학교는 다양한 학습 공간들을 디자인했다.

열린 문은 포츠담 몬테소리 학교의 가장 큰 특징이다. 교무실, 교실 등 대다수 공간이 열려 있다. 교실에는 고정된 좌석이 없다. 학생들은 자신들의 자리를 선택할 수 있다. 자리 선택은 자신을 한 사람으로서 다르게 표현할 수 있는 가장 작지만 중요한 첫 기회이기도 하다. 고정된 칠판도 없다. 만남과 교류의 공간이 마련되어 있고, 복도와 안뜰은 넓고 작업이나 전시 목적으로 사용할 수 있다. 전체 공간은 오고 가고, 다시 들어오도록 유기적으로 연결되어 있다.

연령대에 따른 공간 구성

학교 내에는 모든 연령대의 요구 사항에 맞춘 학습 공간과 휴게실들이 마련되어 있다. 유치원과 초등학교 저학년 아이들은 자신의 세계를 탐험하고, 호기심을 갖고 질문한다. 이때 모든 학습 영역을 연결하는 것이 중요하다. 호기심을 갖고 다른 공간을 쳐다보고 거침없이 그곳으로 들어갈 수 있어야 한다. 서로가 닫힌 공간은 호기심을 차단한다. 서로 다른 관점의 연결은 지식과 문제 해결의 기초를 형성한다. 이론과 체험이 결합되고, 개별 작업을 허용하고, 동시에 연결에 주의해야 한다.

초등학교 아이들은 일정한 패턴에 따라 배열된 몬테소리 자료 방에서 배운다. 반별 고정 배치된 교실이 아니라 읽기, 쓰기, 셈하기와 관련된 자료가 있는 자료 학습실이다. 이곳엔 관련 학습 자료들이 마련되어 있고, 아이들은 교실을 옮기며 공부한다. 여기에서 공동 토론이나 공연을 진행하거나, 학습을 할 수 있는 원형 카펫이 깔려 있다.

초등학교 중간 학년 아이들은 세계를 더 알기 원하고 상상력을 키운다. 학교의 실내 공간은 더 이상 아이들의 이러한 욕구를 충족시키지 못한다. 학교 밖의 도서관, 박물관, 미술관, 숲, 놀이터, 심지어 공장과 마을의 건물까지 다양한 견학이 필요한 시기이다. 새로운 공간과 맥락에서 보다 다양한 경험을 쌓는다. 이때 학교의 교실과 학습 그룹은 세상을 경험하는 출발점이다. 학교 밖의 경험과 학교 내의 직간접적 경험과 지식을 통합한다.

초등 고학년과 중등에 걸친 연령대의 청소년들에게는 더 주체적으로 활동할 수 있는 더 많은 비공식 공간이 필요하다. 그러한 비공식 공간을 마련하기 위해 이 학교의 교실은 상대적으로 좁게 만들어졌다. 작은 교실과 더 넓은 비공식 공용 작업 공간은 현대 학교 변화의 특징이다. 활기차게 디자인한 방에서 아이들은 소규모로 함께 활동하고, 작업 결과를 전시한다. 이 시기 학생들은 학교생활의 4분의 1을 학교 건물 밖에서 보낸다. 학습은 매 순간 상황에 자발적이고 창의적으로 반응할 수 있는 다양한 야외 실습 공간에서 이뤄진다.

학생들의 경험은 계획대로 일어나지 않는다. 도구와 노동은 새로운 지식과 관점을 갖게 하는 새로운 지적 도구다. 요리, 농업, 수공예, 원예 및 조경은 청소년들이 스스로 효과적으로 행동할 수 있도록 모든 가능성을 열어둔다. 이 학교는 그러한 경험을 위한 충분한 야외 체험 공간을 제공한다. 부쩍 성숙한 청소년들은 각자 다르게 성장하고 다른 관심사와 특별한 성격과 기질, 취향이 드러나기 시작한다. 다양한 선택 활동과 수업과 요구를 지원하기 위한 차별화 공간들은 유연하게 변경하며 사용할 수 있어야 한다.

자기 주도 학습 역량이 인생도 좌우

또 다른 자기 주도 학습의 사례를 살펴보자. 프라이헤르 폼 슈타인 학교Freihervom-Stein-Schule는 자기 주도 학습이 궁극적으로 인생의 성공을 결정짓는 중요한 능력이라는 점과 자기 주도 학습 역량이 높은 사람이 더 많이 성취하고 더 행복해지는 경향이 있다는 사실에 주목했다. 이 학교는 2007년에 자기 주도 학습에 기반한 학제 간 통합 프로젝트 학습 시스템을 개발했다. 프라이헤르 폼 슈타인 학교의 학생들은 주제별 프로젝트에서 자신의 학습 우선순위와 목표를 선택해 주도적으로 학습 계획을 세우는 방법을 먼저 배운다. 동시에 개인적 관심과 능력이 어디에 있는지 찾아 달성해나가면서 자신감을 갖는다.

학생들은 개인 학습 일지, 고급 학습 구성 도우미, 학습 지도, 역량 좌표 및 포트폴리오 등 자기 주도 학습 지원을 위한 교육학적 도구를 사용해서 자신의 학습 목표를 설정한 다음 스스로 구성하고 평가할 수 있다. 자기 주도 학습은 학생이 자기 통제 과정에 집중하게 하는 데 도움이 된다. 교사들은 초기에 메타 인지(계획, 반성, 자기 평가)

의 단계에 많은 관심을 기울였다. 이 학교에서 메타 인지 과정에 숙달한 학생들의 학습 성취도가 높았다.

수업 절반은 자기 주도 학습의 형태로 진행한다. 일반 학습은 학습 시간의 3분의 2정도이다. 학습 단위는 전문 교사 팀이 공동으로 계획한다. 학제 간 융합 학습 계획과 학습 환경도 교사 협력팀이 준비한다. 학습 그룹은 개별 평가가 아니라 동시에 수행 평가를 받는다. 자기 주도 학습을 지원하기 위한 교육학적 도구들을 살펴보자. 예를 들어 역량 좌표는 주요 주제가 '전쟁과 평화'이고, '제1차 세계대전' '제2차 세계대전' 및 '현재 갈등'이라는 세 학습 기둥이 이 주제에 포함된다. 각 학습 기둥에는 능력표가 할당되어 있으며, 난이도가 높아진다.

학생들은 표시된 능력을 기반으로 자신의 질문을 만들 수 있다. 고급 구성 도우미를 사용하면 먼저 주제에 대해 무엇을 배울 수 있는지 알 수 있다. 그런 다음 학습 과정을 독립적으로 계획하고, 매주 초, 다음 날에 작업하고 싶은 질문을 공식화하고, 개인 학습 일지에 일일 학습 목표를 기록한다. 각 프로젝트 단계가 끝나면 모든 학생들은 작업 결과를 발표한다. 학습 지도를 받아 개인 진행 상황도 시각화한다. 자기 주도 학습은 자기 평가를 포함한 수행 평가 과정이기도 하다. 학습의 결과는 지식, 이해, 적용, 분석 및 반영의 다섯 가지 수준에 대해 평가한다.

프라이헤르 폼 슈타인 학교는 자기 주도 학습 교육 과정을 도입하는 동시에 학습 조직도 바꾸었다. 이 학교는 3년 단위(5~7학년 및

8~10학년)로 구성된 무학년제 혼합 학습 그룹을 도입했다. 학습 그룹과 과목을 선택할 수 있는 폭도 넓다. 수업 시간의 리듬도 동일한 45분이 아니라 다양한 학습 시간(30분, 60분, 90분)으로 변경했다. 또한 변화를 위해 직원 교육을 강화했다. 교과별로 구분되어 있던 교사들을 전문 교사 협력팀 단위로 조직하고, 학제를 넘어 개별 학생들의 요구에 맞춘 수업과 교육 과정을 개발하고 준비했다. 여러 번의 시범 프로젝트 수업을 실시하면서 학교 전체 교육 과정에 걸쳐 자기 주도 학습, 무학년제 통합 학습의 얼개를 만들며 확장해나갔다.

교사의 역할이 바뀌다

이 과정에서 교사들의 역할도 크게 변화했다. 교사들은 자기 주도 학습, 무학년제, 융합 수업, 디지털 통합 학습 등 변화된 교육 방식을 적용하면서 전문성이 높아졌다. 단순 지식 전달자와 평가자에서 벗어나 학생 개개인의 잠재력을 발견하고 개발하는 것을 자신의 임무로 받아들이는 학습 지원 전문가로 변화했다. 교사들은 각기 다른 학습 계획을 가진 학생들의 잠재력을 파악하고 지원하는 데 초점을 두기 시작했다. 이 과정에서 교사 스스로 계속 배우는 학습자로 변화해야 했다. 교사는 자신의 교안이나 자료를 교사 팀원들에게 제공하고 동료의 자료를 참조하는 등 협력이 늘어났다.

이제 교사의 교육은 개별 교사의 역량이 아니라 교사 팀의 역량과 협력에 의존하기 시작했다. 교사들은 기존 수업 경험의 한계를 넘어서야 하기 때문에 학생들과 동일한 학습 도구들을 이용해서 고급 교육 과정에 대해 미리 연습을 해야 했다. 물론 교사들은 낯설고 익숙지 않은 교육 방식에 당황하거나 불안해했다. 이러한 불안과 당혹감을 넘어서기 위해 학교는 충분한 지도와 훈련, 교육을 교사들에게도 제공해야 했다. 학습 성취를 평가하는 대상과 방식에 대한 동의를 얻는 과정도 민감한 문제이고 매우 중요한 과제였다. 이러한 과제를 해결해나가며 관련된 모든 사람들 사이의 관계와 의사소통도 변화했다. 도전에 대응하기 위해서는 중간 목표를 정의하고 작은 성공을 가시화할 필요가 있었다. 이러한 학교의 변화에 적응하지 못한 일부 교사들은 학교를 떠났지만 이러한 방식에 동의하고 흥미와 열정을 가진 새로운 교사들이 지속적으로 참여하게 되었다.

21세기 교육이 요구하는 자기 주도 학습은 학습의 리듬, 수업 방식, 학습 공간, 교사의 역량 변화를 요구하는 도전임이 분명하다.

45장

개별 맞춤형 학습과 코칭

학생 집단에게 일정한 수준의 역량을 고루 갖출 것을 요구하던 산업주의 시대의 교육은 더 이상 사회에 적합지 않다. 21세기 사회는 다양성 그 자체의 가치와 다양성의 교차 속에서 만들어지는 창조적 가치를 높게 평가한다. 교육을 혁신하고자 하는 학교들은 취향, 관심, 기질, 성격, 태도, 역량 등 친구들과 서로 다른 개성을 가지고 다른 환경 속에서 자라는 개별 학생들의 가능성과 성취, 발전을 중요하게 생각한다.

우리의 국가 교육 과정도 개별 맞춤형 교육을 중요하게 요청하고 있다. 방과 후 선택할 수 있는 수업의 폭은 물론 정규 교육 과정에서 선택 과목의 폭이 넓어지고, 고교 학점제의 등장으로 수업을 듣고자 하는 학생 수가 적더라도 요구가 있다면 특별 과목을 개설할 수 있다. 진정한 개별 맞춤형 교육을 위해 우리는 다음과 같은 질문에 대한 답을 구할 필요가 있다. 선택 과목의 폭을 어느 정도까지 확대해야 할까? 필수 과목과 선택 과목의 비율은 어느 정도여야 할까? 어떤 과목들을 선택 과목에 포함시켜야 할까?

개별 맞춤형 교육의 실제

"당신의 삶-당신의 선택"을 모토로 교육 과정을 개발한 덴마크의 콕학교Koch Skolen는 선택 과목 확대 그 이상인 개별 맞춤형 교육의 실제를 잘 보여준다. 우리에게 필요한 질문의 답을 구하는 데 참조할 만한 사례다. 이 학교는 0~10학년 학생들이 다니는 지역 통합 학교다. 콕학교는 모든 학년에서 교육부의 국가 교육 과정을 따르지만 다른 방식으로 교육을 계획하고 실행하고 있다. 이 학교에서 주목할 점은 20년 이상 실시해온 '비정규 선택 교육 과정'이다. 비정규 선택 교육 과정은 융합 수업과 다양한 개별 선택 과목들(덴마크어, 수학, 영어, 종교, 시각 예술 및 자연, 기술)과 특별 주제 주간, 야외 학교, 캠프 학교를 포함하고 있다. 학생들의 다양한 요구와 관심, 개별성을 지원하기 위한 교육 과정들이다.

　0~2학년의 경우 음악과 체육만 정규 과목이고 나머지는 학년별로 교사 팀이 공동으로 개별 선택 과목들 중에서 교육 과정을 설계한다. 0~2학년 교사는 일반적으로 수학과 덴마크어 교사다. '비정규 선택 교육 과정' 수업은 수업 시수나 단위 수업 시간에 제한받지 않는

수업으로 유연하게 적용할 수 있다. 수업 회수도 단위 수업 시간도 자유롭게 교사들이 기획할 수 있다.

3~5학년 학생들은 이른바 수업 상점에서 다양한 관심 과목을 선택할 수 있다. 학생들은 덴마크어, 수학, 영어, 오리엔테이션(자연, 기술, 역사, 생물학, 지리의 조합), 음악, 스포츠, 수영, 시각 예술, 바느질 및 수공예 중에서 선택할 수 있다. 덴마크 학교에서 덴마크어가 선택 과목이라는 점도 놀랍고 우리라면 반드시 필수 과목이었을 수학, 영어, 음악, 스포츠도 선택 과목이다.

4~5학년은 소규모 그룹으로 음악, 시각 예술, 바느질 및 공예에 대해 파트타임 수업을 받는다. 수업 상점의 학습 주제는 학제 간 경계를 넘어서는 융합 수업의 성격을 갖는다.

6~7학년들은 저학년에 비해 선택 가능한 과목들이 더 많다. 덴마크어, 수학, 영어 및 스포츠 과목이 필수 과목이 된다. 새로운 과목은 독일어와 프랑스어로 선택 과목이다. 6학년은 독립 수업으로 문화 과목이 포함되는데 역사, 사회, 종교 주제를 다룬다. 7학년에서는 야외 수업에서 일부 주제를 다룬다. 과학은 생물, 지리 및 물리, 화학 분야의 책을 읽는 독서 과정으로 진행한다. 6학년에서는 과학이 독립 과목이지만 7학년에서 과학은 야외 수업의 일부이다. 7학년에서는 물리, 화학이 독립된 과목 수업이다.

창의 과목으로 6학년과 7학년 학생들은 다양한 신체 발달, 혁신, 디자인 및 표현을 포괄하는 사진, 음악 이벤트, 가방 만들기, 댄스, 음식 프로젝트 중에서 선택할 수 있다. 선택 과목은 1년에 세 번 변경할 수 있고, 과목은 관심사에 따라 다를 수 있다. 학생들은 각 기간마다 다른 과목을 선택하거나 여러 기간 동안 선택 과목에 집중할 수 있다. 이외에도 고학년은 매년 여섯 개의 주제 주간 수업과 한 개의 캠프 학교에 참여한다. 주제 주간 수업은 예를 들어 전체 생태, 신문 제작, 연극 등 단일 주제에 한 주 동안 집중할 수 있다. 사춘기 아동은 가만히 앉아 집중하는 데 어려움이 있기 때문에 7학년 시간표에 새로운 과목이 등장한다. 10시 30분부터 14시까지 일주일에 하루 학교를 떠나 '야외 학교'에 참여한다. 야외 학교는 지역의 야외 공간이나 공공장소나 부모들의 회사를 방문한다. 이때는 모든 과목이 통합된다. 그 다음 방문 경험을 정리하는 수업들이 이어진다.

8~9학년이 되어서 드디어 개별 과목별 기말 시험을 치른다. 공통 문화 수업에서 역사와 사회는 분리한다. 과학 과목도 통합 시험을 치른다. 여섯 개의 주제 주간이 있고 이때 학생들은 자신이 선택한 주제에 한 주간 동안 집중할 수 있다. 9학년이 되면 높은 수준의 영어 실력을 쌓고 싶은 학생들은 캠브리지 대학에 시험을 치를 수 있는 기회와 함께 더 높은 수준의 영어 수업을 선택할 수 있다.

10학년 학생은 모두 1년에 4학기를 거치며 각 학기마다 고유한 주제에 집중한다. 다양한 선택 과목이 있고, 캠브리지 시험을 치를 수 있다. 기타 선택 과목 중에는 라틴 댄스, 힙합 댄스, 영화, 사회, 디자인, 시각 예술, 공예, 연극이 포함되어 있다.

덴마크 콕 학교의 학년마다 달라지는 선택 과목과 수업들의 변화를 살펴보았다. 의외로 필수 과목보다 선택 과목의 폭이 훨씬 더 넓다. 선택은 과목뿐 아니라 수업 시간, 수업의 형태, 장소로 확장되고 있다. 선택의 주체는 학생이지만 선택 과목의 계획과 준비는 상대적인 자율성을 갖는 학년별 교사 팀의 몫이다.

하이델베르크 숲 학교의 특별한 학습 코칭

개별 맞춤형 교육을 위해 선택 과목을 확대하는 만큼 학습 코칭의 중요성이 커진다. 아직 어린 학생들이기 때문에 학생의 선택을 존중하되 교사와 학생이 함께 학습을 계획하고 관리하고 성취를 평가하고 지도할 필요가 있다. 하이델베르크 숲 공원 학교Waldparkschule는 학교에서 1:1 학습 코칭의 모범적 사례를 보여준다. 이 학교는 개인 맞춤형 코칭으로 2017년 독일 학교 상German School Prize의 '심사위원상'을 수상했다. 이때 시상자는 앙겔라 메르켈 전 독일 총리였다. 이 학교는 1967년에 개교한 지역 학교로 초중등 과정을 운영하고 있다. 모든 학생마다 지정된 교사가 학습 코치가 되어 주간 코칭 미팅을 갖는다. 이때 학생들이 작성한 학습 일기를 참조 자료로 활용한다.

개별 학습 코칭은 "모든 어린이와 청소년을 격려하고 도전하는 것이 중요합니다. 젊은이들의 재능을 개발하고 약점을 극복하는 것이 우리의 목표입니다."라는 학교의 교육 목표에 따른 것이다. 2013년 여름 5학년 두 학급부터 실험적으로 개인 학습 코칭을 시도한 후 본격적으로 적용했다. 이후 학습 좌석 배치, 학습 시간표, 교육 과정 등 다른 교육 혁신을 병행했다. 학교에서 1:1 학습 코칭과 토론을 시작한 후 학생 개개인의 가정 형편과 상황에 대해 교사들이 더 깊게 이해하게 되었다. 무엇보다 교사와 학생 간의 상호 이해, 피드백을 주고받을 수 있는 기회가 늘면서 신뢰를 바탕으로 소통이 늘었다. 이러한 1:1 학습 코칭의 결과는 긍정적이었다. 학생들의 학업 성취가 높아졌고, 교실 소란도 줄었다. 학생들은 자신의 학습 과정에 대해 구조적으로 생각하는 법을 배웠다.

하이델베르크 숲 공원 학교의 개별 학습 코칭을 좀 더 들여다보자. 학교는 청소년들에게서 발견되는 성격 특성을 여우, 작은 새, 오소리, 올빼미, 고슴도치의 다섯 동물로 비유하고, 각각의 동물로 상징되는 성격, 특성, 강점과 약점을 고려하며 지도한다는 점이 특별하다.

영리한 여우

학업 성취를 위해 매우 야심차게 계획하고 노력하는 영리한 여우를 많이 볼 수 있다. 학교는 여우같이 영리한 학생들을 지원하고, 격려하고, 현실적인 피드백을 제공하고, 새로운 과제를 제시한다.

소심한 작은 새

학교에는 소심한 작은 새 같은 아이들이 많다. 밝은 곳으로 안내하고 두려움을 느끼는 장애물을 제거하고 용기를 키우며 학습의 기쁨을 느낄 수 있도록 자극하고 지원하고 긴밀하게 지도하고 격려할 필요가 있다. 이 작은 새를 압박하지 않고 조심스럽게 보살핀다.

건방진 오소리

건방진 오소리는 쉽게 감동받지 않지만 종종 뚜렷한 자신감을 보이며 너무 가볍게 말하고 쉽게 행동하는 경우가 적지 않다. 이러한 학생들에게 학습 코치와 명확한 합의를 통해 성찰할 기회와 규율을 제시한다.

현명한 올빼미

현명한 올빼미는 신중하고, 지식이 많고 자신감에 차 있다. 다른 사람들에게 자신의 지식과 경험을 기꺼이 알려준다. 올빼미 같은 학생들의 이러한 능력을 더욱 발전시키는 것이 학교의 임무이다.

가시 많은 고슴도치

가시가 많은 고슴도치와 같은 학생은 자신이 모르는 것에 대해 재빨리 등뼈 가시를 세우고 방어적으로 반응한다. 이러한 학생들의 호기심을 자극하고 이전에 알지 못했던 내용에 대해 관심을 갖도록 돕는 것이 학교의 임무다.

1:1 학습 코칭 시간의 실제 운영과 코칭 공간에 대해 살펴보자. 학교의 모든 학생들은 일주일 중 하루를 정해 오전 7시 50분까지 학교에 도착해서 교사와 학습 코칭 시간을 갖는다. 최대 다섯 명의 학생으로 구성된 그룹에서 담임교사는 각 학생과 함께 개별 학습 일지를 작성하면서 코칭을 한다. 지난주에 어떤 학습 목표를 달성했는지 이야기하고, 새로운 목표를 학습 일지에 적는다. 이러한 개인적인 토론과 코칭을 하는 동안 교사들은 일반적으로 현재 학생들의 가족 환경에 대해 파악한다. 학습 코칭은 5~10학년은 매주, 3~4학년은 한 달에 한 번 진행한다. 담임의 학습 코칭 외에도 전문가 코칭이 있는데 대부분 밝은 분위기의 통창으로 된 소그룹실에서 진행한다. 참고로 학교의 교실 책걸상은 특이하다. 바로 옆에 개인별 책장이 붙은 형태인데, 개인 학습 공간을 구분한다.

46장

협력 학습과 배움의 공동체

최근 발표된 학업 성취와 관련한 다수의 논문들을 보면 동료들과 함께 팀을 이뤄 학습하고 공동의 프로젝트를 수행하는 협력 학습과 협력 프로그램의 학업 성취도가 높다. 좀 더 공부를 잘하는 친구들은 조금 뒤쳐진 친구들의 학습을 돕고 동료로서 가르칠 때 자신의 배움을 좀 더 확실히 할 수 있다. 뒤쳐진 친구들은 친구들의 도움으로 더 나갈 수 있다. 사실 모든 학생들이 모든 분야에서 탁월할 수 없다. 서로 팀을 이뤄 각자가 잘하는 분야나 활동, 과목을 통해 기여하고 자신이 잘하는 것이 무엇인지 알게 될 때 학생들은 자부심과 효능감을 가질 수 있다. 이렇게 서로 다른 분야에서 탁월한 아이들의 협력은 공동의 프로젝트를 더욱 효과적으로 성취할 수 있으며 서로 이해하고 존중하고 협력하는 배움의 공동체를 만들 수 있다. 이러한 이유로 21세기 학교는 개별 경쟁 학습보다 협력 학습과 다양한 협력 활동을 주요한 특징으로 삼는다.

배움의 공동체

독일 슈바바흐Schwabach 시의 요하네스 케른 중학교Johannes Kern Mittelschule는 강력한 배움의 공동체를 강조한다. 학교의 사명 선언조차 "우리는 가족입니다."라고 강조한다. 약 380명의 학생들이 다니고 있는데 이 가운데는 이민자 자녀들이 다수 포함되어 있다. 당연히 포용과 문화적 다양성을 지향한다. 이러한 조건 하에서 학교는 관계 구축, 민주화, 참여 및 네트워킹 등 협력과 교육 공동체에 중점을 둔 학교 문화를 형성하려 노력하고 교육 과정에도 반영한다. 학교의 교육

함께 배우다	함께 만들다	함께 계획하다
개별 보충 수업 : 자기 주도적이고 독립적인 학습을 촉진하기 위해 개별 보충 수업 지원 그룹 프로젝트와 핵심 역량 여권 : 그룹 프로젝트를 수행하면서 학생들이 핵심 역량을 발견하도록 하고 핵심 역량 여권을 발급한다. 프로젝트를 통해 학생들은 무엇보다 함께 배우고 문제를 해결해나가는 협력의 경험과 사회관계 기술을 키운다. 독서 집중 : 모든 과정에서 독서에 집중해 학생들의 문해력을 강화한다.	나와 다른 학생을 포용하고 동료들과 협력하면서 자신의 자아와 자질과 장점을 발견하도록 지원하는 협력적인 프로젝트를 학교 수업의 기초로 삼는다. 학생회 운영 / 학교 구급 대원 / 갈등 조정 학생 그룹(중재인) / 학교 밴드 / 합창단 등에 참여토록 한다.	진로 탐색, 기술 습득, 디지털 교육, 민주적 참여, 가치 교육, 지속 가능성 등에 대해 학생, 교사, 학부모 등 학교 구성원들이 함께 계획한다. 학교는 학교 구성원들의 적극적 참여를 위해 "교사가 학교에 간다." "학생이 학교에 간다." "부모가 학교에 간다." "파트너가 학교에 간다." 라는 모토 아래 다양한 참여 기회를 마련하고 있다. 여기서 파트너는 이 학교가 협력하는 지역 학교들과 기관들을 의미한다.

요하네스 케른 중학교의 협력적 교육 과정 ⓒJohannes Kern Mittelschule

과정은 '함께 배우다' '함께 만들다' '함께 계획하다'로 요약할 수 있다.

독일 괴팅겐Gottingen의 게오르크 크리스토프 리히텐베르크 종합학교Georg-Christoph-Lichtenberg Gesamtschule는 1960년대와 1970년대 초반의 개혁적 교육 풍토 속에서 설립되었다. 이 학교의 교육 비전과 교육 목표를 담은 사명 선언문에서 우리는 '협력의 배움 공동체'를 지향한다는 것이 무엇을 뜻하는지 명확히 알 수 있다.

우리는 모든 학생이 개인적으로 발전할 수 있고 다양한 학습 방식을 추구할 수 있기를 바란다. 수업에서 학습은 머리, 마음, 손으로 이루어지며, 현실에 바탕을 둔 문제 기반의 배움을 추구하고, 함께 하는 그룹 문화를 만들고 흡수한다. 우리는 팀 정신이 우리 학교의 강점이 되기를 바란다. 이곳에서 함께 배우고, 책임감을 갖고, 자신과 다른 사람들에게 감사하고 존중하는 것을 포함한다. 우리는 우리 학교의 모든 사람들이 편안함을 느끼고 신뢰하며 자라기를 바란다. 우리는 서로를 존중하고 받아들이기를 원한다. 정직하고 사려 깊은 평가와 조언은 자신과 다른 사람들에 대해 책임을 지는 데 도움이 된다. 우리는 학교 공동체의 모든 구성원이 공동체의 결정을 이해하고 생각을 교환하며 가능한 발언권을 갖기를 바란다. 우리는 우리가 만들 수 있는 최상의 친절하고 격려하는 환경에서 각자 자신이 원하는 방법으로 두려움 없이 나갈 수 있기를 바란다. 우리는 특별한 학교에서 배우고, 활동하고, 살아간다는 것을 안다. 우리는 이 학교를 더욱 발전시키고 유지시켜 나가기를 희망한다.

　이 학교의 학습 공동체는 교사, 학생, 학부모들까지 소그룹 팀으로 조직되어 학습하고 활동한다. 이 학교에서는 팀워크가 모든 면에서 최우선이다. 학교의 모든 영역은 대체로 독립적으로 작동하는 여러 계층적 조직으로 구성되었다. 가장 큰 조직 단위는 학년별 클러스터이다. 중학교 수준의 각 학년은 약 180명의 학생과 12~15명의 교사를 포함하는데, 별도의 공간과 조직적 틀을 갖는다. 매년 학년별로 자체 수업, 자유 작업, 차별화 수업을 하고, 학년 클러스터마다 PC실과 학년별 교사 팀 업무실이 있다. 각 학년 클러스터는 학습 시간표 설정, 교구재 구매 등 상대적인 독립성을 갖고 자체 의사 결정 권한을 갖는다. 학년별 클러스터를 큰 학교 내에 작은 학교처럼 운영한다. 1년 동안 학년별 클러스터 내 교실과 교사, 직원, 학생은 바뀌지 않는다. 학년별 클러스터는 30명 단위 학생으로 묶인 여섯 개의 핵심 그룹으로 나뉜다. 우리의 반별 구성과 유사하다. 각 핵심 그룹은 최소 2명, 때로는 3~4명의 교사로 구성된 교사 협력 팀이 담당한다.

　각 핵심 그룹은 다시 학생 여섯 명을 한 조로 묶어 다섯 개의 테이블 그룹으로 조직한다. 테이블 그룹은 여학생과 남학생 수의 균형을 맞추고, 학업 능력이 다른 학생들을 골고루 섞는다. 이렇게 혼합된 테이블 그룹 내에서 학생들은 협력을 배우고 자신의 역할을 갖는다. 성적이 좋은 학생은 종종 성적이 낮은 학생을 위한 또래 친구 교사 역할을 맡을 수 있다. 이러한 협력적 학습 덕분에 전체적인 수업의 진도와 성취는 지나치게 방해받지 않는다. 테이블 그룹은 대략 3~6개월마다 바꾼다.

또 다른 특징은 학부모들도 테이블 그룹에 따라 조직한다는 점이다. 테이블 그룹의 학부모들은 6개월에 두 번 테이블 그룹의 부모와 학생들을 집으로 초대해 식사를 같이 한다. 이때 교사도 함께 참여한다. 테이블 그룹 식사 모임 때 학생들은 몇 달마다 함께 학습하고 활동한 것을 동료와 부모, 교사들 앞에서 발표하고 테이블 그룹의 협력 학습과 협업 활동 경험에 대한 생각을 나눈다. 이후에는 학생들 없이 학부모와 교사만의 대화로 학부모의 밤을 계속한다.

시간과 공간, 헌신과 책임감이 필요하다

이러한 교사, 학생, 학부모가 참여하는 학년별 클러스터-핵심 그룹-테이블 그룹 모델이 제대로 작동하기 위해서는 모든 사람이 기꺼이 더 많은 책임을 지고 단계적으로 성장할 수 있는 충분한 시간이 필요하다. 동시에 학교 운영진은 결정을 내리고 학부모를 더 밀접하게 참여시킬 준비가 되어 있어야 한다. 이러한 운영은 각 클러스터 또는 관련 위원회의 매우 많은 시간과 집중을 필요로 한다. 중요한 전제 조건은 소그룹 팀 모델을 지원할 수 있는 적절한 공간 환경이다.

학부모와 교사, 학생들의 협력은 학교의 지역 사회 협력 사업을 통해서도 더 단단해진다. 학부모는 물론 지역 사회와 학교가 협력하고, 학생들이 실제의 다양한 지식과 경험을 갖게 하는 필수적인 교육 과정이기도 하다. 학교는 학부모, 학생들과 함께 지역 사회 협력 사업을 통해 놀이 센터, 학교 카페와 레크레이션실, 차실, 디스코장, 작업 공방, 당구대와 다트가 있는 놀이 공간 등을 운영한다. 여기서 발생한 수입은 학교의 교육을 지원하기 위해 사용한다. 이러한 학교의 지역 사회 협력 사업의 운영을 위해 교사, 학생, 학부모가 참여하는 별도의 소모임들이 있고, 소모임별 교육을 진행한다. 이때 학교 외부의 다른 기관과도 협력할 수 있다. 이러한 사업과 활동을 위해 학교는 학습 공간 외에 위에 언급한 사업과 관련된 공간들이 필요하다.

독일의 대다수 학교는 의무 수업 외에 학생들이 관심사에 따라 선택할 수 있는 작업 그룹Arbeitsgemeinschaften을 운영한다. 작업 그룹은 상상할 수 있는 거의 모든 주제와 관련해서 만들 수 있다. 작업 그룹의 주제는 합창, 기악, 댄스, 신문 제작, 사진, 자연 보호, 독서, 공예, 공작, 회화, 탐험, 정원 가꾸기, 축구, 보드 등 각종 취미 관심사를 포함한다. 학생 동아리나 학생 클럽에 해당한다. 보통 학생이 이끄는 작업 그룹과 교사가 이끄는 작업 그룹으로 나뉜다. 일반적으로 학교에서 교사나 외부 전문가의 지도하에 매주 모임을 갖지만 종종 외부 기관과 협력한다. 이러한 작업 그룹은 학생들에게 의무 수업의 압박감으로부터 벗어난 학습의 즐거움과 재능을 개발하고 증진하는 데 목표가 있다. 어떤 학교는 이러한 작업 그룹을 특정 요일 오후에만 진행한다. 이런 점에서 우리의 방과 후 수업과도 다소 다르다. 학년 초에 학생들은 참여하고 싶은 작업 그룹을 선택할 수 있는 반면 모든 학생들은 의무적으로 작업 그룹 중 한 곳에 참여해야 한다. 작업 그룹은 학년마다 학생들의 선택에 따라 재편성한다.

협력 학습과 활동을 위한 공간 디자인

협력 학습과 활동을 지원하기 위한 공간 디자인에 대해 좀 더 살펴보자. 호주 북동부 퀸즐랜드의 칼룬드라 기독교 칼리지Caloundra Christian College 사립초등학교는 유치원생부터 12학년까지 약 300명의 학생들이 다니고 있다. 이 학교는 학생들의 회복 탄력성, 적응성, 협력을 강조한다. 이러한 교육 목표를 지원하기 위해 학교 실내외 학습 환경은 모두 놀이 기반 학습과 활동, 협력 학습 교육 과정을 중심에 두고 설계했다. 이를 위해 학습 공간은 다양한 학습 유형, 인원, 활동을 유연하게 지원하기 위해 다양한 규모의 공간들을 혼합하고 있다. 이러한 학습 공간의 디자인으로 칼룬드라 기독교 컬러지는 다음과 같은 상을 수상했다. 2020 AIA Gabriel Poole Award 올해의 건축물McLellan Bush Architects, 2020 AIA 선샤인 코스트 지역 표창–교육 건축McLellan Bush Architects, 2020 LEA Award for Excellence in Education Design,

조경/야외 학습 구역 수상^{Greenedge Design}, 2019년 Master Builders Regional & QLD State Award 등이다.

이처럼 학년-학습 그룹-소그룹 학습과 활동, 취미와 관련된 작업 그룹 활동, 학교의 다양한 지역 사회 사업을 비롯해 학교에서 협력 학습과 교육 공동체를 강화하려면 과거 학교보다 더 많고 더욱 다양한 공간이 필요하다. 물리적인 공간 지원뿐 아니라 시간대별 공간 예약과 활동별 공간 배분이 중요한 이슈가 된다. 오전에는 학급 교실이었던 곳을 특정 요일에는 작업 그룹 공간으로 사용하고, 낮 시간 회의 공간이거나 소그룹 공간이었던 곳을 다른 목적으로 사용할 수 있어야 한다. 지역 사회 사업을 위해서는 말 그대로 사업이 가능한 설비와 기능을 제공하는 공간이 필요하다.

47장

주제 중심 수업과 학습 기둥

과거 학교 수업이 과목별 수업이었다면 융합 프로젝트 수업은 21세기 학교의 특징이다. 세상의 실제 문제는 아카데믹한 지식만으로 해결할 수 없다. 직장에서 해결해야 할 과제도 역시 마찬가지다. 현실의 과업은 다양한 분야에 걸쳐 실제와 관련된 종합적 지식과 판단을 요구한다. 학교는 학생들의 현실 세계에 대한 종합적인 지식과 경험, 문제 해결 능력, 판단 능력, 자발적 학습 능력을 융합 프로젝트를 통해 발달시키고자 한다. 융합 프로젝트 수업은 여러 과목에 걸친 수업과 활동 내용을 포괄하고 연결하는 주제를 다룬다.

유럽과 북미의 많은 학교들이 주제 중심의 수업으로 전 교과 과정의 연결을 높이고, 이를 보다 효과적으로 추진하기 위해 학교의 모든 수업에 중심 주제인 글로벌 주제에 따라 분류한 학습 기둥을 설정한다. 학습 기둥에는 다시 융합 수업을 위한 소주제들과 수업 내용을 설정한다. 융합 프로젝트 수업은 다양한 과목에 걸쳐 여러 교사들의 협력이 필요할 뿐 아니라 학생들도 각기 다른 수업에서 배우는 내용들의 상호 관련성을 파악하도록 명확하게 안내해야 한다. 이를 위해 지식 구성자를 제작해 배포한다. 지식 구성자는 주제 중심 수업을 위한 안내서라 할 수 있다.

독서 중심으로 주제 중심 수업

잉글랜드 크로이던의 웨스트 손턴 초등학교West Thornton Primary School는 무엇보다 독서 교육을 중시하는 주제 중심 수업 방식을 택한 학교다. 이 학교는 독서가 초등학교 교육 과정의 모든 측면에서 성공을 뒷받침하는 평생 기술이라고 믿는다. 아이들에게 읽기를 가르칠 뿐만 아니라 평생 학습자로 만든다. 아이들은 자신 있게 다양한 책에 대해 토론하고 정기적으로 즐겁게 책을 읽을 수 있다. 읽기, 쓰기, 웅변 능력과 함께 효과적으로 아이들의 문해력을 발달시킨다.

학교의 교육 과정은 여섯 가지 글로벌 주제를 중심으로 계획되어 있다. '사회 정의와 평등' '정체성과 다양성' '지속 가능한 개발' '평화와 갈등' '인권' 그리고 '권력과 거버넌스'가 핵심 주제다. 이 여섯 가지 글로벌 주제는 학교의 모든 과목, 모든 수업 내용을 포괄한다. 초등학생들이 다루기에 만만한 주제가 아니다. 학교는 학생들에게 실질적 지식과 학문적 지식이 연결되어 있고, 상호 의존한다는 것을 알도록 융합 교육 프로그램을 제공한다. 교육 내용은 각 글로벌 주제의 핵심 지식과 개념을 포함하고 있다.

모든 수업은 지식이 누적되며 아이들이 핵심 지식을 배우고, 시간이 지남에 따라 개념적으로 이해할 수 있도록 한다. 용어 설명은 매우 중요하다. 각 수업 내용은 지식 구성자에 요약해 정리하고, 각 과목의 상호 연결성을 매핑하고 순서를 정한다. 기본적으로 주제 중심 수업,

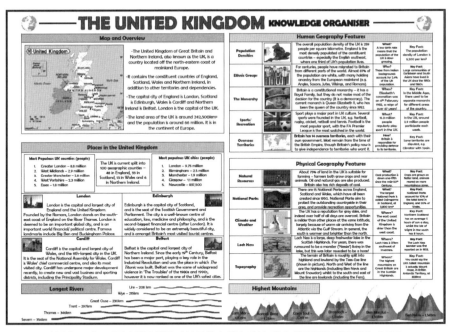

영국을 주제로 다룬 수업을 위한 지식 구성자, 필수 지식, 개념, 용어 등을 담고 있다. ⓒTES

융합 프로젝트는 다양한 과목 수업에 걸쳐 있고, 여러 교사들의 협력과 전체 주제에 대한 개괄적인 이해를 공유해야 하기 때문이다. 지식 구성자는 주제 중심 융합 수업을 위한 교사, 학생, 학부모를 위한 안내서 역할을 한다. 이 지식 구성자는 대개 학교들에서 교사, 학부모, 학생들이 언제든지 참조할 수 있도록 온라인이나 주제 박스에 카드로 인쇄해 공개한다.

손턴 초등학교의 주제 중심 융합 교육 과정은 국가 교육 과정과 분리되어 있지 않다. 핵심 지식은 국가 교육 과정에서 가져온다. 교사들은 개별 과목 내에서 지식 범주를 식별해 각 학년별로 수업에 적용할 수 있도록 계획하고 있다. 글로벌 주제 중심 교육 과정은 점점 더 복잡하고 빠르게 변화하는 실제 세상을 아이들이 종합적인 맥락 속에서 이해할 수 있는 능력을 키운다. 학생들이 세계 문제에 대해 비판적으로 생각하고 자신의 행동이 다른 사람들에게 미칠 수 있는 영향에 대해 알 수 있도록 한다. 그외 배움은 육상, 댄스, 그림, 미술, 농구, 축구, 피트니스, 요리, 컴퓨터, 사진, 체조, 체스 등 다양한 클럽 활동을 통해 보완한다. 아이들은 이러한 다양한 교육 프로그램과 배움의 경로를 자기 주도하에 스스로 관리할 권한을 갖는다.

손턴 초등학교가 채택한 공간 디자인

주제 중심의 교육 과정을 운영하는 웨스트 손턴 초등학교의 교육 철학은 학교의 공간 디자인과 어떻게 연결되었을까? 손턴 초등학교는 자신들의 교육 철학과 가치, 교육 프로그램을 지원하기 위해 학습 전경 모델을 채택했다. 호주, 뉴질랜드뿐 아니라 잉글랜드에서도 학습 전경은 초등학교 공간 혁신의 선두에 서 있다. 손턴 초등학교는 다섯 가지 형태의 학습 전경 공간으로 구성되어 있다. 각각의 학습 전경은 90명이 함께 수업하고 활동할 수 있는 열린 대형 공간이다.

이곳에서 여러 명의 교사들이 협력하며 가르치고, 90여 명의 학생들이 협동하며 배우고 활동한다. 우리와 같은 반별 학급이 기본 학습 단위가 아니다. 각각의 학습 전경은 넓은 학습 거실, 학습 계단, 오두막 같은 개별 공간, 동굴 같은 벽감 공간, 여러 명이 앉을 수 있는 그룹 소파, 여러 명이 앉을 수 있는 소규모 계단 좌석, 중규모 수업을 할 수 있는 구석진 강의 공간, 서로 발표할 수 있는 낙서가 가능한 필기 벽면, 귀여운 자동차 공간, 인조 잔디가 깔린 테라스 공간 등 다양한 내부 활동 구역을 포함하고 있다. 공간을 문이나 벽으로 분리하며 닫지 않고, 일부분만 간단한 칸막이 정도로 구분하고 있다. 학생들은 자신들의 학습 공간을 선택할 수 있고, 눕거나 앉거나 기대거나 그 어떤 자세로도 책을 읽고 쓰고 활동할 수 있다.

주제, 역량, 태도

중등 과정에서 이루어지는 주제 중심 수업

베렌보스텔 상급 학교Berenbostel Oberschule는 2017~18학년도에 새로
설립한 5~10학년 학생들이 다니는 중등학교다. 이 학교는 청소년들
이 자기 결정력을 갖고 자기 효능감과 자긍심을 높이는 지식, 기술 및
태도 습득을 교육 목표로 삼고 있다. 베렌보스텔 학교의 교육 과정은

	5	6	7	8	9	10
인간과 사회	나의 가족	나의 아파트	우리도시	우리나라	유럽 사람들	세계화
시간과 역사	문화의 기원	인류의 발전	자유를 위한 노력	만족을 위한 노력	세계 강국	민주주의적 생활
기술과 예술	파티	나무에 관한 모든 것	산업화	에너지에 관한 모든 것	책임 있는 진보	통신
자연과 공간	퍼즐로 가득한 숲	서식지인 물	환경보호	동물보호	지구에 대한 책임	혁신

베렌보스텔 상급 학교의 THEO 글로벌 주제와 세부 수업 주제
ⓒBerenbostel Oberschule

주제 중심 수업인 THEO^{Themenorientierten}, 주간 평가인 LEA^{Learning Development Exchange}, 자유 학습인 Frei Day가 중심축을 이룬다. 2020~21년 초에 이 학교는 주제 중심 수업인 'THEO 모델'을 만들고 모든 교육 과정을 정리해 통합했다.

주제 중심 수업THEO은 주제, 역량, 태도 세 가지 성과 수준에서 차별화된 새로운 교육법이다. 주로 5~8학년 학생들의 수업과 활동 시

간 흐름을 만든다. 주제 중심 수업은 모든 수업 내용을 '자연과 공간' '인간과 사회' '기술과 예술' '시간과 역사' 네 가지 중심 주제 영역으로 나눈다. 각 주제는 5~8학년까지 점진적으로 확장되며 세부 주제를 다룬다. 이러한 방식으로 중심 주제를 더 큰 맥락과 다양한 관점에서 볼 수 있도록 한다. 주제 중심 수업은 상위 핵심 과제와 함께 세부 필수 주제를 다루는 8주간의 학습과 활동으로 구성되어 있다. 주간 평가와 성찰LEA은 학생의 학습과 활동에 대한 평가와 교사와 학생의 토론으로 진행한다. 이러한 방식으로 학생들의 자율적 학습을 지원하고 강화한다.

특정 주제에 집중할 수 있는 주제 요일인 자유의 날은 매주 금요일 8시부터 오후 1시 30분까지만 수업이 있다. 학생들은 각자 자신만의 세계에 대한 궁금증, 관심 및 주제에 따라 자유롭게 학습과 활동을 할 수 있다. 보통 학교마다 주제 요일 활동을 최소 1주일에 네 시간 이상 진행하는데 이 학교는 금요일에 집중하고 있다. 담임교사가 참여하고 지도하는 개별 프로젝트도 있다. 주제 요일 학습의 초점은 "불확실성에 대한 용기와 신뢰와 같은 핵심 미래 역량을 키우고, 변동성, 불확실성 및 복잡성을 가진 청소년들에게 권한을 부여해서 모호성을 처리할 수 있는 자기 주도력을 키우는 것"이다.

온라인 학습 도구인 패들릿Padlet은 이 학교가 주제 중심 교육과 자기 주도 학습을 끌어가는 데 활용하는 주요 도구다. 학습 주제의 선택과 과정은 디지털 플랫폼인 패들릿으로 처리한다. 새롭게 디자인한 디지털 학습 일지인 로그 북으로 모든 학생은 수업과 활동을 계획하고 변경하거나 스스로 검토할 수 있다. 모든 학습 과정을 로그 북에 문서화해 기록한다. 학습은 학년이 올라갈수록 자기 주도성을 강조한다. 아날로그 및 디지털 요소를 결합하고, 학습 과정과 학습 그룹을 선택하는 권한은 학생 자신에게 있다. 학생들은 모두 1:1로 태블릿을 갖추고 있으며 이제 학습 플랫폼을 알아서 능숙하게 활용한다. 교사는 학습 과정에 참여해 계속해서 조언과 지원을 제공한다.

48장

디지털 시민 되기와 스마트 학교

코로나 기간 비대면 교육은 과연 성공적이었을까? 세계의 많은 학교가 디지털 장비와 인터넷 도구를 활용한 비대면 교육을 대안으로 실시했다. 교사와 학부모, 학생들은 어쩔 수 없는 대안으로 비대면 교육을 받아들이면서 명확한 한계와 다양한 문제점을 발견했다. 교육 격차는 더욱 확대되었다. 가정 형편이 어려워 학생의 비대면 교육을 부모가 보조할 수 없는 경우, 불충분한 인터넷 접속 환경, 충분한 성능과 큰 모니터가 달린 디지털 디바이스(PC, 노트북, 태블릿)를 가지고 있지 않은 경우, 심지어 작은 스마트폰으로 비대면 학습을 해야 하는 경우 수업 집중도는 떨어질 수밖에 없다. 안 그래도 비대면 수업은 3시간이 넘으면 급격한 피로감과 집중력 저하를 유발한다는 보고서들을 발견할 수 있다.

비대면 교육의 한계와 전망

비대면 수업의 경우 출석을 확인하고 강제하는 일부터 쉽지 않은 일이었다. 어떤 아이들은 카메라를 꺼놓거나, 가상 사진으로 대체했다. 교사들도 끊임없이 초기의 이런 문제를 해결하기 위해 수시로 학생들을 순환 호출했다. 교사들 입장에서 비대면을 위한 온라인 학습 교안을 만드는 것은 적지 않은 시간을 필요로 했다. 결국 비대면 교육을 위한 콘텐츠의 상당 부분을 프로 강사들이 공개한 온라인 콘텐츠에 의존하는 경향도 나타났다. 비대면 교육은 인터넷과 온라인 학습 툴을 사용했을 뿐 미래 교육의 요청을 충분히 지원하지 못했다. 다만 교사와 학생들은 줌, 구글클래스, 패들릿, 온보드 등 다양한 온라인 협업 툴을 짧은 코로나 기간 동안 익숙하게 사용하기 시작했다.

디지털 학습의 성과는 어떠했을까? 최근 독일에서 나온 기사를 보면 아날로그 교육 환경에서 상위 10퍼센트에 해당하는 학생들은 디지털 학습 환경에서도 학업 성취도가 높았다. 나머지 80퍼센트의 학생들은 이전과 같이 평균 수준을 유지했다. 하위 10퍼센트는 디지털 교육 환경에서 더욱 악화되었다. 그럼에도 디지털 기술의 발달과 인터넷의 활용이 완전히 새로운 형태의 일과 삶, 과거와 다른 소통 방식과 지식 활동을 확장하고 있다는 점을 무시할 수 없다.

디지털 역량은 21세기의 삶을 결정짓는 새로운 핵심 역량이라는 데 대체로 많은 이들이 동의한다. 우리가 경험한 비대면 교육의 한계를 극복하면서 사회가 요구하는 디지털 역량을 갖추려면 학교 현장의 디지털 교육 과정과 환경은 어떠해야 하는가, 어떠한 디지털 미디어 역량을 가르칠 것인가는 중요한 과제이다. 21세기에 요구되는 디지털 미디어 역량은 다음과 같다.

- 디지털 기기 사용 능력 개발
- 주요 정보 소프트웨어 사용 능력 개발
- 평생 학습자로서 정보 검색, 취합, 분석 능력 개발
- 정보 기반 학습 및 정보 기반 교과 지식 습득 역량 개발
- 디지털 미디어 콘텐츠 제작, 발신 역량 개발
- IT를 활용한 프로젝트 관리 및 활용 능력
- 온라인 소통과 관계 능력 개발 및 인터넷 도덕성 함양
- 온라인상의 프라이버시 및 언론의 자유, 시민적 가치 이해
- 온라인 정보의 선택과 정보의 진실성 판단 역량 개발

디지털 환경을 통해 더 높은 학습 동기 고취

예나플란 학교는 1920년대에 개발된 전체론적 교육 개념을 내세우며 현재 네덜란드와 핀란드에서 큰 성공을 거둔 대안 학교이고 독일과 일본에도 전파되었다. 예나플란은 사회관계 능력, 용기, 자신감, 기업

가 정신, 창의력 등 21세기 핵심 역량의 개발을 교육 목표로 삼고 있다. 독일 뉴렘베르크에서 2010년에 설립된 예나플란 고등학교Jenaplan-Gymnasium Nuremberg(중고등학교 통합)는 시대적 흐름에 맞게 '디지털 시대의 학습'에 초점을 맞추고 있다. 이 학교엔 성적 평가가 없다. 대신 학생들의 학업과 활동에 대한 지속적이고 복잡한 학습 코칭과 피드백이 있다. 이러한 피드백을 통해 학생 개개인이 자신의 잠재력과 가능성을 발견토록 한다.

수업의 디지털화가 갖는 한계를 예나플란 고등학교는 어떻게 해결하고 있을까? 그 해결책은 디지털 교육과 결합한 실험적 개별 프로젝트이다. 학교는 학생들이 자신의 프로젝트를 수행하도록 하는 동시에 디지털 환경에서 더 높은 동기와 더 큰 학습 의지를 갖게 했다. 프로젝트는 학생들 개개인의 관심사와 기호, 선택에 따르기 때문에 교과과정에서 요구하는 학습과 무관할 수도 있다. 하지만 예나플란 학교는 무엇보다 이 과정을 통해 학습 동기와 의지를 만들어내고 '주체적이고 독립적인 학습 역량과 실행 역량'을 키울 수 있기를 바랐다. 또한 스스로 자신의 프로젝트를 기획하고 관리하고 완결하는 책임성 함양을 주요한 교육 목표로 삼았다.

예나플란 학교는 디지털 교육에 개별 프로젝트를 도입하기 위한 파일럿 프로젝트를 디지털 환경 전문 기업인 펑크 아카데미Punk Academy와 협업으로 2018년에 진행했다. 펑크 아카데미의 도움을 받아 진행한 개별 활성화 학습은 문제 해결 기술, 디지털 및 사회적 기술, 유연성, 창의성, 자신감, 자기 구조화, 최적의 개별 지원을 위한 디지털 학습 환경 조성을 포함했다. 이 파일럿 프로젝트는 완전한 성공을 거두었고 교육계와 여론의 주목을 받았다. 학생들은 4주 프로젝트 기간 동안 자신만의 프로젝트를 시행하고 발표하고 공유할 수 있었다. 18명의 중학생들이 '인간 대 기계' 게임에 참가해 4주 동안 하루 최대 30분씩 다양한 과제를 풀어야 했고, 교사의 지도 없이 웹사이트와 기타 복잡한 것들을 만들어야 했다. 처음에는 다들 어려워했지만 프로젝트가 끝날 때 학생들은 모두 팀에서 웹 구축 기술을 스스로 배웠고 과제를 완료했다. 이후 학교는 이러한 디지털 기술 환경을 활용한 개별 프로젝트를 더욱 확대했다. 과학, 예술, 음악, 문학, 언어 등 전 분야에 걸쳐 디지털 교육이 중심을 차지하게 되었고, 이후 이 학교는 디지털 교육과 관련된 다양한 상들을 수상했다.

학생들의 지속적 연결을 위한 가상 학교

디트리히 본회퍼는 나치 치하의 저항적인 독일의 신학자로, 오늘 소개할 학교는 기독교적 책임과 정치적 신념 때문에 저항 투사가 된 이 개신교 신학자의 이름을 따서 명명되었다. 디트리히 본회퍼 고등학교 DietrichBonhoeffer-Gymnasium는 성공적인 배움은 학습의 장소이자 생활 공간인 학교와 개별 학생 사이의 지속적인 연결을 바탕에 둔다고 생각한다. 학교의 사명선언서는 "학교는 단순한 장소 그 이상이다. 새로운 공생을 위한 가장 큰 도전은 협력을 강화하고, 학교를 더 이상 장소가 아닌 공동체로 보는 것이다."라고 밝히고 있다. 이 학교의 교육 프로그램은 세 가지로 설명할 수 있다.

첫째, 개인에 대한 주목. 개개 학생의 자질과 능력, 성장에 주목하는 개별화 학습, 독립적 학습.

둘째, 다른 학습 방법. 학교는 가르치는 것 이상이며 메타 학습과 미디어 리터러시 강조.

셋째, 단순한 것 이상의 장소. 공동체를 경험하는 학교의 사회 학습과 팀 프로젝트.

디트리히 본회퍼 고등학교는 교육의 요점 중 하나인 다른 학습 방법으로 학생들이 21세기 현대 디지털 사회의 요구에 적응하도록 미디어 리터러시 개발을 노력하고 있다. 학교의 사회 학습과 팀 프로젝트를 통해 함께 작업하며 창의성을 발휘하고 서로 소통하고 협력하는 능력이 미래가 요구하는 핵심 역량이라는 점도 강조한다. 학생들이 학교라는 공동체의 일부라는 소속감과 책임감을 갖도록 한다. 코로나 펜데믹 동안 학교는 의도적으로 흥미롭고 건설적인 팀 프로젝트를 수행하면서 네트워크로 연결된 공동체 의식과 소속감을 강화하기 위해 노력했다. 동시에 독립적인 학습을 촉진하는 데 중점을 두었다.

우선 학교는 태블릿을 이용한 시범 비대면 수업을 개설함으로써 명확한 디지털 학습의 도입과 온라인상에서도 유지되는 공동체 형성에 전념했다. 예를 들어 자발적인 '오락적 가상 과제 프로그램' 도입과 온라인을 통한 공유가 대표적이다. 학교는 학생들에게 휴지 저글링이나 요리, 보행 및 이동 거리 연결하기와 같은 과제에 도전하도록 했다. 각 학급은 팀을 이뤄 빠르게 도전 과제를 수행하며 서로 경쟁했다. 이러한 프로그램은 아무도 코로나 상황에서 혼자라고 느끼지 않도록 하기 위한 조치였다. 패들릿과 그 밖의 디지털 온라인 도구를 활용한 가상 학교에서 학생들은 질문을 하거나 우려 사항을 논의할 수 있는 담당자를 밤낮으로 언제든지 찾을 수 있도록 했다.

　이러한 가상 학교 구현과 비대면 학습을 위해 학교는 기술 지원 팀을 조직했다. 교직원을 위한 온라인 회의실도 만들었다. '가상 휴식 시간' 동안 교사는 문제에 대해 또는 때로는 사적인 문제에 대해 서로 이야기할 수 있는 환경을 구현했다. 이를 바탕으로 디지털 공간에서도 협동 교수법을 확립할 수 있었다. 코로나 기간 동안 디트리히 본회퍼 고등학교의 디지털 환경을 활용한 대응은 단순한 비대면 교육 그 이상이었다.

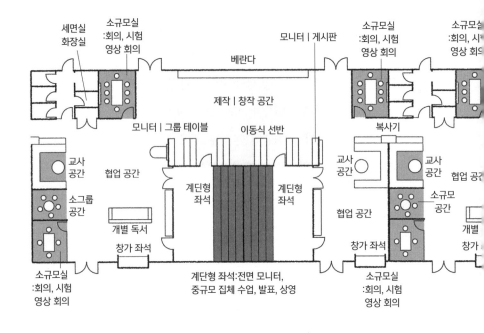

세면실
화장실

소규모실
:회의, 시험
영상 회의

베란다

모니터 | 게시판

소규모실
:회의, 시험
영상 회의

소규모실
:회의, 시
영상 회

제작 | 창작 공간

모니터 | 그룹 테이블

이동식 선반

복사기

교사
공간

협업 공간

계단형
좌석

계단형
좌석

교사
공간

교사
공간

협업 공

소그룹
공간

소규모
공간

협업 공간

개별 독서

창가 좌석

창가 좌석

창가

소규모실
:회의, 시험
영상 회의

계단형 좌석:전면 모니터,
중규모 집체 수업, 발표, 상영

소규모실
:회의, 시험
영상 회의

디지털 시민 되기를 가르치는 학교

뉴질랜드 타라나키Taranaki의 작은 마을에 있는 레퍼톤 학교Lepperton School는 2021년 오스트리아 학교 건축 우수상을 수상했다. 이 학교에 똑같은 상자곽 교실은 없다. 복도도 없다. 집체 수업을 위한 계단 좌석, 소그룹 활동 공간, 협업 공간, 개별 독서 구역, 화장실, 교사 공간,

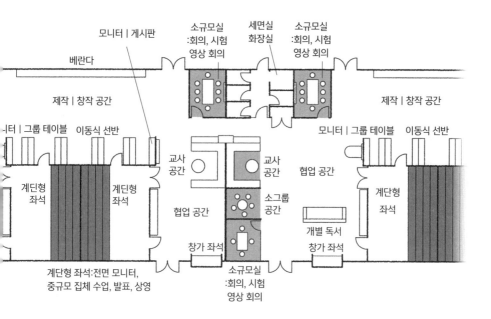

레퍼톤 학교의 학습 허브 체인형 학습 공간 구성 ⓒRobertson Architects

도구와 재료가 가득한 이동식 선반과, 작업 테이블이 있는 제작/창의 공간이 어우러진 커다란 학습 허브가 연속적으로 연결되어 있다. 여러 학습 허브를 외부의 베란다 공간과 두 학습 허브들 사이에 놓인 창작/제작 공간이 체인처럼 연결하고 있다. 학교 도서관은 학교 전체 구성원들의 학습 거실 역할을 한다. 이곳에 다양한 학급 아이들이 모인다. 도대체 이 학교가 이렇게 다양한 공간을 포함하는 학습 허브형으로 학교를 개축한 이유는 무엇일까?

이 학교의 교육 비전은 "아이들을 평생 학습자로 키운다."이다. 이를 위해 미래 기술 6C를 중점적으로 가르친다. 즉 지식 중심이 아닌 역량 중심의 교육을 비전으로 삼고 있다. 학교의 교육 과제로는 "함께 배우는 학습과 적극적인 관계를 통한 협력적 학교 공동체 만들기"이다. 이 학교는 특히 미래 기술 역량 가운데 '디지털 시민 되기'를 강조한다. 이것은 학교에서 디지털 교육의 포괄적 지향을 잘 드러내고 있다. 학교는 특히 디지털 리터러시digital literacy를 우리가 배워야 할 또 다른 기술이나 지식으로만 생각하지 않고 디지털로 활성화된 사회를 이해하고 참여하고 최대한 활용하는 데 필요한 것으로 이해한다. 디지털 리터러시는 디지털 시민 의식의 기본 측면으로 일에 필수적인 기술이자, 자신감과 관련되고 평생 학습자로 살아가기 위한 필수 역량으로 파악한다. 학교가 학생들을 디지털 시민으로 육성하기 위해 디지털 시민에 대해 다음과 같이 정의하고 있다.

· 자신감 있고 유능한 ICT 사용자로 살아갑니다.
· 교육, 문화 및 경제 활동에 참여하기 위해 기술을 사용합니다.
· 사이버 공간에서 비판적 사고를 사용하고 개발합니다.
· 디지털 기술의 언어, 기호 및 텍스트에 대해 잘 알고 있습니다.
· ICT 과제를 인식하고 효과적으로 관리할 수 있습니다.
· ICT를 사용해 긍정적이고 의미 있는 방식으로 다른 사람들과 관계를 맺습니다.

- ICT 사용 시 정직, 성실 및 윤리적 행동을 보입니다.
- 디지털 세계에서 프라이버시와 언론의 자유의 개념을 존중합니다.
- 디지털 시민의 가치에 기여하고 적극적으로 홍보합니다.

스마트 미디어 교육 정립이 필요하다

우리는 이제 디지털 시대 인재와 시민으로서 미래 세대를 육성하기 위해 앞서 소개한 사례들처럼 스마트 학교로 전환을 요구받고 있는 상황이다. 우리의 현장에서는 여전히 혼란을 겪고 있는 듯하다. 디지털 교육은 대통령 한마디에 자칫 코딩 교육으로 좁게 왜곡되고 있는 듯도 하다. 때로는 비대면 교육으로 이해되기도 하고, 단지 스마트 기기와 소프트웨어의 사용 역량 교육으로만 좁게 이해되고 있다. 스마트 미디어 교육에 대해 폭 넓게 숙고하며 명확한 프레임을 세울 필요가 있다.

스마트 미디어 교육은 디지털화, 주제 중심 수업, 학제 간 융합 교육, 개별 맞춤 교육 등과 관련된 교육학, 이를 구현하기 위한 인터넷 디지털 설비와 장비, 온라인 교구재들, 수업의 체계적 진행과 내용을 정의하는 교육 과정, 학습 시 발생하는 다양한 문제를 해결하기 위한 규제, 계정, 작업 도구 등을 포함하는 종합적인 접근이 필요한 교육 개념이란 점을 이해해야 한다. 이 바탕에서 스마트 학교를

비판적 사고력 Think Critically

문제 해결력, 사고기술
실세계 문제, 프로젝트 학습
학제 간 접근

명확한 소통 역량
Communicate Clearly

효과적 소통, 자신과 동료 평가,
정보 유통, 미디어 사용,
디지털사용

융합Utilize Connectivity

학제 간 접근, 협력 촉진
기술 활용, 정보 유통
반성적 숙고

6C

창의력Develop Creativity

상상, 디자인 통합
기능 결합, 학제 간 접근
STEAM

협업력Work Collaboratively

팀구성, 효과적 소통
자신과 동료 평가, 협력적 매체,
적절한 기술

문화 포용력 Embrace Culture

정보 맥락, 상호존중
협업, 공동체 형성
실세계 문제인식

마이클 풀런Michael Fullan이 제시한 미래 역량 6C ©Michael Fullan

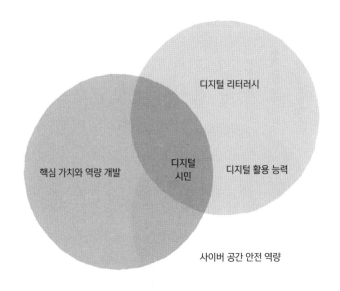

디지털 리터러시

핵심 가치와 역량 개발

디지털
시민

디지털 활용 능력

사이버 공간 안전 역량

레퍼톤 학교의 디지털 되기 교육의 구성 ⓒLepperton School

시작하고 목표를 설정하고 이에 따른 세부적인 계획을 세우고 이에
필요한 디지털 설비와 장치 등 스마트 학습 공간 등 인프라를 확충해
야 한다.

스마트 학교 시작

"스마트 학교"의 실행은 학교 전체에 영향을 미치는 과정이다. 장비,

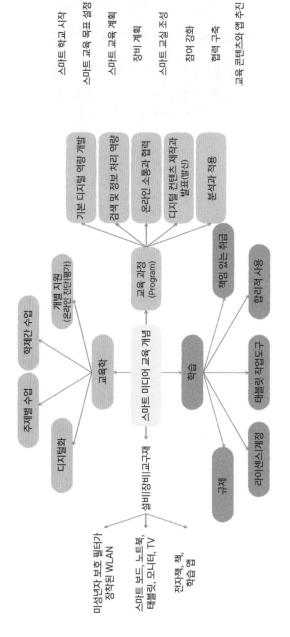

스마트 학교 시작

스마트 교육 목표 설정

스마트 교육 계획

장비 계획

스마트 교실 조성

참여 강화

협력 구축

교육 콘텐츠와 앱 추진

기본 디지털 역량 개발

검색 및 정보 처리 역량

온라인 소통과 협력

디지털 컨텐츠 제작과 발표(발신)

분석과 적용

책임 있는 취급

합리적 사용

태블릿 작업도구

라이센스계정

규제

학습

개별 지원 (온라인 진단평가)

학제간 수업

주제별 수업

디지털화

교육학

교육 과정 (Program)

스마트 미디어 교육 개념

설비/장비/교구재

미성년자 보호 필터가 장착된 WLAN

스마트 보드, 노트북, 태블릿, 모니터, TV

전자책, 책, 학습 앱

스마트 미디어 교육 개념의 구성 요소들과 스마트 학교 시작을 위한 프로세스

©Lepperton School, Play AT 연구소

수업, 활동뿐만 아니라 교사의 협력 관계도 바꾼다. 스마트 학교의 시작을 위해 헌신적인 교사와 학교 관리자는 스마트 학교의 프레임과 추진 단계를 충분히 이해해야 한다. 여기에는 요구 조사 및 환경 분석, 목표 수립, 일정 계획, 참여 계획, 조성과 반영, 평가 등 스마트 학교 사업의 모든 단계를 포함한다. 또한 스마트 교육 계획, 장비 계획 또는 교육 과정 개발과 수업 적용도 필수이다.

스마트 교육 목표 설정

기초적인 디지털 스마트 역량 강화를 포함한 스마트 교육 목표를 세워야 한다. 디지털 스마트 역량에는 디지털 기기의 사용, 기본 멀티미디어 창작 도구와 사무 소프트웨어의 이용, 온라인 비대면 학습 도구들의 이용 능력을 포함한다. 또한 정보 검색 및 정보의 판단과 취사선택을 포함한 미디어 리터러시의 발달을 포함해야 한다. 이를 위해서는 적절한 기술 장비와 교직원의 역량 강화와 디지털 기술과 결합된 현대적 교육 개념이 필요하다. 이를 바탕으로 학교는 교육 당국과 협력해 스마트 미디어의 수업 적용을 체계적으로 계획하고 준비해야 한다.

스마트 교육 계획

스마트 교육 계획은 스마트 학교 구현의 가장 중요한 구성 요소이다. 기존의 수업 형태를 ICT 자원을 활용해 다양화, 개별화, 그룹화, 능동화하는 수업 전환 계획을 담는다. 스마트 교육 계획은 학교에서 기존의 수업과 다른 형식과 내용, 학생과 교사의 관계에 대한 도전과 실험이어야 한다. 이러한 실험은 적극 권장되어야 한다. 학교 밖 교사와 교육 당국과 함께 경험과 지식을 나누며 토론하며 지속적으로 갱신해나가야 한다. 스마트 교육을 성공적으로 구현하기 위해서는 구체적 교육 프로그램은 물론 공동의 조언, 교사 연수, 경험 공유, 외부 조언, 실험적 수업 등을 교육 계획에 포함해야 한다. 이러한 스마트 교육 계획은 학교마다 처한 상황과 맥락, 학생들의 관심사와 교사들의 교육 의지에 맞춰 특색과 지향을 반영해야 한다.

스마트 설비와 공간

스마트 교육 목표와 교육 과정 등 교육 계획이 수립된 바탕에서 스마트 교육을 위한 학교 기본 IT 통신 인프라와 디지털 수업 장비들, 늘어날 디지털 디바이스 충전 수요에 대비한 충전 인프라와 전원 콘센트, 온라인 수업 지원 도구들과 스마트 교육을 통합할 온라인 플랫폼 등 적절한 학교의 스마트 설비와 기반 공간을 구축해야 한다.

이 책은 다양한 학습 공간 구성 모델과 학교 건물 유형, 중점 교육에 따른 학습 공간 디자인을 소개하는 데 초점을 맞췄다. 탈고한 후 막상 한 권의 책이 출간될 즈음이면 미흡함과 함께 다소 다른 관점으로 책의 주제를 바라보게 된다. 이번에도 그렇다.

　나의 관심은 근대 학교 건축의 역사로 이어졌다. 학교 건축의 역사를 따라가다 보면 학교 건축에 변화를 끼친 주요한 요인들을 발견할 수 있다. 19세기와 20세기 초 유럽에 창궐한 대규모 전염병은 학교 건축물에서 위생과 채광, 환기, 실내외 공간의 연결을 강조하는 계기가 되었다. 남녀, 학년, 우열, 계열, 과목 등 학습 집단의 구분과 교육 과정은 현재와 같은 학급 교실을 등장시켰다.

　20세기 자유주의와 인지주의에 영향을 받은 개혁적 교육 철학의 이상은 획일적 교실을 거부하는 새로운 학교 건축 디자인을 요구했다. 아르누보, 아방가르드, 구조조의, 야수주의 등 건축 사조와 당대의 새로운 건축 기술의 발달 역시 학교 건축에 큰 영향을 끼쳤다. 특히 구조주의는 건축물 등 물리적 환경이 학생들의 학습과 성장에 끼치는 영향을 강조했다.

학교 건축에서 경제적 비용에 대한 고려 역시 큰 영향을 끼쳤다. 무엇보다 학교 건축의 역사 속에서 인구 증가는 가장 큰 영향을 끼쳤다. 산업화와 도시화, 전후 베이비부머의 등장으로 각국 정부와 지자체들은 늘어나는 학생들을 위한 학교를 짓는 데 막대한 비용을 투자해야 했다. 경제성은 학교 건축에서 주요한 기준이 되었고, 학교 건축을 표준화했다. 이제 주요 국가에서 인구 감소는 다시 학교 건축에 큰 영향을 끼치고 있다. 학교 시설을 지역 시설과 통합하는 시설 복합화는 인구 감소와 지역 소멸 위기 속에서 등장한 대안으로 곳곳에서 추진되고 있다.

또 다른 연구의 관심은 학급별, 학년별 교실 모델이다. 일본의 소학교와 중학교를 통합한 학교 중에는 소학교 1~2학년부터 2개 학년마다 연령별 신체, 활동, 학습의 특성에 맞게 각각 다른 교실 모델을 적용하는 곳도 등장했다. 우리나라는 유치원, 초등학교, 중학교, 고등학교 과정에 따라 각기 다른 학습 공간 모델과 학교 유형을 연구하고 적용할 필요를 인식하기 시작했다.

학교 건축과 학습 공간 모델을 다른 관점으로 살펴본 이 책을 바탕으로 앞으로 나는 시대별 학교 건축을 따라가며 학교 건축의 역사적 발전에 영향을 끼친 주요한 이슈들과 연령대와 과정별 학습 공간 모델을 더 깊이 연구할 예정이다. 이 책을 기초로 누군가 학교 건축 연구의 주제를 찾고 오래 두고볼 연구서를 쓸 수 있기를 기대해 본다. 한 권의 책이 어떤 한 분야의 기초 텍스트가 된다면 이보다 가치 있는 일은 드물 것이다. 만약 더 나은 가치가 있다면 이 한 권의 책을 교사와 교육 행정가, 건축가들이 참고하며 학생들과 교사들, 지역 사회를 위한 새로운 학교를 세우는 일일 것이다.

늘 깨닫는 것이지만 한 권의 책은 저자 혼자만의 결과가 아니다. 소동출판사의 김남기 대표와 편집자, 디자이너, 삽화가, 그리고 연구 과정에서 지식과 정보를 나눴던 많은 이들, 그리고 참고문헌과 관계된 수많은 연구자의 노력이 결합된 결과다. 이 책과 함께 한 이들에게 감사한다. 그리고 마지막으로 교육부에서 연구사로 일하며 이 책의 기본이 되는 연구의 기회를 제공한 김태은 선생께 고마움을 전한다.

학교의 발견,
교실의 발명

초판 펴낸날 | 2023년 11월 27일
2쇄 펴낸날 | 2024년 8월 20일
지은이 | 김성원

펴낸이 | 김남기
편집 | 송복란
디자인 | 김선미
일러스트 | 남궁철
마케팅 | 남규조

펴낸곳 | 소동
등록 | 2002년 1월 14일(제 19-0170)
주소 | 경기도 파주시 돌곶이길 178-23
전화 | 031-955-6202 070-7796-6202
팩스 | 031-955-6206
페이스북 | https://www.facebook.com/sodongbook
전자우편 | sodongbook@gmail.com

ISBN 979 11 99193 03 7 03300

이 도서는 한국출판문화산업진흥원의 '2023년 우수출판콘텐츠 제작 지원' 사업 선정작입니다.